新经济 NEW ECONOMY
新变革 NEW TRANSFORMATION
新时代 NEW ERA

蔡洪滨 主编

北京大学出版社
PEKING UNIVERSITY PRESS

图书在版编目(CIP)数据

新经济　新变革　新时代/蔡洪滨主编. —北京：北京大学出版社，2014.8

（光华书系·论坛撷英）

ISBN 978-7-301-24401-2

Ⅰ.①新…　Ⅱ.①蔡…　Ⅲ.①中国经济－经济发展－研究　Ⅳ.①F124

中国版本图书馆 CIP 数据核字(2014)第 133816 号

书　　　名：	新经济　新变革　新时代
著作责任者：	蔡洪滨　主编
策 划 编 辑：	贾米娜
责 任 编 辑：	贾米娜
标 准 书 号：	ISBN 978-7-301-24401-2/F·3972
出 版 发 行：	北京大学出版社
地　　　址：	北京市海淀区成府路 205 号　100871
网　　　址：	http://www.pup.cn
电 子 信 箱：	em@pup.cn　　QQ:552063295
新 浪 微 博：	@北京大学出版社　@北京大学出版社经管图书
电　　　话：	邮购部 62752015　发行部 62750672　编辑部 62752926
	出版部 62754962
印　刷　者：	北京大学印刷厂
经　销　者：	新华书店
	730 毫米×1020 毫米　16 开本　19.25 印张　223 千字
	2014 年 8 月第 1 版　2014 年 8 月第 1 次印刷
定　　　价：	54.00 元

未经许可，不得以任何方式复制或抄袭本书之部分或全部内容。

版权所有，侵权必究

举报电话：010-62752024　电子信箱：fd@pup.pku.edu.cn

丛书编委会

顾 问

厉以宁

主 编

蔡洪滨

编 委（以姓氏笔画排列）

王 辉	刘玉珍	刘 学	刘 俏	江明华
李 其	李 琦	吴联生	张一弛	张志学
张 影	陆正飞	陈丽华	陈松蹊	武常岐
周长辉	周黎安	冒大卫	龚六堂	彭泗清
		滕 飞		

本书项目支持（以姓氏笔画排列）

| 马 力 | 孔繁敏 | 江明华 | 张圣平 | 张佳利 |
| 张 炜 | 张 峥 | 金 李 | 赵龙凯 | 徐 峰 |

丛书序言一

很高兴看到"光华书系"的出版问世，这将成为外界更加全面了解北京大学光华管理学院的一个重要窗口。北京大学光华管理学院从1985年北京大学经济管理系成立，到现在已经有26年了。这26年来，光华文化、光华精神一直体现在学院的方方面面，而这套"光华书系"则是学院各方面工作的集中展示。

多年来，北京大学光华管理学院始终处于中国经济改革研究与企业管理研究的前沿，致力于促进中国乃至全球管理研究的发展，培养与国际接轨的优秀学生和研究人员，帮助国有企业实现管理国际化，帮助民营企业实现管理现代化，同时，为跨国公司管理本地化提供咨询服务，从而做到"创造管理知识，培养商界领袖，推动社会进步"。北京大学光华管理学院的几届领导人都把这看作自己的使命。

作为经济管理学科的研究机构，北京大学光华管理学院的科研实力一直在国内处于领先位置。光华管理学院有一支优秀的教师队伍，这支队伍的学术影响在国内首屈一指，在国际上也发挥着越来越重要的作用，它推动着中国经济管理学科在国际前沿的研究和探索。与此同时，学院一直都在积极努力地将科研力量转变为推动社会进步的动力。从当年股份制的探索、证券市场的设计、《中华人民共和国证券法》的起草，到现在贵州毕节实验区的扶贫开发和生态建设、教育经费在国民收入中的合理比例、自然资源定价体系、国家高新技术开发区的规划,等等,都体现着光华管理学院的教师团队对中国经济改革与发展的贡献。

作为商学教育机构,北京大学光华管理学院鼓励教师深入商业实践,熟悉企业管理,提升案例教学的质量和层次。多年来,学院积累了大量有价值的案例,经过深入研究、精心编写,这些商业案例可以成为商学教育中宝贵的教学资源。学院每年举办大量讲座,讲座嘉宾很多是政界、商界和学界的精英,讲座内容涉及社会发展的方方面面。通过这些讲座,学生们可以最直接地得到名家大师的授业解惑,优化和丰富知识结构。

作为管理精英的汇聚中心,北京大学光华管理学院历届毕业、结业的校友一直是我们最引以为荣的。历届的优秀同学,在各自的岗位上做出贡献,他们是光华管理学院最宝贵的财富。光华管理学院这个平台的最大优势,也正是能够吸引一批又一批优秀的人才的到来。世界一流商学院的发展很重要的一点就是靠它们强大的校友资源,这一点,也是与北京大学光华管理学院的努力目标完全一致的。

今天,"光华书系"的出版正是北京大学光华管理学院全体师生和全体校友共同努力的成果。通过这套丛书,读者不仅能够读到经典教材和前沿学术成果,更可以通过名师、校友、讲座等方面感受光华风采。希望这套丛书能够向社会展示光华文化和精神的全貌,并为中国管理学教育的发展提供宝贵的经验。

2011 年 12 月

丛书序言二

光华管理学院秉承"百年北大"悠久的人文传统、深邃的学术思想和深厚的文化底蕴,在过去的二十多年里,一直践行"创造管理知识,培养商界领袖,推动社会进步"的学院使命,目前已经发展成为国内最为优秀的商学院之一。

北京大学的传统对于光华管理学院,乃至中国商学教育都很重要,学院一直秉承北京大学的传统,真正要办大学气质的商学院。我们将光华教育的特质归纳为四个"I",即 Integrity——诚信和责任;International——商界领袖的国际化视野;Integration——整合学习,理论实践相结合;Innovation——自主创新。

Integrity:北京大学作为中国传统名校,传承百年历史文化,有一个非常鲜明的特点,就是拥有浓厚的人文底蕴、民主科学精神,以及对社会的使命感和责任感。北京大学光华管理学院作为北京大学的商学院,是专门从事管理研究和教育的机构,将持续发扬北京大学的历史传统、人文精神,以及社会责任感和使命感。

International:光华是全国最国际化的商学院,师资是最国际化的,教育体系是最早跟国际接轨的。北京大学光华管理学院的国际化是扎根于中国的国际化。我们一方面在国际先进的管理知识和管理理念方面有着最前沿的成果,另一方面也很好地结合了中国的管理实践和经济发展。光华的师资和国际研究都很好地做到了这两个方面。根据国际权威研究统计机构的统计,北京大学的经济学和商学学科,已进入世界前1%的行列。对此光华起了最主要的作用,这也反映了光华在国际研究方面做出的贡献。

Integration:商学院需要解决好两个整合的问题,一是将理论和实践很好地结合起来,二是学科之间的整合。对于理论和实践的整合,光华正致力于推动管理学理论向商业实践成果的转化。对于学科的整合,光华正在做的不仅是不同学科之间的融合,还在加强不同教育项目之间的配合。我们致力于调动和整合北京大学综合性的师资资源,将管理与历史、哲学、艺术、数学乃至物理等学科相结合,全方面塑造管理者的整体人文和科学素养。各个教育项目之间的互动也经常碰撞出新的思想火花,帮助光华学子们拓宽思想,带来新的视角。

Innovation:中国要成为具备创造力的国家,在世界上建立一个品牌和形象,必须发展自主创新文化。光华管理学院立足于北京大学,在整个中关村科技园大的氛围之下,光华的教学科研的国际合作能够成为自主创新生态环境的一部分。光华管理学院最近刚刚成立了北京大学光华管理学院创新创业中心,以这个中心为平台,致力于整合院内院外、校内校外、国内国外创业方面的资源,进一步推动自主创新。

为进一步超越自我,向着建设世界一流商学院的目标而不懈努力,北京大学光华管理学院特策划"光华书系"系列丛书,以展现光华管理学院在理论研究、教学实践、学术交流等方面的优秀成果。我们更希望通过"光华书系"的出版让更多的读者通过光华理解经济、管理与社会。

"光华书系"作为一个开放的系列,涵盖理论研究、教学实践、学术交流等各个方面：

第一是领航学科的教材。光华管理学院的商学教育，拥有全国首屈一指的师资力量和最优秀的学生生源。在教学相长的过程中，很多经典讲义、教材应运而生。"教材领航"系列丛书要以"出教材精品，育商界英才"为宗旨，发挥优势，突出特色，重点建设涵盖基础学科的主干教材、填补学科空白的前沿教材、反映教学改革成果的新型教材，面向大教育，追求高品位，服务高等教育，传播先进文化。

第二是前沿的学术成果。光华管理学院始终处于中国经济发展与企业管理研究的前沿，"学术琼林"系列丛书以具有国内和国际影响力的管理学、经济学等相关学科的学术研究为支撑，运用国际规范的研究方法深入研究中国的经济和管理问题，体现更高的学术标准，展现学界领袖的优秀成果。

第三是丰富的实战案例。案例研究和教学作为一种不可替代的重要方法，有效解决了知识与实践转换的问题。在中国的相关政策不断改革的大背景下，各种有借鉴意义的素材越来越丰富。根据国外成熟的案例编写经验，开发和使用高水平的本土化案例，是一件意义深远的事。"案例精粹"系列丛书涵盖教学案例、研究案例、商业案例几大模块，体现本土化和原创性、理论主导性和典型性，将一般管理职能与行业、企业的特殊性相结合，既具有一定的理论深度，又具有相当程度的覆盖面和典型性。相信这些案例能够最有效地服务于教学要求、学术研究以及企业管理实践。

第四是卓越的教师风范。"善之本在教，教之本在师。"光华管理学院的优秀教师，秉承诲人不倦、育人为先的教学原则，以他们的学术实践最好地诠释了北京大学追求真理、追求卓越、培养人才、繁荣学术、服务人民、造福社会的办学理念，为北京大学赢得了崇高的学术声誉。"名师风采"系列丛书就是力图全面展现光华优秀教师精深的学术造诣、高尚的学术风范,让更多的人领略他们关爱学生、培养青年、提携后学的优秀品质,让"大师"精神得到继承和发扬。

第五是杰出的校友风采。光华管理学院的每一位校友,都是中国杰出的时代精英。他们凭借在各自工作岗位上的优异表现,为光华管理学院、为北京大学在海内外赢得了广泛赞誉。"校友华章"系列丛书就是深度记录校友在光华管理学院的学习经历以及卓著业绩,全面展现其对学识的孜孜追求、卓越才智以及不懈执着的品质,体现光华管理学院高质量的教学实践这一核心竞争力。

最后是精彩的论坛荟萃。在浮华之风日盛的今日社会,光华管理学院广泛开展的各种学术交流活动和讲座,兼容并蓄,展现思想的精粹、智慧的集锦。对所有"为国求学、努力自爱"的人们来说,其中传出的思想之声都是真正值得认真品味和用心领会的。"论坛撷英"系列丛书就是汇集专家、教授、知名学者、社会名流在光华管理学院的精彩演讲以及学术交流活动,展现其中引人深思的深厚学理以及催人奋进的人生智慧,将严肃的学术品格和通俗的阅读形式相结合,深度展现一流学府的思想之声,奉献最具时代精神的思想盛宴。

2011 年 12 月

目录

"新经济　新变革　新时代"主论坛　　1

张梅颖致辞（张梅颖）　　3
主题演讲一
　　社会和谐红利是最大的制度红利（厉以宁）　　9
主题演讲二
　　完善金融的资源配置功能
　　——十八届三中全会中的金融改革议题（李　扬）　　17
主题演讲三
　　新机会　新挑战　新失衡　新动因　新出路
　　——关于宏观经济走势与全面深化改革的新思考（刘　伟）　　27
高峰对话　　36
主论坛总结　　69

分论坛一　平台与生态——商业模式的颠覆性创新　　73

主题演讲一
　　法律服务行业商业模式的创新（梅向荣）　　75

主题演讲二
  平台思维 · 平台模式 · 红星美凯龙
  ——打造商户与消费者共赢的生态圈(谢　坚) 82

主题演讲三
  五屏互动生活下的乐视生态(刘　弘) 89

主题演讲四
  百度移动云平台(侯震宇) 96

主题演讲五
  千年机遇,从工业文明到数字文明(刘　学) 102

圆桌论坛 110

分论坛一总结 122

分论坛二　变革下的中国新金融
  ——助推中国经济,释放改革红利 127

分论坛开幕致辞(龚六堂) 129

主题演讲一
  坚守做 C2C 中介服务(孙立文) 132

主题演讲二
  普惠金融创新实践之路(唐　宁) 138

主题演讲三
  地方政府金融(刘　俏) 147

主题演讲四
  传统银行业也有美好的明天
  ——以台州银行为例(施大龙) 154

主题演讲五
  金融服务于实体经济的思考(殷　勇) 163

| 圆桌论坛 | 172 |
| 分论坛二总结 | 185 |

分论坛三 新文化运动在今天——变革中的文化产业　191

圆桌论坛一
　　社会发展中现代与传统的关系　213
圆桌论坛二
　　文化与市场的关系　213
分论坛三总结　247

分论坛四 城镇化再破题　251

主题演讲一
　　改变城乡二元体制,实现城乡一体化发展(朱善利)　253
主题演讲二
　　四个角度谈城镇化(迟福林)　264
主题演讲三
　　从海底捞看以人为本的城镇化(张　勇)　272
圆桌论坛　276
分论坛四总结　294

"新经济 新变革 新时代"主论坛

时　　间：2013年12月21日 09:00—12:00
地　　点：北京大学百周年纪念讲堂
主持人：于鸿君，北京大学党委副书记；杨曦，中央人民广播电台主持人

众所周知，前不久召开的中国共产党十八届三中全会做出了全面深化改革的重大决定，改革的力度之强，范围之广，目标之高，决心之大，被公认为都是空前的。境内外媒体有这样的评价：中国人民在新的历史节点上全力打造新经济，奋勇开启新时代，将要推进又一次新的、伟大的历史性变革。在这样的背景下，2014北大光华新年论坛把"新经济　新变革　新时代"确定为本届论坛的主题，是因为我们期待以新变革重塑新经济，以新变革开启新时代。

张梅颖致辞

张梅颖

张梅颖,原任十一届全国政协副主席,民盟中央第一副主席,中华全国妇女联合会副主席(兼职)

1962—1968 年,第四军医大学医学系学习;

1968—1971 年,解放军第二二二医院外科医生;

1971—1979 年,北京市海淀区卫生局医政科干部;

1979—1994 年,北京肿瘤防治研究所主治医师、副主任医师、主任医师,核医学科副主任、主任;

1994—1995 年,北京肿瘤防治研究所副所长、核医学科主任;

1995—2000 年,北京医科大学临床肿瘤医院副院长,北京肿瘤防治研究所副所长,北京肿瘤医院副院长;

2000—2002年，民盟中央专职副主席(2001年2月按副部长级待遇)，中华全国妇女联合会执委，北京大学肿瘤学院兼职教授；

2002—2003年，民盟中央专职副主席，九届全国政协副秘书长(兼职)，中华全国妇女联合会执委，北京大学肿瘤学院兼职教授；

2003—2005年，民盟中央常务副主席(2003年11月按部长级待遇)，十届全国政协副秘书长(兼职)，中华全国妇女联合会副主席(兼职)，北京大学肿瘤学院兼职教授；

2005—2006年，十届全国政协副主席，民盟中央常务副主席，十届全国政协副秘书长(兼职)，中华全国妇女联合会副主席(兼职)，北京大学肿瘤学院兼职教授；

2006—2007年，十届全国政协副主席，民盟中央常务副主席，中华全国妇女联合会副主席(兼职)；

2007—2008年，十届全国政协副主席，民盟中央第一副主席，中华全国妇女联合会副主席(兼职)；

2008—2013年，十一届全国政协副主席，民盟中央第一副主席，中华全国妇女联合会副主席(兼职)。

尊敬的厉以宁教授，各位领导，各位来宾，北大光华管理学院的老师和同学们：

大家上午好！

首先由衷地祝贺厉以宁教授荣获"中国经济年度人物终身成就奖"，可谓实至名归。一年一度的北大光华新年论坛是中国经济管理学界最有影响力的论坛之一。本次论坛的主题为"新经济　新变革　新时代"，高度契合十八届三中全会全面深化改革、开启历史新起点的精神，彰显了论坛紧密追踪经济社会发展大势、助推改革进程的宗旨和学术态度。我期待在此沐浴思想的光华。

十八届三中全会做出的《中共中央关于全面深化改革若干重大问题的决定》（以下简称《决定》），再次让世界目光聚焦北京。十八届三中全会的《决定》阐明了全面深化改革的指导思想、目标任务、重大原则；提出了深化改革的战略重点、优先顺序、工作机制、推进方式和时间表、路线图，是以问题倒逼改革的精准设计，对当前我国经济社会发展面临的突出矛盾和难题，以及百姓的种种关切与期盼，一一做出积极响应。新一届中央领导集体的担当精神和忧患意识贯穿于《决定》始终，深化改革的脉搏与百姓心声一起跳动。这一从宏观到微观的顶层设计开门见山，直切主题，言简意赅，掷地有声，而且言必信、行必果，重在落实，取信于民：公车改革、公务接待改革、领导干部考核制度改革、高考制度改革等举措紧随《决定》陆续推出，昭示了中国特色社会主义制度自我完善和发展的乐观前景。

十八届三中全会明确全面深化改革的重点是经济体制改革，强调经济体制改革的目标是市场在资源配置中起决定性作用。从"基础性作用"到"决定性作用"，两个字的改动，反映了对市场作用认识上的巨大进步。长期以来，各级政府最拿手、最擅长的是行政审批和对市场的过多干预，对资源的直接配置。比如，市场准入的不平等、不公平，部分领域存在不当准入限制，特别是电信、电力、石油、铁路、教育、卫生等领域民营资本难以进入，必然形成行业垄断、利益垄断，导致低效和腐败。又如，不平等竞争、市场分割和地方保护主义。各地市场条块分割，一方面阻碍商品自由流通，破坏优胜劣汰的市场机制；另一方面在地方保护下，一些落后产能仍受鼓励，不计资源环境成本，致使资源枯竭、环境恶化趋势一直得不到根本性遏制。

所谓"新经济　新变革　新时代",新在什么地方?我想:首先就新在上述多种体制性弊端将开始得到决定性遏制。

一是市场将为实现资源优化配置提供新动力。市场价格提供资源配置的正确信号和激励机制,公平的市场竞争促进优胜劣汰,转型升级。因此,资源配置方式转变将决定发展方式转变,由市场决定资源配置意味着我国的发展将由要素驱动转为创新驱动、效率驱动和质量提升。

二是市场经济下有为政府将为有效市场提供新服务。确立市场在资源配置中的决定性作用,绝不是政府与市场要分出谁是老大、老二的问题,更不是政府不重要了。政府在保护产权,保障公平竞争,为市场更好地发挥作用创造环境、提供服务等方面大有作为。政府有为、市场有效,才能实现经济可持续与社会和谐。

三是负面清单将为形成公平竞争环境实现新突破。实行负面清单准入管理制度,是十八届三中全会《决定》中值得关注的一项突破。清单之外的领域都可以依法自由进入,这就把更多的经济发展机会向民众开放了。清单只管企业不能做什么,大幅收缩了政府的审批范围,减少了自由裁量权和相应的寻租空间,企业发展更多地依靠自身在市场上的竞争。

四是考核指挥棒的转变将为干部评价提供新标准。走出政绩等于GDP的迷思,既看发展成果,更要看发展成本与代价。资源、环境、生态、政府负债等都作为政绩考核的重要内容,可以说每一项都切中要害,抓住了转型发展的牛鼻子。特别是对领导干部实行自然资源资产离任审计和生态环境损害责任终身追究制,更是对粗放发展方式的釜底抽薪。指挥棒的导向转变,有利于促使领导干部真正尊重民意,更加重视解决与老百姓生活息息相关的社会事业发展。

十八届三中全会《决定》六十条,条条微言大义。然而正如总书记所说:"一分部署,九分落实,行动最有说服力。"短短一句话既阐明了"落实"的分量,更强调其艰巨程度。这就迫切需要一批具有新观念、不谋私利、以天下为已任的干部破除积弊,开创新局面。毋庸置疑,把"市场在资源配置中起决定性作用"这一抽象原则落到实处,最大的阻力来自行政部门,或采取拖延战术,或仍我行我素干预资源配置。其中既有思想观念的陈旧落后,更有利益固化的重重障碍。这就需要有小平同志当年"谁不改革谁下台"的任免气魄,来表明改革决心。同时,必须深化干部人事制度改革,积极推进竞争性选拔干部,为改革提供有力的组织保障和人才支撑。此外还要严格按照《决定》要求,在地方各级政府及其工作部门推行权力清单制度,依法公开权力运行流程,保证让人民监督权力,让权力在阳光下运行。

同志们,十八届三中全会为我们勾画全面深化改革宏伟蓝图的同时,也给了我们比以往更充分的信心。我相信,综合改革措施的系统、整体、协调推进,将为当今学界提供更加丰富、厚实的研究案例,激荡出更为深刻的中国发展研究成果。我期待,以十八届三中全会为起点的改革开放再出发,将使未来的中国改革既体现为经济发展成就,更展示出人类文明内涵。为此,我祝愿,光华同仁再接再厉,闻鸡起舞,更深地融入十三亿人齐心改革开放的伟大实践,紧跟前沿课题,充分施展才华,做出无愧于"光华"品牌的卓越贡献。

于鸿君：张梅颖主席简明扼要地介绍了三中全会的主要精神，对本届论坛的主题——三个"新"字进行了诠释，特别对三中全会提出的政府与市场的关系进行了深入的分析，这些分析和诠释应该说是高屋建瓴，让我们再一次以热烈的掌声感谢张主席。

主题演讲一
社会和谐红利是最大的制度红利

厉以宁

厉以宁，北京大学社会科学学部主任、北京大学光华管理学院名誉院长

1930年11月出生于南京。1955年毕业于北京大学经济系。

1988—2002年任七届、八届、九届全国人大常委，全国人大财经委员会副主任，法律委员会副主任；2003—2007年任十届全国政协常委、全国政协经济委员会副主任。2008年起任十一届全国政协常委、全国政协经济委员会副主任。

在经济学理论方面著述颇丰，是我国最早提出股份制改革理论的学者之一。他提出了中国经济发展的非均衡理论，并对"转型"进行理论探讨，这些都对中国经济的改革与发展产生了深远影响。

主持了《中华人民共和国证券法》和《中华人民共和国证券投资基金法》的起草工作。

我要讲的题目是"社会和谐红利是最大的制度红利"。我们在谈到制度红利的时候,通常会把目光集中在:是计划经济体制,还是市场经济体制?采取过去的速度型发展方式,还是效益型发展方式?等等。这当然都会在改革中产生新旧替代,于是就会产生红利。但最重要的红利,或者说最大的制度红利,应当是社会和谐红利。

我们可以从对中等收入陷阱问题的讨论开始。经济学界曾经谈到南美洲一些国家、东南亚一些国家陷入了中等收入陷阱。尽管"中等收入陷阱"这个名词还有一些不完美之处,但某些国家在中等收入阶段不能进一步跨越前进却是事实,原因何在?主要是社会不和谐。社会不和谐是产生中等收入陷阱,并使某些国家深陷其中的一个重要原因。

再说发展方式红利。发展方式红利应该说是每一个国家都有可能通过转变发展方式而得到的。也就是说,转变发展方式就可以得到制度红利。但是,社会和谐红利与此不同,只有优越的社会制度,只有通过我们努力争取实现的社会制度,才能带来社会和谐红利。仅仅有发展方式的红利是不够的,因为我们要建立的社会是社会主义社会。对我们来说,一定要记住以下几点:

第一,从市场调节在资源配置中起决定性作用来看,十八届三中全会在经济方面最重要的突破是什么呢?其中之一就是市场从以前所说的在资源配置中起基础性作用改为起决定性作用,这是一个理论上的大突破。因为只有这样我们才能使效率提高,使效率最优化、效益最大化,这种情况是能够实现的。另外,这告诉我们,既然要使市场在资源配置中起决定性作用,就意味着一切都要按规章办事,政府不要做市场可以做的事情。比如说,有些事情,政府可以做,市场也可以做,谁来做?动不动就让政府做,这就是错位了。应该是:政府做自己应该做的事情。政府把自己该做的事情做好,尽心尽职,这就是政府的职能。政府该做哪些事?比如说,公共产品的提供。公共产品就是公共服务,包括国防、司法、治安、义务教育、公众最基本的生活福利待遇,包括提供廉价、低价的住房和租住房,这些是政府的责任。

政府还应该做什么?就是稀缺资源的规划和战略发展,在这些方面,政府应该起引领作用。还有什么?还有宏观经济调控。宏观经济调控主要以微调、预调为主,除非在不得已的情况下才有大动作,以免使经济大起大落,大升大降。这是特殊情况下的对策。一般情况下,应该以微调、预调为主。政府还需要做什么?使收入分配差距缩小,包括地区之间收入分配差距的缩小。收入差距是多年形成的,而且跟自然条件有关系。在这种情况下,就应该更好地发挥政府在缩小收入差距方面的作用。市场也可以使地区之间的收入差距缩小,但市场需要等待很长的时间,要等到生产要素的供求情况发生变化,等到资源短缺程度不断发生变化,才能慢慢做到。也就是说,通过市场使地区之间的收入差距缩小要等待很长的时间,而拖的时间过长对社会的损害会太大。

总之,政府可以做市场也可以做的,让市场做。为什么要让市场做?是为了效率。因为政府跟市场是不一样的。市场根据供求的规律、供求的规则、供求的变化会做出应有的选择。我们长期以来所考察的主要是生产效率问题,生产效率涉及投入产出的关系。投入不变,产出更多,效率就提高了。但是,20世纪30年代以后出现了另外一个效率概念,叫资源配置效率。资源配置效率是什么含义？它有一个前提：投入是既定的。在投入既定的前提下，用 A 方式配置资源会产生 N 效率，用 B 方式配置资源，就产生 $N+1$ 效率。可是，在投入既定的条件下，如果生产要素的配置方式调整了，就会产生资源配置效率的提高。这个变化实际上越来越重要。为什么？因为资源配置效率是我们所争取实现的，而且它的实现非常有用。也就是说，生产要素的重组产生资源配置效率，资源配置效率必须依靠市场规律来做。资源配置效率概念产生以后，在经济生活中有两个重要的变化，第一个变化是，对资本市场的重要性的认识提高了，对产权交易平台的重要性认识更深了，因为这是提高资源配置效率最有效的场所。第二个变化是，长期以来，人们把在企业中从事融资、筹资工作的人，从事人事组织工作的人，从事宣传工作的人，从事行政管理工作的人，笼而统之，称为非生产人员。为什么把他们都说成是非生产人员呢？因为这些人不在生产第一线，跟生产效率没有直接的关系。但是资源配置效率概念提出以后，这些观点都陈旧了。在企业中，从事融资、筹资的人，直接参与资源配置效率的提高；做人事组织工作的人，是在人力资源方面进行最佳配置，能大大提高资源配置效率；从事宣传工作的人，是使每一个投入者有更高的积极性；从事行政管理工作的人，是把物质资源和人力资源更好地结合起来。所有这些人都是关乎资源配置效率的提高的。如果在座的有从事这样一些工作的人，别人以后再把你们叫做非生产人员，你们就可以笑着对他说："你的观点旧了，那是 20 世纪 30 年代以前的观点，现在人们考虑的主要是资源配置效率的提高。"资源配置效率重要，生产效率也重要，这对我们下一步经济发展与社会和谐都是有好处的，因为社会和谐的前提之一是公平待遇、公平竞争。做不到公平待遇、公平竞争，谈什么社会和谐呢？

第二,除了提出市场在资源配置中起决定性作用以外,十八届三中全会在理论上的另外一个重大的突破就是提出要积极发展混合所有制经济。把混合所有制经济的发展作为我们基本经济制度的重要实现形式,又是一个大突破。要知道,长期以来人们对所有制的分类是绝对的:除了公有,就是私有;除了国有,就是民营。两者之间还有没有中间的形式?有,就是混合所有制经济。混合所有制经济既不是全公,也不是全私,而是公私混合的。各种经济发展方式,各种所有制,都有其优缺点。混合所有制能把各种所有制形式的优点集中起来。比如说,在谈国有经济的优势时,通常会谈到资本雄厚,技术力量强,人才济济。这些肯定是国有经济的优势。在谈民营经济的优势时,就谈机制灵活,敢于创新,有自负盈亏的长处。谈到敢不敢冒风险,国有企业敢吗?要经过层层审批,结果,机会就丧失了。把国有企业、民营企业两者的优点结合起来,不是更好吗?而且,今后我们的企业,无论是国有企业,还是民营企业,都要成为独立经营的市场主体。企业就是企业,企业做独立经营的市场主体是符合其性质的。目前,国有企业中有很多已经改制为股份制企业了,有些已经改为上市公司了。它们既然是股份制企业,而且是上市公司,为什么还要对它们进行行政干预呢?它们有公司的法人治理结构,要遵守国家的法律法规。国家的法律法规是企业经营的底线,任何企业都不能越过这条线。企业要靠法人治理结构来治理,有股东会、董事会、监事会,有聘任的总经理。行政部门不让它们成为真正的市场主体,怎么行?法人治理结构形同虚设,怎么行?所以说,建立混合所有制经济实际上是使企业真正成为独立的市场经营主体的重要一步。

国有企业、民营企业应该协调发展。国进民退或国退民进,都不是我们的目标。大家在公平竞争条件下，地位是平等的，这就是企业之间的和谐。我们谈双赢，双赢不是空话。要实现双赢，国有企业必须经过改革，使企业成为市场主体。还要使民营企业的产权得到切实有效的保护，能够真正像企业一样自我决策。

另外，混合所有制建立和发展过程中还有一个值得注意的问题，就是员工持股制度。员工持股制度，在经济学界已经提出许多年了，有的国家也开始在做了。但一般地说，这仍然需要进一步探讨。经济学家提出，财富是怎么形成的？利润是怎么创造的？财富是资源投入形成的，利润是资源投入者创造的。这是因为，资源的投入转化为机器、厂房、设备，转化为原材料，这里也包括了人力资源的连续投入，于是就创造了财富，创造了利润。可见，财富、利润是依靠物质资本和人力资本的投入及结合才创造的。仅有物质资本的投入不行，必须有人力资本的投入。知识、技术、智慧、经验都体现为人力资本。既然利润是物质资本和人力资本的投入及结合而创造的，那就要问一个问题：为什么利润全部按物质资本投入者投资的比重分配，而人力资本投入者只能从工资中开支？工资是纳入成本的。利润分配中，为什么没有人力资本投入者的份额，这就是迫切需要解决的问题。股权激励制度、人力资本投入者分享利润制度等，都是在西方发达国家已经实行的做法。

员工持股制度，在我们这样的社会主义国家，必然具有重要意义。它是形成社会和谐的一个重要方面。可以说，职工在实行员工持股制以后，就不再只是一个提供人力资本的投入者了。职工还有另一个身份：他是股东，是物质资本投入者之一。无论企业是国有的还是民营的，实行员工持股制以后，职工除了领取工资外，对企业盈利状况的关心程度将有所提高，因为企业的盈亏，不仅关系到工资的领取,还关系到利润的分配。也就是说,员工的观念会发生变化。据一些企业管理者所说,有的企业实行了员工持股制度,大家相互之间有了监督,如果你把厂里的木板运回家了,员工就会说:"你别拿,这里还有我一份,怎么拿回你们家去了。"他们有了这个观念是对企业的认同。社会和谐需要多方面的努力。员工持股制度如果进行得好,有可能增加社会和谐红利。这就是我们要研究的课题。

从这里可以看出,社会和谐红利涉及的面很广,从公平竞争一直到参与分配,有许多方面要研究,有很多工作要做。我们可以说:发展方式的转变,的确是会产生制度红利的。但社会和谐红利还在制度变革方面显现出来。只有当我们把社会和谐红利真正看成是我们的制度红利,而且是我们制度优越性的表现时,情况才会陆续发生变化。

发展经济学方面那么厚的一本一本的书,实际上可以归结为四句话。第一句话:就业是靠就业扩大的。一批人就业了,别人就就业了,所以就业是靠就业扩大的。第二句话:富裕是靠富裕带动的。一部分人先富裕起来,他自己有能力了,会帮助自己的亲戚、朋友、同乡,还有,他的社会责任也就相应地增大了,他愿意办好事帮助别人,他本人起着示范作用。所以说,富裕是靠富裕带动的。第三句话:繁荣是靠繁荣支撑的。经济繁荣了,投资会接着增加,消费也会扩大,接着会迎来新的繁荣。第四句话:和谐是靠和谐积累的。和谐不是一朝一夕之功,要长期积累。我们今天加强社会治理,进行企业改革和转型,也是为了产生更多的社会和谐红利。

我相信在十八届三中全会《决定》的指引下,我们不仅在经济发展方面,而且在社会和谐方面都将不断取得新的进展。谢谢大家!

于鸿君：时间很短，厉老师主题演讲的内容很丰富，思想很深刻，涉及了政府、市场、国有企业与民营企业，涉及了分配，还有员工持股的问题，最后给出了几个著名的论断。厉老师的思想我们在座的很多人都有过深入的学习。厉老师谈到的红利问题，就我的理解，红利就是推动我们经济、社会发展的基本条件，也是重要的资源。他还谈到社会和谐，其实社会和谐就是团队有战斗力，不和谐就是组织混乱，对一个国家、一个社会更是如此，这样一种思想在我们当下具有重大的理论意义。

改革开放三十多年以来，我们一方面取得了经济、社会以及各方面发展的巨大成就，但是基于我们的国情，我们也面临着许许多多的问题，需要去解决，这些问题给我们提出的挑战是极其严峻的，其中非常重要的一个基础性问题就是如何去构造和谐社会，如何去增进社会和谐。关于政府与市场，其实在20世纪80年代，我记得我考研究生的时候就看到了厉老师著名的论断，当时他讲市场有市场的作用，政府有政府的作用，都是资源配置的手段，都是资源配置的方法。我记得当时有两种思路，一种思路是板块论，认为这一部分的资源配置由政府通过计划来解决，那一部分的资源配置通过市场机制去解决。厉老师当时提出双覆盖模式，他认为板块论不足以推进中国经济体制的改革，认为市场覆盖全面，政府的计划同样覆盖全面，市场能做到的事情政府不必干预，政府只做市场做不到、做不好的事情。这次十八届三中全会，大家学习三中全会的《决定》，这里边很多的思想实际上再次印证了厉老师在80年代思想的前瞻性。

主题演讲二
完善金融的资源配置功能
——十八届三中全会中的金融改革议题

李 扬

李扬，中国社会科学院党组成员、副院长，中国社会科学院首批学部委员

1981年、1984年、1989年分别于安徽大学、复旦大学、中国人民大学获经济学学士、硕士、博士学位。1998—1999年，美国哥伦比亚大学访问学者。研究员，博士生导师。十二届全国人大代表，全国人大财经委员会委员。中国博士后科学基金会副理事长。第三任中国人民银行货币政策委员会委员。2011年被评为国际欧亚科学院院士。

中国金融学会副会长，中国财政学会副会长，中国国际金融学会副会长，中国城市金融学会副会长，中国海洋研究会副理事长。

曾五次获得"孙冶方经济科学奖"著作奖和论文奖。已出版专著、译著23部,发表论文400余篇,主编大型金融工具书6部。主持国际合作、国家及部委以上研究项目40余项。

作为一份规划我国未来五年甚至更长时期改革之原则和方向的纲领性文献,十八届三中全会《决定》的一个显著特点,就是写得不蔓不枝,直入主题。这在金融改革方面表现得尤为突出。《决定》一改传统的"机构、市场、工具、监管、货币政策、国际合作"等面面俱到的写法,将金融改革置于提高资源配置效率的总题目下,首先回答:经过三十余年连续不断的改革,作为在市场经济条件下承载资源配置机制的金融体系,依然存在哪些缺陷,阻碍了它去有效地发挥媒介资源有效配置的功能?厘清了主要缺陷之后,金融改革进一步的方向、重点和内容,自然就呼之欲出了。

围绕金融在资源配置中的作用来讨论金融改革,实际上也回答了一个自此次危机以来全球都在热议的话题,即金融如何更好地服务于实体经济。应当说,这个话题近年来始终保持着足够的热度,然而,堪称汗牛充栋的文章固然都涉及了这个重要命题的某些方面,但围绕资源配置功能展开的研究却属鲜见;而在我看来,媒介资源配置,提高资源配置效率,正是金融服务于实体经济的最主要的功能——离开这一点去讨论贷款的难易、利率之高低,其实都是不得要领的泛议。

经过三十余年的改革,我国金融体系还缺什么?

那么,经过三十余年不间断的改革,目前还存在怎样一些障碍,使得我国的金融体系难以很好地发挥有效引导资源配置的功能呢?

概言之,主要有六个方面:(1)金融市场已初具雏形,但是,引导市场得以有效配置资源的基准价格——利率、收益率曲线和汇率——尚未完全市场化;(2)中国总体而言已不是资金短缺国家,但是,长期资金,尤其是股权资金的供给,却严重不足;(3)已有很多公民获得了较好的金融服务,但是,向社会所有阶层和群体特别是弱势群体提供服务的金融体系,依然有待建立;(4)金融业确已有了较大发展,但防范和化解金融风险依然主要依靠政府的潜在担保,市场化管理风险的体制机制暂付阙如;(5)对外开放已迈出重大步伐,但是,资本项目尚被管制,人民币尚不可兑换;(6)金融监管框架已经初立,但是,各领域之监管的有效性、针对性、稳健性均有待改善,监管掣肘问题更是十分严重。

我以为,以上六个方面,就是我国的金融体系实现"到2020年,……各方面制度更加成熟更加定型"战略目标的"重要领域和关键环节",在今后5—8年内,我们必须在这些领域和环节的改革上取得决定性进展。

健全市场运行基准

三十余年中国金融改革的成就十分巨大,中国的金融体系已经实现了一个"从无到有"的天翻地覆的变化。如今,在全球前十名的超级大银行中,我们已占了3位;全球金融理事会圈定的29家"全球系统重要性银行"中,也赫然有2家中国的银行在列;若就资产排名而论,中国的中央银行已在世界上名列前茅,如此等等足以说明,从形式上看,中国的金融系统已堪与发达经济体相比。但是,在这令人眼花缭乱的"金融上层建筑"之下,各类金融交易赖以进行的

"基准",即利率、汇率以及无风险的债券收益率曲线等,现在还在相当程度上被管制着。这意味着,迄今为止我们所有的金融交易,一直都在由某种可能被扭曲的定价基准引导着;依据这些信号展开的资源配置过程,其效率大可存疑。

金融市场的核心基准是利率。利率市场化将构成下一阶段改革的核心内容,自不待言。然而,利率市场化绝不仅仅意味着"放开",它至少包括三大要义:(1)建立健全由市场供求决定利率的机制;(2)打破市场分割,建设完善的市场利率体系和有效的利率传导机制;(3)中央银行掌握市场化的调控利率的手段。这样来看,我国利率市场化的任务还很繁重。

另一个重要的市场基准就是国债收益率曲线。众所周知,收益率曲线是固定收益市场的主要收益率,它反映无风险收益率基准在各个期限上的分布;基于这条曲线,其他各种固定收益产品才能根据各自的风险溢价来有效定价。在我国,国债收益率曲线已在20世纪开始编制,但囿于各种条件,其缺陷依然明显,使之日臻完善自然是下一步改革的任务。在这方面,完善国债发行制度,优化国债期限结构;完善债券做市支持机制,提高市场流动性;改善投资者结构,增加交易需求;完善国债收益率曲线的编制技术;适时引进境外投资者等,都是必不可少的功课。

第三个市场基准就是人民币汇率。为了提高国内、国外两种资源的配置效率,促进国际收支基本平衡,我们必须完善人民币汇率的市场化形成机制。为达此目标,必须大力发展外汇市场,增加外汇市场的参与者,有序扩大人民币汇率的浮动空间,尤为重要的是,中央银行必须大规模减少其对市场的常态式干预。

除了以上三项机制性改革,我们还须加强金融的基础设施建设,这包括一整套登记、托管、交易、清算、结算制度,以及规范和保护这些制度运行的法律法规。这些设施以及相应的法律法规,目前大都存在,但是,距市场经济的要求还相去甚远。

努力提供长期资本

经过三十余年的金融改革,我国金融体系动员储蓄的能力已经相当强了。统计显示,从1994年开始,我国总体上已经摆脱了储蓄短缺的困境,成为一个储蓄过剩的国家。我国的外汇储备从那年开始逐年净额增长,就是储蓄过剩的明证。但是,在资金供给方面,以银行为绝对主导的金融结构所动员起来的资金,在期限上偏短;而在资金需求方面,由于工业化深入发展和城镇化不断推进,我们对长期资金的需求甚殷。这种"期限错配",是我国各类系统性金融风险的根源。不仅如此,以银行为主的金融体系,只能以增加债务的方式向实体经济提供资金;与之对应,我国非金融企业获取股权性资金的渠道相当狭窄。这种"权益错配",在推高微观主体负债率的同时,也为我国经济和金融体系留下了潜在的债务风险。我国银行资产中的中长期贷款目前已高达60%左右的危险水平,地方政府融资平台问题愈演愈烈,都与金融体系上述结构性缺陷密切相关。毫无疑问,在下一步改革中,增加长期资金的供给,特别是增加股权性资金的供给,是又一个极为紧迫的议题。

改变我国金融体系期限错配和权益错配的方略,大致可归纳为如下几个方面:(1)进一步发展多层次资本市场。这一目标提出甚久,但长期以来,由于我们沿着主板、中小板、创业板的旧发展思路一路走来,迄今成效甚微。今后,必须加快完善以机构为主、公开转让的中小企业股权市场;健全做市商、定向发行、并购重组等制度安排;引导私募股权投资基金、风险投资基金健康发展;支持创新型、成长型企业通过公募和私募的方式进行股权融资;建立健全不同层次市场间的差别制度安排和统一的登记结算平台;等等。(2)应当给区域性资本市场正名,让市场基于区域之差别,建立不同层级、服务于区域发展的资本市场。(3)进一步推行股票发行注册制改革,根除我国股票主板市场的痼疾。(4)规范发展债券市场,其中最重要者,一是允许发行市政债券,二是大力推行资产证券化。(5)发展和完善各类长期信用机构。建立透明规范的城市建设投融资机制;研究建立城市基础设施、住宅政策性金融机构;在沿边地区,建立开发性金融机构;等等,都是从机构层面全面增加长期资本和股权资本供给的改革举措。

发展普惠金融

目前,我们的很多机构和个人都已获得了充分的有时已经是过度的金融服务,但是,广大的普通居民只是获得了有限的服务,而广大的弱势群体却很难获得有效的服务,甚至根本就得不到金融服务。然而,正如2006年诺贝尔和平奖得主、孟加拉乡村银行总裁尤纳斯教授所说,信贷权是人权,而这样的人权,在我们这里并没有受到很好的尊重。

发展普惠金融,支持服务于地方的小型金融机构发展、大力发展小额信贷、鼓励金融创新、鼓励互联网金融发展、不断扩大金融服务的覆盖面和渗透率、优化小微企业金融服务生态环境、加强消费者保护,等等,当然都是题中应有之义,然而,其中最重要者,则是要破除我们行之六十余年的禁止非金融机构之间发生信用关系的禁令。我以为,唯有放开民间信用,普惠金融才有合适的发展土壤。

市场化的风险处置机制

前已指出,我国的金融市场已经大大发展了,各类风险也随之而来。然而,虽然我们的金融体系正向着更为市场化的方向发展,但我们的风险处置机制却依然停留在政府大包大揽的框架下。这意味着,在金融体系进一步改革的进程中,我们需要创造一个市场化的风险管控机制,需要用市场化的手段来防范和化解金融风险。

建立市场化的风险管理和处置机制,涉及方方面面。《决定》中特别强调的改革有三项重要内容:(1)完善商业性保险制度。近年来,保险业在我国发展很快,但是,很多保险机构不安心于从事保险的本业,忽略了提供经济补偿的基本功能,而是热衷于从事金融活动,热衷于进行投资,有时还热衷于从事所谓"社会公益"活动。我们不无忧虑地看到,此次危机中若干国际一流保险机构涉险,无不起因于其对本业的忽视和对金融的迷恋。《决定》强调了保险应强化其经济补偿功能,促使保险业的发展回归正途。(2)建立存款保险制度。加快建设功能完善、权责统一、运作有效的存款保险制度,促进形成市场化的金融风险防范和处置机制,是关乎我国金融业特别是银行业健康发展的重大举措。这种存款保险机制,要与现有金融稳定机制有机衔接,应能及时防范和化解金融风险,维护金融稳定。(3)明确金融机构经营失败时的退出规则,包括风险补偿和分担机制;进一步厘清政府和市场的边界,加强市场约束,防范道德风险,从根本上防止金融体系风险积累;明确地方政府对地方性金融机构和地方性金融市场的监管职责,以及在地方金融风险处置中的责任。在处理金融风险的过程中,切实加强对存款人的保护,有效防止银行挤兑。

加快实现人民币资本项目可兑换

我国的对外开放已经进行多年,十八届三中全会更确立了"构建开放型经济新体制"的未来发展目标。但是,我们的对外开放,无论是走出去,还是请进来,都还存在重重障碍,其中,资本项目管制和人民币不可兑换,就是最主要的制度障碍。我国要想成长为在国际事务中发挥作用的负责任的大国,就必须破除这些障碍。

在我国金融对外开放已经取得相当进展的基础上,进一步改革的重点将置于:转变跨境资本流动管理方式,为企业走出去提供便利;推动资本市场双向开放,有序提高跨境资本和金融交易可兑换程度;同时,建立健全宏观审慎管理框架下的外债和资本流动管理体系,提高可兑换条件下的风险管理水平,保障国家金融安全。

加强金融监管

经过持续不断的机构改革和功能调整,我国已在21世纪初确立了"货币政策与金融监管分设,银、证、保分业监管"的金融宏观调控格局。然而,不仅银、证、保、信等领域的监管自身需要更新理念、提高水平,不断提高监管的有效性、针对性和稳健性,而且,监管当局相互掣肘,致使出现监管真空、监管重复等问题的局面也亟待改变。若无有效的协调,整个监管体系就很难发挥正能量。

加强金融监管的措施,主要涉及两个方面。首先需要提高银、证、保、信各业的监管标准和监管质量,包括:设立、完善逆周期资本要求和系统重要性银行附加资本要求,适时引进国际银行业流动性和杠杆率监管新规,提高银行业稳健型标准;根据我国金融市场结构和特点,细化金融机构分类标准,统一监管政策,减少监管套利,弥补监管真空;优化金融资源配置,明确对交叉性金融业务和金融控股公司的监管职责及规则,增强监管的针对性、有效性等。其次要加强监管协调,应充分发挥金融监管协调部际联席会议制度功能,不断提升监管协调工作规范化和制度化水平,重点加强货币政策与金融监管政策、交叉性金融产品和跨市场金融创新的协调,实现金融信息共享,减少监管真空和监管重复,形成监管合力。

于鸿君:李扬教授结合十八届三中全会的《决定》,对金融财政体制改革问题进行了深入的分析,提出了很多具有独到见解的观点。我想这些对我们深入思考我们国家金融和财政体制改革的相关问题很有意义。我们经常讲金融是经济的血液循环系统,血液循环系统不畅,或者效率低下,显然会严重影响经济这样一个机体的健康。因此,包括西方发达国家在内都在长期进行着金融和财政方面的制度调整,我们国家的改革一路走来,针对金融和财政方面的改革也一直没有停步。这次十八届三中全会进一步提出深化金融和财政体制改革,刚才受李扬教授的启发,我觉得我们得通过改革塑造一大批能够自主经营、自负盈亏、自担风险、依法管理、健康运行的金融主体。不仅是大的金融机构,很多中小金融机构今后也应该像雨后春笋一般地冒出来。

另外,要把金融资源高效地引导到能够更好地利用金融资源的一些方面去。包括刚才李扬教授讲的,我们要实现普惠金融。我们很多同学将来毕业以后,说要创业,钱从哪儿来?通过改革,我们要营造一种能够实现公平、公正、公开、透明的金融环境,确保金融资源健康、正确的流向,进一步推动我们经济社会的快速发展。我们遇到一系列的阻力。刚才李扬教授讲到,金融领域孕育着巨大的机遇,同时也存在巨大的风险,那么我们怎么能够高效地建立起一套科学合理的宏观调控体系,这对我们整个经济体系的健康运行具有重大的意义。他也谈到财政方面的问题,别的不多讲,因为涉及的问题很大、很多,但是有一点,财政支出到底该往哪些方面去?财政显然要推进公共事业的发展,显然要解决老、幼、病、残等社会群体的问题。现在还存在一些问题,一些不应该吃"皇粮"的依然还吃着"皇粮",比如网络上经常披露出来的"吃空饷"的问题,这些都是我们改革面临的重要问题。

主题演讲三

新机会 新挑战 新失衡 新动因 新出路
——关于宏观经济走势与全面深化改革的新思考

刘 伟

刘伟,北京大学党委常委、常务副校长

1957年1月生于河南商丘,祖籍山东蒙阴,中共党员。1974年11月至1978年2月黑龙江省生产建设兵团工作,1978年春考入北京大学经济系学习,1982年获经济学学士学位,1984年获经济学硕士学位,1990年获经济学博士学位。1984年起留校任教至今,历任讲师、副教授、教授,2006年被聘为长江学者(特聘教授)。2002年

至2010年7月任北京大学经济学院院长,2007年任北京大学校长助理。2010年5月至2013年9月任北京大学党委常委、副校长。2013年9月起任北京大学党委常委、常务副校长。协助校长负责全校学术、学位工作,"2011计划"工作;负责文科学科建设、文科科研、继续教育、体育工作、产业技术开发及管理。分管社会科学部、继续教育部、科技开发部(产业技术研究院)、校办产业管理委员会办公室、图书馆、体育馆、出版社。

十八届三中全会提出,要在新的历史起点上全面深化改革,强调全面深化改革要以经济体制改革为牵引,为重点,而经济体制改革强调要紧紧围绕使市场在资源配置中起决定性作用来深化。这里,怎么理解新的历史起点?怎么理解做出这一决定的时代背景、重大意义?我谈谈自己的理解和体会,讲几个问题,一是新机会,二是新挑战,三是新失衡,四是新动因,五是新出路。

新机会

在过去35年的发展中,中国GDP年均增长9%以上,总量比改革开放初期提高了将近25倍(按不变价),占全球GDP接近12%,排在世界第二位。从人均GDP看,1998年实现了一次穿越,从低收入国家水平向当代下中等收入国家水平穿越;2010年实现了第二次穿越,从当代下中等收入国家水平向当代上中等收入国家水平穿越。根据我们的时间表,预计到2020年实现全面建成小康社会,这意味着中国将用10年时间实现从上中等收入国家水平向当代高收入国家水平的穿越,从GDP增速来看,我们有充分的信心。

到2030年之前,最乐观的估计(考虑到人民币升值),中国GDP

有可能超越美国,成为世界第一大经济体。中国1820年占全球GDP的比重曾经达到34%,比美国2001年峰值的时候还要高,2001年美国占32%。我们重新回到世界第一的位置,意义有多大,我不敢轻易说,但肯定足够影响世界格局。到21世纪中叶,赶上当代一般发达国家,我们叫做实现社会主义现代化,人均GDP水平、经济结构赶上当代发达国家的平均水平或者中等水平。这是一个非常有朝气和吸引力的计划。

中国经过多少代人的努力才走到了今天?我们面临一个什么样的机会呢?习近平总书记讲,中国人现代化的梦想从来没有像今天这样近。我们过去讲中国赶上西方国家要经过多少代人的努力。走到今天,不需要几代人,甚至不需要两代人就能赶上了。现代化在我们这代人手里就能实现。这里机会有多大,可想而知。

新挑战

在上中等收入发展阶段,很多条件发生了变化。

第一,供给变化。过去,生产要素便宜是最大的优势,所以增长方式主要依靠要素投入量的扩大,展开有效的竞争,争取国际上的订单,带动GDP的增长和就业。到上中等收入阶段,生产要素成本低的优势基本没有了,我们面临着劳动力短缺的问题、刘易斯拐点问题、环境约束力度越来越大的问题,特别是社会福利、社会保障方面一系列的问题。这种情况就迫使我们的增长方式必须根本转变,要从主要依靠要素投入量的扩大拉动增长转变为主要依靠要素效率的提高拉动增长,否则,从短期看,经济就要严重失衡。为什么?效率提高得慢,成本提高得快,会造成严重的成本推动型通货膨胀。

但凡陷入中等收入陷阱的国家,拉美漩涡、东亚泡沫也好,西亚、北非的动荡国家也好,长期通货膨胀率都在两位数,甚至更高水平,高的时候可能达到100%、200%;但凡成功跨越中等收入陷阱的国家,长期通货膨胀率都非常温和,原因不在于价格管理,而在于增长方式的转变。从长期看,主要依靠要素投入量的扩大,会使得经济增长在长期不可持续。因此,无论是短期均衡,还是长期的可持续,在上中等收入阶段,生产条件、竞争力发生了根本的变化,要求这个国家的增长方式必须转变。

第二,需求变化。一个国家在穷的时候需求是旺盛的,甚至是短缺经济,所以,发达国家的企业家非常羡慕穷国的企业家,觉得穷国的企业家非常幸福。幸福在哪儿?他晚上睡觉非常踏实,根本不用考虑消费,根本不用考虑市场,他考虑的就是生产,怎么扩大产量,只要能生产出来,有的是人在排队,有的是人在抢购。虽然钱的绝对量并不多,但相对来说供给更为不足。但是,到上中等收入阶段,需求会从旺盛逆转为疲软,这个时候企业家的这种幸福感就会逐渐丧失。为什么会逆转?

从投资需求来看,穷的时候投资之所以增长快,主要是发达国家转移的技术和项目,到了上中等收入阶段,人力成本等提高了,发达国家不再转移技术和项目了。这个时候国民收入提高了,储蓄增加了,银行的贷款能力提升了,但是不能形成有效的投资增长。有效的投资增长取决于什么?取决于这个国家的独立研发和创新能力。如果独立研发和创新能力弱,银行拿大把的钱在市场上都找不到新的投资机会,找不到有利可图的项目,就会面临一个非常尴尬的局面。有钱投不出去,投出去的很可能也是搞重复建设,就会导致泡沫,导致产能过剩。所以,但凡陷入中等收入陷阱的国家,都长期存在一个问题:忽视人力资本,即教育和公民的健康;但凡跨越过陷阱的国家,共同的一条是长期重视人力资本的积累,重视教育,重视大众的健康、体制的提升,而这就是在提高民族、社会的学习和创新能力。

消费需求在这个阶段同样可能出现逆转,为什么？国民收入高速增长之后有一个问题,即国民收入分配是不是合理。如果国民收入分配两极分化,大量的钱给了少数人,大多数人积累了贫困,越有钱的人消费占收入的比重越低,而大多数人即使想花钱,也没有钱,越没有钱的人对未来越没有信心,这样就会遇到收入增长、两极分化这么一个很糟糕的局面。整个社会的消费欲望降低,导致消费需求疲软、投资需求疲软,而这就会导致需求逆转。但凡陷入中等收入陷阱的国家收入分配两极分化都很严重,但凡成功跨越的国家均在努力构造强大的中产阶级。收入分配两极分化不仅影响公平,而且影响效率。在需求逆转的情况下,企业家如何从关心生产转变到关注市场,政府如何从应对短缺转变到应对过剩,是一个重大的考验和挑战。

新失衡

在这种大背景下,当前的宏观经济失衡有了一系列的新特点。

改革开放三十多年,从1978年到1998年上半年将近20年里是短缺的年代,主要问题是通货膨胀。从1998年下半年到2010年10月份以后这12年时间里,除个别年份之外,宏观经济失衡的主要威胁是需求不足,尤其是内需不足。1997年亚洲金融危机爆发,到1998年下半年波及中国,世界金融危机2008年爆发,使得这种矛盾更加凸显。所以,这12年的时间里,中国的宏观经济政策更多的是扩大内需,保增长。从2010年宏观扩张政策择机退出以来,三年多的时间,中国宏观政策出现了新的问题,叫做既有通货膨胀的潜在压力,又有经济增长下行的严峻威胁,我们叫双重风险并存,类似于20世纪发达国家出现的"滞胀"。这使我们既不敢全面扩张,也不敢全面紧缩,所以我们采取了积极的财政政策、稳健的货币政策,实际上这两个政策的目标是反方向的。反方向目标最大的问题是政策效果之间相互抵消。为什么我们明明知道政策效果之间有抵消作用还要采取这种办法?这就与我们前面讲的中国宏观经济中的新特点联系在一起,双重风险并存,这两种风险要求的政策本身就是相反的,很难统一。

新动因

宏观经济存在的失衡,看起来是一个总量的问题,实际上动因在于结构问题。首先看通货膨胀,为什么说现在有通货膨胀的压力?表面上从数字看,通货膨胀数据不高,2011年为5.4%,而经济增长率为9.2%;2012年通货膨胀率为2.6%,经济增长率为7.8%。2013年通货膨胀也就是3%左右,可能还要低于3%,2012年9月和10月两个月前后,中国的通货膨胀率实际上在2%以下。考虑到统计误差,如果一个国家的物价总水平在2%以下,要说通货膨胀可能就是一个伪命题。为什么数据这么低我们还要担心通货膨胀?就是因为背后的结构问题。

比如,要素成本上涨的压力,从成本角度推动了物价上涨。有关部门做过一个测算,这一轮通货膨胀成本推动的因素占将近50%。中国现在进入了一个非常典型的需求和成本共同作用的通货膨胀的时代。

再如,国际贸易结构方面,中国 2013 年可能成为世界第一大进口国,进口什么东西,基本上什么东西就涨价,这对国民经济成本上升的推动作用是非常明显的。所以,通货膨胀里很大程度上是国际输入的通货膨胀。另外,中国长期国际收支结构严重失衡,收大于支,国家外汇储备即将突破四万亿美元大关,外汇储备的增加意味着结汇量的增大,即外汇占款的增加,现阶段流通中有近百万亿元的 M2 的首要原因即是外汇占款。少出口点行不行？经济面临下行压力,不可能这么做,另外,国际贸易中保护主义还在抬头也决定了我们不能这么做。我们曾经想,让出口商赚了钱后不要把钱拿回来,而是买东西回来,这样就不用结汇了。但这样也有一些现实难题。总之,这一系列结构因素:要素成本结构、国际贸易结构、国际收支结构的失衡,成为现在通货膨胀新的原因,而对这些原因我们缺少有效的办法,这就是我们会担心通货膨胀的原因所在。除了这些结构性的原因外,更加积极的财政政策、适度宽松的货币政策,流出来大把的钱,它有一个时间上的滞后性,这也带来通货膨胀的压力。

再看经济下行,从数据上看似乎也是一个伪命题。就动因看,投资需求年增长近 5 年来均在 20% 以上(名义),消费需求(社会消费品零售)年均增长在 14% 左右,都不低。问题在于投资需求增长中政府起了重要的作用,市场力量不足,难以持续;消费需求背后收入分配扭曲严重,差距扩大,短期内难以克服,令人担忧。这就使得内需不足将长期困扰中国。

新出路

在这种新的历史机遇、新的历史起点、新的历史挑战、新的矛盾失衡和新的失衡原因的基础上，经济发展只有一条出路——靠创新。首先是重视技术创新，而技术创新源于制度创新，这就是十八届三中全会做出在新的历史起点上全面深化改革的重要历史意义之所在，可以说是生死攸关。

中国的这些问题靠宏观政策、靠总供给总需求关系的短期调整是解决不了的，一定要从根本上解决。从根本上解决问题靠什么呢？就是结构的升级和转型。中国经济的失衡、通货膨胀的根源都是一系列的结构问题，包括成本结构、国际收支结构等。产品结构升级上不去，产业结构升级上不去，创新动力不足，投资消费结构不合理等，导致了一系列的内需疲软。所以，要真正解决中国经济增长的短期均衡和长期可持续发展，关键是在结构方面，要切切实实进行战略性调整。所以，十八大讲中国发展方式转变的主攻方向是努力实现经济结构的战略性调整。十八届三中全会明确了全面深化改革的总目标，明确了总体改革和经济改革的关系，以及经济改革中政府和企业的关系，等等。任务、方向的明确，逻辑关系、历史逻辑的把握，为我们的理论和实践指明了方向。有这种制度创新推动，在这个基础上促进技术创新，在制度创新和技术创新两个车轮的承载下推动发展方式的转变，通过发展方式的转变，切实使中国经济结构升级，实现中国的现代化，我们应当是有信心的。

（本文转载自《北京日报》（2014年1月27日），发表时刘伟副校长做了重新整理修改。）

于鸿君：刘伟副校长从宏观到微观、从总量到结构、从国内经济到国际经济、从现代到古代，从多个维度对中国当前以及今后经济运行和发展中的一些深层次的重大问题进行了深入的分析，我们很受启发。大家知道,我们今天为自己成为世界第二大经济体备受鼓舞,也感到十分自豪。但是,我们经济中的的确确存在着许多重大的挑战,需要我们团结一致,勇敢面对。过去三十多年我们的经济发展造就了辉煌,但是从另外一个侧面看,我们今后的经济发展会比过去三十多年更为艰难。

举个例子,按照我们过去三十多年的发展经验来看,平均每7.5年我们的经济总量会翻一番。即使按照今后每10年翻一番来看,依靠现在的这种经济增长、经济发展模式,也就是说,高投入,高消耗,低产出,我们测算一下,大概到2050年左右,中国经济的总量将达到100多万亿美元,超过今天全世界的经济总量。靠什么来支撑我们的发展?现在各个国家,特别是资源富裕的一些国家,包括市场经济相对发达的一些国家,都为我们中国经济发展中把世界资源吸到中国960万平方公里的土地而感到很惶恐,今后我们怎么办?我们在十八届三中全会提出的全面深化改革,实际上是依靠制度的调整、制度的创新,特别还要依靠技术创新来推动经济今后的健康发展。只有这样我们国家未来的经济发展才能充满希望,这也正是我们讲的"科教兴国"这样一个重大战略的用武之地。

高峰对话

杨曦：非常荣幸作为光华的校友，同时也是一位做财经媒体的媒体人主持这样一个高峰对话。高峰对话分几部分，首先每位嘉宾用3—5分钟的时间就各自的专业领域，对于当前的新时代、新变革、未来的新趋势发表自己的观点；稍后就几个大家比较关心的核心话题展开讨论；最后再留出10—15分钟的时间给现场的听众朋友们，大家都有提问的机会。

迅速地进入主题，希望多给大家带来一些"干货"。首先请教任总。刚才李扬院长的讲话中，多次提及金融，多次提及金融对于实体经济的作用以及金融在新时代的发展。您怎么看待金融业未来的经营？您觉得自己未来的日子会变得更好还是更坏？金融从业者在未来对于实体经济应当起到一个什么样的助力作用？

任汇川：我们今天的主题比较大，在座的有老师，有企业家，每个人关注的角度也不太一样。今天有很多同学参加这个论坛，我觉得同学们未来择业的方向很能代表对一个行业的看法。过去来我们公司找工作的毕业生非常多，大家都很喜欢到金融企业，比如银行、证券公司工作。如果说到我个人给各位未来的择业建议，我希望大家对进入金融业更谨慎一点。简单来讲，未来几年，金融从业者的日子可能会比较难,"难"有三个含义,第一是日子比以前苦,为什么呢？举个例子来说,未来利率和汇率的改革可能会根本性地改变过去金融业容易赚钱的情况。第二是金融业的资本要求会更加严格,各位知道银行的《巴塞尔协议Ⅲ》,对资本的要求会更加严格,所以未来金融业并不是那么容易做的。现在很多民营资本都有开银行的冲动,我觉得这也需要再理性地考虑一下。第三是来自前几年的高投资、高债务让金融业背上了很多的包袱,留下了很多隐患,大家最近也看到不断出现所谓的"钱荒"。大家会想,我们的经济一直在增长、经济总量一直在增加,为什么"钱荒"总是不断？其实主要是在"填坑"。

杨曦：但是也有一种议论,为什么出现"钱荒",是因为金融机构把钱都贷给大中央企业、大国有企业,说中小微企业未来会比较难。您怎么看？

任汇川：我第一个讲的是难,第二个是新,像刚才讲到的,如果未来市场起决定性作用,那么金融机构将面临更多的竞争,过去金融机构也常说竞争很激烈,卖保险的话要上门去找客户,要推销,这很难,金融机构觉得很苦。但是,和现在比,过去的竞争还是传统意义上的竞争,比如刚才杨曦讲大银行可能愿意把钱贷给国有企业,觉得政治上风险小一点。一般的银行贷款,我们要看企业的资信证明、资产抵押等。未来,金融行业的竞争会更加市场化,在配置资源方面,金融会作为一个很重要的改革方向,以更好地发挥优化资源配置的作用,有新挑战的日子可能才刚刚开始。

另外,有一些新的技术也在挑战金融业,包括互联网对传统金融业的冲击,所以我觉得未来的金融业会面临比较严峻的挑战,当然也会有很多机会,但是日子肯定不会像以前那样过得那么舒服。

杨曦：您刚才提到互联网金融，前几天您有一篇演讲，叫"在迷雾中疾行"，但是这个迷雾，让我们怎么有点摸不清方向、心里没底的感觉呢？您是怎样定这个题目的？

任汇川：有人开玩笑说，上次说完那句话后，雾霾就到上海了，甚至连云南、昆明都有雾霾了。对互联网金融，方向我们看得很清楚，但前方的路有很多变数，这是我说这句话的含义。

杨曦：朱教授，您是法学大家，最近这段时间对于市场化的提及、对于市场经济的提及越发地多，也有人说市场经济构造了一个法治经济，就是对法治有更高的、更加全面的要求。您怎样看待中国发展中的法治环境？我们未来会拥有一个怎样的法治经济？

朱苏力：说实话，我对这方面还不敢特别乐观。我觉得对于法治来说，最大的问题是法律不能朝令夕改。法治，最简单地说，就是昨天如何，今天如何，明天还是如何，规则不变或基本不变。但是，改革，全面深化改革，意思就是要变化，而且是全面的变化、深刻的变化。事实上，整个20世纪，直到今天，中国都处在急剧、全面且必需的社会变革时期，因此这就与法治建设之间有一个矛盾。制度和法律都没法稳定下来。但如果站在全社会的立场来看，而不是仅仅局限于法律人的视角，中国最重要的问题，确实是全面深化改革，许多法律甚至制度都可能是一个临时性的，是适用一段时间的，也许三年、五年后，社会一变化，经济制度一发展，甚至科学技术一发展，一些法律和制度就需要改变。因此，这给法治带来很大的问题，制度实际上没有办法稳定下来。中国法治面临的最大问题之一，就是整个社会转型令法律制度很难稳定。

第二个大问题，改革创新本身带来社会的复杂性，其中许多问题,是必须借助这些行业内的某些知识、技能、规则和制度来解决的,一定要深入到各行业,才能慢慢发生、建立真正与这些行业相适应的法律制度和规则,过去的法律中是没有也不可能有处理这些新出现的专业领域的规则的。比如互联网,银行业或者保险业都会慢慢形成它的规则。但法律人现在接受的法学教育、获得的法学知识,都是基于过去经验的总结,往往与这些新领域或新发展无关,因此,他们面对这些需要法律规制的问题也是一头雾水,干预吧,很可能出错,甚至帮倒忙,但是如果不干预,站在外面,法律也就不可能作为制度起到作用。因此,今天的法律所讲的已不仅是传统刑法、民法,甚至不是比较传统的公司贸易投资等,而涉及银行业、证券、互联网、知识产权甚至许多新兴领域,其中有许多问题非常专业,需要高深的科技知识,复杂的知识混合,其中的复杂性是目前这代法律人很难有效处理,甚至整个法院系统的训练和知识储备都没有办法处理的,毕竟今天中国的法官、律师基本都是文科出身,对其他学科如经济、金融都不是很清楚,如何应对社会的这种法律需求,是第二个比较大的问题。

  第三个大问题,是社会转型中出现的腐败。许多人说,这是权力造成的腐败;是的,但也不仅如此。在我看来,一个重要因素是中国处在从熟人社会向陌生人社会转化的过程中。熟人社会令许多人习惯于首先关心熟人。比如我认识了任总,下次有什么事情要找他,任总就好像有义务要帮我一下,要照顾一点,否则就是不够朋友,不够意思。这种现象如果纯粹发生在私人之间,也不是大问题;但如果涉及公权力,就要出问题了。因为法治要求法律面前人人平等,无论是熟人,还是陌生人,都同样对待。在中国,目前绝大多数人都是这一代或是上一代进入城市的。改革开放初期,80%以上是农民,就算城里人也是城市熟人社区。这种环境给转型中国的法治带来了一个很大的问题,行政、司法、行政执法乃至社会公共服务等一切涉及公权力的活动都可能发生,事实上也常常发生寻租或腐败或利益交换问题。由此带来的问题是,许多涉及公权力的部门,包括司法和行政部门,包括执法部门,甚至许多公共服务部门,都缺乏足够的公信力,也就是人们不大相信法律,而是更相信熟人,这是一个很大的问题。

最后,还有一个问题,也比较大。所有人,特别是经济界、工商界都讲市场经济、法治经济,但这其中可能有一个误解,法律与政府规制是完全不同的东西,但在我看来,许多法律不过是政府规制的另一种方式,是通过立法方式的规制。因此,如果政府的行政部门对市场的规制可能出错,那么政府的立法部门或行政规章制定部门也同样可能制定错误的法律。而一旦制定为法律,法律比规制措施更稳定,这可能是好处,但如果其中某些规定不合理甚至错误,也就意味着更难纠正,需要更严格的立法程序才能改变。许多事情都是有利弊交换的。因此,一方面,我们要相信法治,坚信法治,完善法治,但另一方面,要防止过分迷信法治,而且还要注意有人利用法律寻租,司法腐败与政府(行政部门)寻租都很糟,司法腐败并不比政府寻租好。不要以为法律就不是政府治理了,它只不过是政府治理的另外一种方式,并且是一种固定化的方式。这也是中国法治必须面对的一个问题。

杨曦:十八届三中全会的《决定》中对法治有非常详细的论述。您如何看待《决定》所涉及的改革时间表,以及到2020年(未来七年)我们的法治建设?

朱苏力:我希望它能有进步,也相信会有些进步;但我觉得关于司法体制改革有不少好的想法,但不一定能很成功。比如打破区域来管辖案件,其实很早就有人提过。但是,这并不一定是有效的。这个改革的假定之一是,将北京的案件放到天津去审,会减少北京的当事人对北京的法官的影响。从理论上看,这个假定一定成立。但必须看到技术的进步、人员的流动,已经使这种措施可能具有的效果大大弱化了。因为今天人际关系网络大大扩展了,交通通信太便利了,如果真有人想利用人际关系,这种改革就很难起多大作用。比如我们在光华上同一个MBA,你是法官,在浙江,我在贵州,我找你也就是飞一趟,甚至不用飞过去找,打一个电话,请你关照一下,如果你抵御不住人情干扰,就可能影响司法公正。

杨曦:所以,微信圈里发一条,这个事就办了。

朱苏力:有许多时候,法律制度改革的成功与否实际上需要一个稳定的社会来支撑,换言之,社会稳定下来了,法律才能稳定下来。但处在这么一个时代,中国的市场经济发展又必须改革,在这种改革条件下,要增强老百姓对法律的信任,变得非常难。在这个意义上,司法改革要比经济改革的难度还要大,经济改革,因为每一个商业主体,或者是一个市场的主体都会追求自己的利益,它们在长期摸索的过程当中要遵循一些规则;而法治不一样,你不可能指望每个人在追求个人利益的同时,自然而然地出现一个符合整个社会利益的、平衡和协调的法治。

杨曦:谢谢朱教授。也曾经听过一些评论,中国从传统文化来说是一种乡土文化,大家都被凝聚在本乡本土,所以在本乡,大家都是安分守己的庄稼人,但是到外乡就不一样了。所以,我们面对着一个更加复杂、更加不确定的未来。下面请张总把话筒拿起来,您是来自国有大型煤炭类中央企业的总经理,所以一见到您,估计很多人都会提到"雾霾"这个话题。

张玉卓:我坐在这里看上去很像被告。我就这个问题做一点分析,我是学理工的,分析起来可能得一个小时,今天就不展开了。"雾霾"确实是由于污染物排放过量引起的,排放过量确实是因为燃煤、机动车尾气和其他一些排放引起的。大家知道,我们国家现在一年的煤炭消费量在 36 亿吨以上,今年的数字可能会达到 39.5 亿吨左右。

杨曦:这跟中国以煤为主的能源结构是分不开的。

张玉卓:对,因为我们的资源禀赋就是这么一个条件,我们自己生产 36 亿多吨煤炭,今年要进口 3 亿多吨。不论煤炭是自己生产的,还是进口来的,造成环境污染的主要原因都在于煤炭的消费或使用方式的不当。使用方式不当,第一个方面是东部沿海地区,包括北京在内,已成为煤炭消费的中心,煤消耗量是全国平均数的 7 倍,这是一个问题。第二个问题是煤炭分散使用比例过高,如果大量集中于发电厂进行清洁燃用,将会有明显的污染物减排效果。第三个方面就是,排放标准执行不到位和排放监管力度不够。所以,导致二氧化硫、氮氧化物的超标排放现象普遍,就会带来"雾霾"这个问题。

这个问题有没有解?应该说根本上还是有解的,主要是要有效地实现污染物减排。减排有几个方式,一个方式就是把煤炭消耗量削减一部分,同时增大低硫低灰等优质煤的使用比例。我在这里做个广告,比如神华煤的硫分含量都在 0.5% 以下,全国平均是 1.1% 以上,你用了神华的煤污染物排放不就自然减半了吗?

杨曦:但是用了以后成本会不会提高?

张玉卓：成本不会高。分两方面来看，一是大力推广使用低硫低灰优质煤，二是推行煤炭集中高效清洁利用，煤最好不要直接燃烧用，而是把它转化为清洁能源产品，送给终端用户，比如神华现在做的煤制氢，氢产品里边的碳都没有了，用于燃料电池，就没有二氧化碳的排放问题了，也没有二氧化硫了。再比如通过神华煤制油化工技术，把煤制成低硫的清洁汽柴油等液体燃料，也将有效减少污染物排放，甚至将来可以实现零排放。所以，煤最好是经过清洁转化以后来使用。

杨曦：神华的这些举措具有可复制性吗？

张玉卓：有啊，神华正在投资1 000亿元人民币用于发展煤的高效清洁转化利用产业，现在效果很明显，但是总的来说，量还是不够。

杨曦：如果全国推行您说的煤的清洁转化使用，得投多少钱？这对我们国家来说是否可承受呢？

张玉卓：首先，在经济发达地区，要有效控制和降低煤炭分散利用的程度，就是解决"用得乱"和"用得散"的问题，同时集中地改变污染物排放的问题。比如燃煤电站，现在实际上已经可以通过技术集成应用实现燃煤发电的"近零排放"，经过五级处理，把二氧化硫、氮氧化物和粉尘脱到跟天然气发电一样的水平，而且在低排放要求上和经济性方面都是可以承受的。

杨曦：张总的这番言论给我们很大的信心，同时我们也觉得在相关领域还是有很多投资机会的。下面请李总跟我们分享一下。其实我见到李总特别激动，因为我第一双全能的运动鞋就是李宁牌的，伴随我从高中到大学。李宁公司，包括整个中国本土的体育用品品牌好像在今年的表现都不是太好,整体的总收入下降了20%多,利润下降得更多一点。我不知道李总是怎样看待我们现在的企业,包括整个行业所面临的问题的,您认为问题在哪儿?如何解决这个问题呢?

李宁: 我从我们所在的行业的角度说说这个环境。我们这个行业是做消费品的,其实过去二三十年,中国的发展,以及国外订单向中国的一些转移,使得我们这个行业获得了一个非常快速但是略微粗放的增长,到今天进入一个过剩的经济,有很多库存。我自己认为,我们这个行业最大的挑战应该不是库存,而是同质化。当初进入的门槛比较低,劳动力比较便宜。到今天快速发展,形成的是一种同质化,这种同质化不仅是产品的同质化,还是整个商业运营模型的同质化,使得大家,尤其是国内的企业,没有核心的竞争能力。其实现在行业领域已经看到这样一种情况了,包括我们自己在内的很多同行开始进行转型变革。但是,从我自己的经验看,我认为这个转型变革还是非常有挑战性的。因为已经不是20年前那样一个要求了,如果你要重新构造一个企业的战略,要重新构造一种能力,恐怕现在要具备一种战略思考的能力,同时还要能够应用系统分析的工具,来为企业重新进行一个定位。对于那种跟随,或者模仿,我觉得跟中国传统的农耕文化可能比较吻合,看这个人撒种他就撒种了,看到别人收割他也就收割了。但是,我们现在重新进行这个定位,可能更多地需要一种原创能力。如果你没有思想的创新,没有应用的创新,恐怕很难取得突出的成果。

杨曦: 您刚才讲,别人收割了,我也收割了,我的确有这样的感受。比如现在逛商场,以前看到本土的体育品牌也就那么几个,现在好像越来越多,林林总总,很多叫不上名字。也有一些投资界的朋友跟我提起过,现在体育用品市场虽然貌似不太景气,但是各种资本的进入还是挺多的,您觉得这是什么原因呢?

李宁:因为从中国的市场机会来看,无论是休闲产品,服装、鞋帽,还是体育用品,随着家庭收入的增长,越来越多的人会有这样的需求。所以,从需求上来讲,我想投资者是非常感兴趣的。但是,怎样能够找到好的企业,怎样能够帮助这个企业构造出有竞争力的能力,可能对投资者来讲也是一个挑战。我相信在接下来若干年的转型变革过程当中,有一些企业可能就转型了,有一些企业可能就转移了。

杨曦:好的,稍后我们再共同探讨一下中国包括李宁公司在内的传统制造业如何实现转型升级。下面把话筒交给金李教授。金教授是金融系的教授,前几天我在参加一个银行业论坛的时候,跟央行的一些领导共同聊利率市场化的问题时我讲了一句话:利率市场化这么多年了,"光听楼梯响,不见人下来"。央行的领导对此特别不乐意,说什么不见人下来,我们一直在往下走,就差最后几步了。所以,从金融改革来说,从1993年开始(1993年国务院有一个金融改革的文件),的确已经经过了20年的时间。您怎样判断我们这20年的金融改革的历程?未来的金融改革在十八届三中全会的《决定》里面也多有涉及,您觉得未来金融改革的亮点,或者说依附点、着力点应该在哪里?

金李:这个话题非常大,可能到时候还要蔡洪滨院长来讲,他对宏观经济把握得更好,我主要研究企业的金融行为,更多研究公司层面。我觉得过去20年我们国家的金融应该是有很大的发展的。金融在我国这样的国家里面被认为是整个经济的血液循环系统,是国家经济重要的命脉之一。所以,对金融方面的监管其实国家一直都抓得非常紧,也因此导致在过去20年里中国金融整个行业的发展,总的来说是滞后于整个经济的发展的,因为我们过去20年GDP的真实增长水平,达到年均9%—10%。但是,金融市场,包括股票市场、利率市场,都有很大的缺陷。拿股票市场来说,我们经过了几次大起大落,到现在还有很多问题。利率市场化已经经过了将近20年,终于走到了今天。但是,十八届三中全会的《决定》让我非常振奋,前面李扬院长和其他几位嘉宾都说了,我们终于看到中央下了决心,就是要在金融方面进行全面的深化改革,包括利率的市场化,包括对汇率的放松管制,包括对整个收益率曲线,能够有一个更好的市场架构,这样才能使得金融体系自己更快地往前发展。

我其实是去年回到光华这个大家庭的,非常感激蔡洪滨院长给我的很多支持和鼓励,他跟我讲,中国接下去的十年,将是中国金融大发展的十年,这个观点我非常认同。所以,去年大概也是这个时候,光华的院刊采访我,我当时进行了一个简单的陈述:为什么我要回到光华来,为什么要回到北大来?当时访谈文章的标题就是"中国下面的十年将会是金融大发展的十年",到现在我还是这么认为的。所以,我觉得总的说来,我对将来的金融发展非常乐观,但是,乐观的同时,接下去金融行业这些企业的日子可能就不会很好过了。随着监管的放松、市场竞争的加剧,对这些企业来说,它们像过去五年或者十年里那种很舒服的日子说不定真的是一去不复返了。这是好事还是坏事?我个人觉得从长期来说这是好事,只有通过竞争的加剧,甚至残酷的市场搏杀,中国才能出现一批真正世界级的、顶级的金融企业和优秀的金融企业家。所以,如果套用一句俗话,我觉得前途是光明的,但是道路可能是曲折的。过去的几年,像任总所说的,可能是在摸索,不知道前面的路到底怎么走,是一个比较痛苦的过程,但也是一个充满希望的过程。

杨曦:以前是光摸着石头,现在又加上顶层设计了。请蔡院长介绍您的观点。本轮改革的时间点到2020年,还有10天我们就进入2014年新的一年了,既然是一个有步骤的、中长期的改革,肯定分轻重缓急。您觉得在2014年我们会看到的改革的亮点,或者您觉得重点、着力点有可能在哪些方面?

蔡洪滨:我先讲一个小小的题外话,我们今天的主题是"新经济 新变革 新时代",我来了以后才发现,我们还少说了一个新——"新舞台"。今天这个舞台,跟前几年不太一样,现在有更多的艺术气息。后来我才听说,这是北大百年纪念讲堂市场化运营的一个体现。他们晚上要把这里租出去作为一部话剧的演出场所,这是别人的话剧舞台,我们今天等于是把管理的艺术跟这样一个话剧的舞台结合在一起了。我想来宾可能会留意到这一点,所以给大家介绍一下。

回到我们的正题,就是未来改革的看点,现在大家关注的可能是金融改革、财税改革、中央政府的简政放权、自贸区,等等。但是,我个人觉得全面深化改革,可能最大的看点是地方政府的改革。我认为地方政府的改革是我们全面深化改革成功的关键。为什么这么说呢?第一,地方政府落后的行为模式是我们当前经济、社会中很多问题存在的根源。导致这个落后的行为模式有两个原因:政府行为取决于它的目标,取决于它的约束,目标决定它想干什么,约束告诉它,它能干什么、不能干什么。对于现在的地方政府行为而言,应该说它的目标是错乱的,它的约束是软化的。它目标的错乱体现在全面的公司化、彻底的公司化,单纯追求GDP,税收靠卖地,很多地方政府甚至还在实行所谓的全员招商,跟经济有关无关的部门都有招商的任务,都在到处跑项目。这就像一个餐馆,大厨、服务员全站在街上拉客。另外就是目标短期化,追求短期的政绩。这两个目标的错乱,加上约束的软化和弱化、预算的软约束以及民主法制监督体系的不健全,造成了治理的软约束。我觉得所有这些造成地方政府落后的行为模式,与我们整个经济面临的主要问题都高度相关。

还有地方债的问题,现任的官员不仅要还上一任欠的债,还有自己政绩的需要,就得借更多的债,这些债又只能靠土地财政,从而导致房地产市场混乱,现在走到任何一个城市,都是交通拥堵、雾霾严重,每个城市的教育、卫生、医疗、社会保障事业等都落后于人们的需要,更不要说环境、生态的保护了。所以,所有这些表明我们落后的地方政府的行为模式是我们当前面临问题的主要焦点。

第二,地方政府改革是全面深化改革的关键点。十八届三中全会全面改革主要内容的最终落实,都取决于地方政府的职能转变及其行政模式的转变。我们一说到政府,可能首先想到中央政府,中央政府当然很重要,但是政府这只手,中央政府是一部分,更大的主体是各个地方的地方政府。绝大部分民营企业,不会到国家发改委或其他部委跑项目、办事,更多的是与地方政府打交道。而这些年地方政府对微观经济直接的干预和直接的参与是有增无减。因此,要真正落实市场在资源配置中的决定性作用,地方政府的行为模式必须发生转变。另外,市场体系的建设要统一、要开放、要竞争有序。目前市场所存在的问题,如市场分隔、封闭、竞争无序以及竞争的不充分,都跟地方政府的地方保守主义,以及各种各样的行政干预有关,比如有很多地方政府的罚款以及各种各样的乱收费,甚至比税收还要高,这些都是对市场体系的一个巨大的破坏。

第三,经济体制改革的亮点,是给市场一个主体的地位。大家一说到国有企业改革,首先就想到中央企业,但中央企业数量少,所以我认为未来国有企业改革,特别是地方国有企业的改革,从某种意义上来说更加迫切,虽然它们的个头都比较小,但是加起来总量就比较大了。同时,地方企业的社会监督,以及资本市场对地方国有企业的监督可能更松一些,所以它背离市场的行为可能更多,对市场的干扰可能更严重。另外,地方政府跟地方国有企业的关系不明晰、政企不分的情况更为严重。所以,如果我们要落实经济体制的改革,地方政府的改革至关重要,财税改革也好,城镇化也好,都是至关重要的。这是几个经济方面的,另外,国家治理,包括文化建设、生态文明,最终都需要由地方政府作为主角或主力去落实。所以,地方政府的职能转变,地方政府行为模式的转变,在我看来是十八届三中全会最后成功的关键。

杨曦:配置资源靠政府,还是靠市场?现在毫无疑问要靠市场。但是,政府这只手有时候会情不自禁地伸出来,包括做一些他认为理所应当的事情,或者他认为的一些好事,但是有可能会对资源配置起到不那么好的作用,您觉得是捆起这只手,还是彻底把它斩断,抑或是用什么方式,让市场起一个决定性的、基础性的作用?

蔡洪滨:斩断肯定不对,还需要它发挥作用。我觉得十八届三中全会对政府的定位和表述应该是极其准确的。翻开任何一本经济学经典著作,或者是教科书,也就只能说到这个地步了。在市场经济国家,市场在资源配置中起决定性的作用,政府的作用则发挥在市场不能很好地起作用的地方。关于政府能发挥作用的范围及其重要的领域都有明确的界定。所以,我认为在政府和市场的关系上,目标和方向都已经非常清晰,关键是怎么去落实,怎么落实市场在资源配置中发挥决定性的作用,怎样使政府更好地发挥作用。没有一个国家,没有一个市场经济国家说政府这只手完全没用,要斩断。如果斩断了,那就是最原始的所谓的市场经济,没有任何社会组织的市场经济。对于早期一般集市的市场经济,可能不需要政府发挥作用,但在任何现代社会,没有政府和法制的力量,仅靠市场本身完全自发的组织是不可能真正高效运转的。

杨曦:刚才您也提到了不同性质的市场主体要平等对待的这样一个话题。您一来就首先对舞台表达了一些看法,我突然就有一个感受,这就是不同市场主体之间的一个互相尊重,光华,包括北大没有认为我们的新年论坛高人一等,就要求一些商业行为停下来,让道,恢复原有朴素的气质,而是嫁接起来,也是独特的感受。所以,在市场经济当中不同主体之间互相尊重,互相为对方的生存和发展留下一定的空间有可能也是在未来发展中所必须要追求的,这也就是我们下一个话题之所在:不同性质企业的平等权利的问题。我想对于这个话题首先要请两位企业家作答,李宁董事长和张玉卓总经理。李总是非公经济的杰出代表,张总是大型国有企业的优秀掌门人。先请李总介绍一下,您在企业经营的过程中,是否觉得有"弹簧门""玻璃门"这样的不平等对待的情况出现,包括金融服务方面?未来您期盼什么样的企业生存与发展的环境?

李宁:其实说到不公平,不需要我说了。从未来来讲,无论是民营企业还是国有企业,其实是整个中国社会面临的转型,面临的新的挑战。所以,从我们企业自身来讲,你要看到市场的机会,然后选择如何参与竞争,如何作为一个知名企业去追求应有的效率。作为我们这个行业也有一点特殊,消费品有它的品牌概念,体育用品有它的体育文化的概念,会给中国人创造一种中国人自己的文化的认同。当然,如果我们这个企业不能原创,总是跟随,或者抄袭别人,我想它对我们整个社会和民族所带来的影响可能是挺可怕的。所以,除了企业自身的生存,可能我们也要承担起一定的社会责任。

杨曦:谢谢李宁董事长,请张总发言。

张玉卓:我是高度赞同的,市场竞争的主体应该享有平等的地位。这在十八届三中全会的文件里面写得再清晰不过了。但是,确实是存在不平等的,这也是不可否认的。下一步就是如何在这个方面进行改革。从中央企业来说,一是中央企业的分类,的确有一些不是竞争类的。我理解可能分两类,一类是完全竞争的,一类是非竞争的,比如军工企业、自然垄断企业、提供公共服务的企业,这就是另外一个范畴了。我现在只谈像神华这样的企业,应该是完全参与市场竞争的,神华就已经作为一个上市企业参与到市场竞争中去了。

杨曦:您把神华归为垄断性的大型中央企业,但是,的确有市场分析人士把神华归为自然垄断型大型中央企业。

张玉卓:我认为,神华没有形成垄断地位。虽然神华的确可以归入特大型的基础能源企业行业,为国家提供12%的一次能源,提供6.5%的二次能源(主要是清洁电能),但是全国有13 000个煤矿,而神华只有62个煤矿,由此可见,神华在煤基能源行业中完全没有垄断的可能。

杨曦:但是,大家对于国有企业或者中央企业垄断也有一种议论,就是赢家通吃:国有企业把整个产业链霸占完毕,不想让别人进来,别人也进不来。神华是否存在这样的情况?

张玉卓:首先,神华是开放的企业,因为我们也是上市公司。其次,我们一直积极推行混合所有制,今天早上有人问我,"你们有多少混合所有制",我说我昨天专门做了一个统计,神华现在一共有159家企业实行了混合所有制,而且其中有一部分是非神华控股的,神华只是参股而已。比如我们在内蒙古和亿利资源集团的合资化工企业,就是由亿利控股,神华只是参股。这样的企业还是比较多的,合计参股、控股跟非国有成分的共有159家企业,合到股份里面,占到神华企业总户数的接近三成。

杨曦:所以,混合所有制已经在神华有所实践了?

张玉卓:已经在神华有相当的体现,但是力度还不够,下一步还要进一步开放。我们现在正在发展一些大型清洁能源工程,特别希望大家一起参与,民营、外资都来参与。

杨曦:有开放的胸怀、开放的心态才会迎来一个美好的产业发展。任总,您作为金融业的人士,如果同时面对中央企业和民营企业,您会更偏向哪一边?

任汇川:说实话,谁效益好我们就会支持谁,这是市场的基本原则。我想跳出我们自己的企业来说一说,在实体经济和金融之间,实体经济肯定要先行,金融永远是一个"保姆",最多是一个"管家",如果主人的日子不好过,"保姆"和"管家"的日子过得好是不太正常的。从"保姆"和"管家"的角度来说,应该有权利选择不同的主人,过去可能不完全是这样。所以,我们今天谈到,未来市场化起决定作用之后,在实体经济里面,应该让市场决定资源配置,也就是说,好企业得到的资源多。在资源配置的过程中,金融发挥重要的作用,是一条重要的血脉。过去我们看李宁兄这个行业,可能觉得这个行业是产能过剩、充分竞争的,但是会不会有人觉得金融这个产业过剩?有那么多企业求着金融机构,所以不少企业可能不这么认为。但这也说明,在这个重要的配置资源的过程中,金融企业的市场化还远远不够,竞争还不够充分。所以,如果要想让金融给实体经济提供的资源配置是市场化的、是有效的,首先应该让金融行业本身充分竞争。

杨曦:充分竞争的金融市场、金融环境可能会对实体经济有更好的补充。请蔡院长发言。

蔡洪滨:我补充一句,关于国有企业跟民营企业地位的不对等确实表现在很多方面。比如金融的偏好方面,这里面又可以从两个不同的角度考虑,一个就是从金融企业自身的考虑来讲,一些大的国有企业没有倒闭的风险,所以比较安全,同样经营效益的情况下,要保证资金安全,金融企业自然会偏好大企业,这是一个方面。但是这更多的是从经济方面考虑,从另外一个方面来看,如果金融企业把钱贷给大的中央企业,出了问题,可能金融企业要承担一些责任,但是没有太大的其他问题,可是,贷给一个民营企业,如果这个贷款出现了失误,这里面可能还存在其他的风险。在金融跟实体企业的结合上这两个原因是不是都有?

任汇川:从我们自己的公司来讲,这种情况比较少,但是据我了解,在行业里面,特别是一些大的银行可能有这种情况,我一开始就已经谈到了。从金融角度来讲，应该是看这个企业本身的治理结构、盈利预测、资信情况等。

杨曦：我以前接触过一个词叫"软约束实体"，就是金融贷款。什么叫软约束实体？就是我借但不一定是我还，任期制，无论中央企业、国有企业，还是地方政府都有这样的情况。还有地方价格待议，反正不是我掏钱。所以软约束这种实体有时候会对呆坏账产生一定的风险，造成金融行业的不确定性，朱教授有没有关注过这方面的情况？您觉得从法律方面，对这种不同企业之间贷款的风险，以及地方债务之间存在的风险，有没有起一些作用的可能性？

朱苏力：我对这方面不太了解。你讲的关于任期的问题等，从理论上看，确实可能会对企业，比如对国有企业，产生影响。因为我在这儿一任就走了，调到其他单位去了，"无恒产者无恒心"，责任心一定会弱化。但我对这方面的具体制度约束条件不太了解，所以不敢胡说。

杨曦：请金教授发言。

金李：我补充一下，我听了大家讲的都很受启发。站在金融的立场上，从资金的调配、资源的调配来说是以效率为重，并不会真的那么在乎你到底是民营企业还是国有企业。其实刚才听张总说神华的时候，我就在想，我们现在提倡混合所有制经济并不是说要歧视民营企业，但是反过来也不应该歧视国有企业，并不因为它是国有企业的身份就要限制它的发展。就说煤炭行业，虽然我了解的不是那么多，但是张总说的一个问题让我想到，全国那么多煤矿，而神华手里只有六十多个，但它能提供那么多的能源，它的节能减排等各方面的标准可能是最高的,一些小的煤矿,其生产环境,包括员工的待遇以及安全,可能就没有办法像大企业那样。这里面的一个原因我觉得可能是大企业有规模,有体量,能够形成规模经济,形成范围经济,从金融角度来说,这就是一个好的企业,就应该去支援它,就应该让它发展得更加壮大。国际上也是一样,美国一个非常大的煤炭企业,不会说因为你是一个体量很大的企业,占整个煤炭产业的百分之十几,或者更多,就得把你强行地分割成更多的企业,也没有这个必要。我现在感觉到,我们做国有企业和民营企业之间的角色转换的时候,一方面当然要鼓励民营企业的发展,另一方面也要防止矫枉过正。我猜测,不知道是不是这样,一些大的企业,比如神华到地方上,地方说你是这么大的一个国有企业,而我们要鼓励的是混合所有制,所以要把更多的优先权给民营企业,甚至给地方的国有企业,那么这对中央企业来说可能也有不公正的地方。这只是我作为学者的一个看法。

蔡洪滨:国有企业的特殊待遇问题有的是因为它规模大,有的是因为它是国有体制。在国有体制上,无论是金融企业,还是类似于神华这样的能源企业,你到地方上一定比民营企业更受欢迎:第一,你个头大,资金的来源多;第二,跟你合作,给你资金也好,给你地也好,给你税收优惠也好,给你矿山也好,没有太大的风险。所以,现在中央企业跟地方政府的合作也很多。在市场经济里,关于反垄断,不是因为你大你就犯了罪,微软做得非常好,一定时期占了操作系统90%的份额,这也是市场经济。但是,如果你滥用垄断权力,就违反了《反垄断法》。未来的国有企业通过改革做大做强是好事,但如果说,是因为你是国有体制所以得到不正常的竞争优势从而做强做大的,那就与改革的方向背道而驰了,因为这些东西都是干扰市场资源配置效率的。我不知道张总是不是也这么认为？

张玉卓：我完全赞同刚才蔡教授讲的，而且刚才任总讲的这个问题，如果一个银行不是以"优质客户第一"为原则，这个银行可能就办不下去了。所以，银行一定要从自己的效益来源来考虑，这也是市场竞争对它提出的要求。那么，对于神华来说，我就特别不希望大家有所有制方面的歧视，因为现在好像一说国有企业，一说中央企业，就是坏的典型了。当然，国有企业有出问题的，但是，你要看看它出问题的比例，这是一个问题。二是各位看到好的中央企业，要分析分析它的规律在哪里。一些不合适的、不应该给的优惠要全部取消，大家一律平等参与市场竞争。我上个月到新加坡学习淡马锡的先进经验。淡马锡从1974年到现在这么多年，搞得非常成功，现在没有人说它是一个国有企业，到新加坡，大家说不知道它是一个国有企业。我们神华追求的就是这样的境界。过去的28年神华是怎么发展的？神华发展到现在，规模比淡马锡稍微小一点，淡马锡投资组合市值如今是2 150亿新元，约合10 000多亿元人民币，神华大致是8 800亿元人民币，但是神华创造的利润比淡马锡要高，淡马锡去年的利润，甚至过去三年的都没有神华的高。所以，我认为所有制这个问题，包括所有制偏好和所有制歧视不应该再作为一个主要的话题。

李宁：我很赞同张总所讲的，我也不希望有歧视，我创业二十多年，真没有拿到利息比较好的贷款。

张玉卓：我跟李宁是好朋友，我们神华也是在香港上市的。

李宁：你是选择，我是没得选。

任汇川：我觉得过去民营经济比国有经济更难得到金融服务，这是个事实。这种现象有它的历史原因，但更关键的是今后怎么办，我们要面向未来。我觉得今天我们讨论到现在，终于集中到同一个话题上了。如果整理一下，从金融机构的角度来说，第一是要发挥好"保姆"和"管家"的作用，服务好实体经济。为什么之前在支持实体经济特别是民营经济方面做得不够？我觉得首先是因为大部分国有企业是有行业保护的，盈利更可靠，风险更低，金融机构比较青睐于它们。第二，金融机构也有行业保护，盈利水平可以保障，不必那么积极在民营经济里寻找市场机会。第三，政治方面的考虑，中央政府、大型机构可能多多少少会有这方面的考虑。第四，技术问题。金融行业过去的竞争是同质化、低水平的竞争，之前也谈到互联网行业会带来新的挑战。过去金融行业的传统模式非常简单，主要就是看资产负债表，看抵押物，看信用评级。但是，如果看未来，这种简单的间接融资会向直接融资转化，会有更多的发债、股权投资、PE、VC、天使投资，我觉得这么多种手段是民营企业未来不同发展阶段中更需要的。

所以，归根结底应该这样讲，站在现在这个起点，民营经济肯定应该得到扶持，获得更大的发展。金融机构也应该更多地去扶持未来最有发展前景的民营经济，不过这一切的前提都应该是平等竞争，也就是说，如果把国家保护拿掉，在金融机构眼里，哪些企业是好企业，就应该为它提供服务。

杨曦：对于一个群体来说，比较不利的局面是进行所谓的"站队"，你是这样，他是那样。台湾地区也有一个词叫"撕裂族群"，对于企业来说，我们不希望所有人在接触前，先要搞清楚它是中央企业，还是民营企业。如果是混合所有制，到底混合到什么程度？但是，刚才在张玉卓总经理讲的过程中，我也有一个问题。其实混合所有制经济，在国资委的要求中数字也不是最低的，国资委网站给我们提供的数字，2012年年末中央企业及其子企业控股的上市公司一共有378家，上市公司非国有股份的比例已经超过53%，但是，这跟我们的印象完全不一样，印象中民营企业的生存空间是受到打压的，而这也是我们从日常经济活动中得到的一些感受。请教蔡院长，您觉得这是什么原因？混合了，却没有达到经济协调发展的局面。

蔡洪滨：我理解的混合，不是简单的参股，如果是简单的参股，只要你是上市公司，股权都有一定的分散。真正的混合所有制，我想有两个角度：一是通过混合所有制真正取消市场上的不同主体因为其所有权性质所带来的特殊身份、特殊优待，或者是特殊的歧视。二是通过混合所有制真正把公司的现代企业制度建立起来。比如说神华，即使管理层和所有员工都非常努力，但最终的管理权还在国资委。国资委名义上只管国有资本，但是现在国资委的管理模式不是只管一种资本，而是把大大小小所有的事情都纳入到它的管辖范围之内了。因此，目前国有上市公司，从股权上看已经有所分散，但实际上没有真正实现企业制度的最后一步，即形成一个独立经营的市场主体。从这个角度讲，我理解的改革方向，所谓的混合所有制不是在股权上面稍微做一点增加或减少，而是真正通过混合改变管理模式和治理模式。

杨曦：金教授的观点呢？

金李：我完全同意蔡洪滨院长的说法，我觉得混合所有制不是在股权结构上简单调整即可，真正要调整的是心态。咱们国有企业，金融机构的参股比例，上市以后一般30%左右是公众持股，剩下

70%左右还是企业自己控制的。因为工、农、中、建这样的国有大银行对国家来说还是血液循环的命脉。但是,就算是其他的一些国有企业,不管是中央企业,还是地方国有企业,都还受到国家的一些管控。像中联重科,它是国资委所属的湖南的一个地方国有企业,但实际上国家对它的控股也就是20%左右,它是在香港和上海两地同时上市的公司。其实神华也是,它有大量的股东,甚至还有战略合作的投资者,早就是混合经济了。但是,它处理事情的方式、它的思维方式,还是当自己是体制内的,还是受体制的监管,包括很多高管的任命,还要受到组织人事部门、党委的影响。国家有国家的治理体系,企业有企业的法人机制或者公司治理机制,这种机制还没有随着股权的调整完全转过来,虽然看上去已经混合所有制了,但是"神"没有调过来,形似而神不似。

杨曦:非常感谢!刚才就这个话题大家互相交流了很多,现在很多听众朋友也通过微信的方式提问了,第一个问题提给任汇川总经理。您能否具体谈一下民营资本办银行的风险?您如何看待百度、阿里巴巴这样的网络金融目前的繁荣?

任汇川:金融业其实挺特殊的,要充分竞争,也要做好"保姆"和"管家"。但是,金融业本身影响到整个国家的经济稳定和安全,所以它是一个被高度监管的行业。简单地讲,民营资本做银行,第一,要看资本跟不跟得起,因为它要扩大业务和规模,就要不断地充实资本,跟不跟得起是首先要考虑的。第二,我们很多民营资本要办银行,主要是因为受了李总这样的苦之后才想到的,我借不到钱,干脆自己办个银行算了。从这个角度出发是不太现实的,特别是今后,这种资金的简单挪用、大股东的关联交易是不太现实的。第三,过去金融业的好日子不代表未来的好日子。未来银行业也需要充分的竞争,小银行如果不能找到它的利基市场和核心竞争力,仅仅简单模仿,开网点、拉存款、放贷款,可能日子不会像想象中的那么美好。

杨曦:问题非常多,目前已经有两三百条听众提问了。请大家简短地解答。这个问题是提给朱教授的:您如何看待群租房的现象?

朱苏力:我觉得群租房纯粹作为市场行为不应当限制,现在对它进行处理主要是因为安全问题。确实我从电视上看到群租房的情况主要是怕失火或出现其他紧急事件,包括人员安全救助的问题;从电视画面上看,确实过于拥挤、狭窄,容易出问题。如果纯粹从市场的交易来说,我把自己的房子改成多少套,让别人去租,让在大城市打工的人可以以相对支付得起的价格租房子,我觉得这没有任何问题。因此这是两方面的问题,不能混淆。但是,蚁族的问题,群租房的问题,有一个潜在的隐患可能是要防止贫民窟的出现,这是作为国家城市治理中的一个基本的考虑。很多发达国家至少在一个时期都出现过贫民窟,许多新兴国家也有,中国城市治理中预先有这种考量,我认为是好事,至于具体措施则要经过考察具体分析。谢谢!

杨曦:最后一个问题留给蔡院长。有听众问您如何看待地方债的问题,您觉得未来地方债是否会存在风险?

蔡洪滨:地方债的总量现在还没有定数,但是我个人认为,就目前来讲,它的总量不一定立刻就能形成危机。根据三年前审计署的数据,地方债的总量是 10 万亿元,现在普遍的估计是 20 万亿元,假设这个估计基本准确,这三年就增加了一倍。所以,这个愈演愈烈的趋势如果不制止,那未来后果会非常可怕,如果三年增长一倍,大家可以算,到了六年之后,那这个债务规模将会是多少?所以,虽然我们目前地方债的总量还不一定成为当下的风险,但是它不断增长的趋势必须要尽快遏制。这就回到我刚才讲的地方政府改革的问题上。地方政府的改革,是一个很复杂的系统工程,但可能第一步要做的就是把这个账算清楚,情况摸清楚,从而才会形成相应的监督、约束机制。光华管理学院金融系的刘俏教授带了一个课题组,研究并设计了针对地方财政金融的一系列制度框架,编制地方政府过去的资产负债表,并结合地方经济发展,编制未来动态的资产负债表,我认为这项工作的重要之处就在于地方政府改革就像企业改制,如果没有财务报表,那企业的财务就是一笔糊涂账,地方政府的改革也就缺乏一个清晰的认识。所以,这可能是地方政府改革的一个突破口,是一个起点。

杨曦:谢谢蔡院长!我们现场的互动交流环节到此结束。还有10天就进入新的一年,请每一位嘉宾非常简短地说说自己2014年的愿望是什么,无论是个人、团队、还是事业的,包括世界和平这样的都可以。我先说,我在2012年有了第一个孩子,2014年我的第二个孩子会降生(因为我是"双独"家庭),我太太也在现场,我要感谢我的太太,我希望新的一年,在改革预期的美好愿景下,我们都能有能力为自己创造幸福的家庭生活,我们自己都能有一份比较满意的事业,能过得比较好。

任汇川:我希望我们中国人,人和人之间多一些信任,对未来多一些信心。

杨曦:您也是世界和平这个频道的。

朱苏力：希望自己能把自己想做的事情都做完，这就挺好。我觉得在这个时代很多人去畅想整个国家的发展，作为决策者，或者执行者是必要的，但是作为每个人来说，更重要的是把自己的事情做好，自己做好事情，其实就是为国家做好事情。另外，自己幸福的来源不在于整个社会环境，而在于自己能不能把自己想做的事情做好，谢谢！

张玉卓：我就希望我们神华26万员工，能够平安幸福，我也希望有更多的北大校友加盟神华。

杨曦：这算是发出了邀请。

李宁：我希望我们全体员工能够伴随着中国的改革，把我们公司的转型做成功，而不是被动等待，更不是被转移掉。

金李：我希望在座的企业和全国的企业都能够越做越好，不管是民营企业还是国有企业。

蔡洪滨：我想利用这个机会，首先感谢我们光华管理学院所有的老师、员工、同学以及校友对学院发展的关心、支持和帮助，也祝愿光华管理学院在大家未来的支持下越办越好，谢谢大家！

杨曦：谢谢台上所有的嘉宾，也谢谢所有参会的听众能够陪伴我们到现在，谢谢大家！我们的高峰对话到此结束！

于鸿君：对六位高峰对话嘉宾和主持人的工作表示感谢！他们给我们提供了一系列的真知灼见，我相信这是我们论坛一个非常重要的亮点。今天包括主持人在内，11位嘉宾为我们进行了多方面、多视角的分析，发表了他们很重要的观点，在这里也一并表示感谢。

特别要感谢各位来宾、各位校友,同时,还要特别感谢北大和其他学校的老师、同学们。此外,我想我们也应该一并对为这个论坛的举办付出巨大心血的主办方——光华管理学院的老师和同学们表示感谢,还要特别感谢对论坛顺利进行提供服务支撑的北大百年纪念讲堂和相关服务人员,他们的辛勤劳动使我们能够顺利地把这个论坛进行下去。

嘉宾介绍

于鸿君 北京大学党委副书记、纪委书记

经济学博士,北京大学光华管理学院金融系教授、博士生导师,国家社科基金重大招标项目首席专家,国家级精品课程"微观经济学"主持人。

西安交通大学本科毕业后留校任教,后考入北京大学经济学院攻读硕士学位,获经济学硕士学位后攻读外国经济思想史专业博士,并获经济学博士学位。

近年来主要从事新制度经济学、国际金融与管理、区域经济学和公司治理等方面的研究工作。

担任的学术职务有:中国国际经济交流中心理事,中国系统科学学会副理事长。

任汇川　中国平安保险(集团)股份有限公司总经理

1992年加入中国平安保险(集团)股份有限公司,2010年6月至2011年3月担任副总经理兼首席保险业务执行官,2007年4月至2011年5月担任平安产险董事长兼CEO,2009年3月至2010年3月被委任为公司职工代表监事,自2011年3月起担任中国平安保险(集团)股份有限公司总经理。

朱苏力　长江学者,北京大学法学院天元讲席教授

祖籍江苏东台,1955年出生于合肥。少年从军,退伍后当工人,1978年考入北京大学法律系,毕业后在海关工作两年,1984年考入北京大学研究生院。1985年赴美留学,先后获硕士、博士学位。1992年回国任教于北京大学,先后任讲师(1992)、副教授(1994)、教授(1996)、博士生导师(1997),任法学院学术委员会主席(1999—2000)和校学术委员会委员(1999至今),曾任北大法学院副院长(1999—2000)、院长(2000—2010)。

曾作为哈佛大学燕京学社和耶鲁大学法学院访问学者(1999—2000学年),康奈尔大学法学院(2011秋学期)和纽约大学法学

院(2012春学期)高级访问教授,新疆石河子大学政法学院访问教授(2012—2013学年),西藏大学政法学院访问教授(2013秋)。

发表个人独撰论文200余篇,出版个人独著《法制及其本土资源》《送法下乡》《制度是如何形成的》《道路通向城市》《也许正在发生》《法律与文学》《走不出的风景》等,出版个人独自译著《法理学问题》《超越法律》《道德与法律问题的疑问》《正义/司法的经济学》《性与理性》《法官如何思考》《并非自杀契约》《宪政与分权》等。

张玉卓 神华集团有限责任公司总经理

1962年出生,山东寿光人,现任神华集团有限责任公司总经理。中国工程院院士,国家能源专家咨询委员会成员,中国科学技术协会常委,中国煤炭学会副理事长,中国能源研究会副理事长,中国石化工业联合会高级副会长和国际能源署(IEA)煤炭咨询委员会委员。曾任中国煤炭科学研究总院院长。长期在能源领域从事科研开发与企业管理工作,负责神华煤基新能源与化工材料领域的研发和产业化工作,在煤洁净转化利用等领域取得多项科技成果和发明专利,直接组织领导了煤制油、煤制烯烃及碳捕获与封存(CCS)等国家示范工程建设并均已成功投入运行。

杨曦 中央人民广播电台主持人

长期主持《天下财经》《交易实况》《天下公司》《全球资本市场》等节目及财经论坛等活动。全国播音主持"金话筒奖"获得者,被评为全国优秀新闻工作者、广电总局十大杰出青年,荣获中直机关五一劳动奖章,六次获得中国新闻奖,主持的《天下财经》被评为中国新闻奖新闻名专栏。

李宁 李宁(中国)有限公司董事长

李宁品牌创立人、李宁有限公司执行主席,主要负责制定集团整体企业策略及规划。

是20世纪最杰出的运动员之一。在1982年举行的第六届世界体操锦标赛上,夺得男子体操项目六枚金牌,创造了世界体操历史,并获得"体操王子"的美誉。在1984年举行的第二十三届洛杉矶奥运会上取得三金两银一铜的佳绩,成为当届奥运会赢得奖牌最多的运动员。1987年成为国际奥委会运动员委员会当时唯一的亚洲区委员。1993—2000年,担任国际体操联合会男子技术委员会委员,现任国际体操联合会荣誉委员。1999年被世界体育记者协会选为"20世纪世界最佳运动员"。

于1989年退出体坛后,继续以发展中国体育为使命,构思推出李宁品牌,并以创立首个中国国家级体育用品品牌为目标。过往二十多年一直致力于发展集团公司业务,为中国体育用品行业的发展做出卓越贡献。亦担任香港联交所创业板上市的非凡中国控股有限公司董事局主席。

拥有北京大学法学院法学学士学位、北京大学光华管理学院行政人员工商管理硕士学位、英国拉夫堡大学技术荣誉博士学位以及香港理工大学荣誉人文学博士学位。于2010年6月获颁授香港科技大学荣誉院士。

透过"李宁基金"积极参与慈善活动,并帮助现役及退役中国运动员及教练成立"中国运动员教育基金",为运动员提供学习进修及培训资助,并支持中国贫困及偏远地区的教育发展。2009年10月,被联合国世界粮食计划署(WFP)任命为"反饥饿亲善大使"。

金李 北京大学光华管理学院金融学讲席教授、金融系联合系主任

博士生导师,北京大学光华管理学院院长助理,英国牛津大学终身教职正教授。曾在美国哈佛大学商学院任教十多年,并兼任哈佛大学费正清东亚研究中心执行理事。

研究课题包括企业高管薪酬机制设计,企业年金及养老金设计,全球股票市场运行效率,对冲基金、共同基金、私募和风投基金以及其他机构投资者行为,以及相关的公司财务、公司治理和资本市场研究。研究

成果发表于顶级国际学术期刊,研究荣获多项国际著名大奖,包括FAME研究奖、全球金融学会最佳论文奖、欧洲金融管理学会最佳论文奖、TCFA最佳论文奖、PANAGORA论文奖,等等。

蔡洪滨 北京大学光华管理学院教授、院长,创新创业中心主任

长期致力于博弈论、产业组织、公司金融和中国经济等领域的研究并取得了丰硕的研究成果,在《美国经济评论》等国际权威学术期刊上发表学术论文二十余篇。2006年获教育部新世纪优秀人才称号,2007年获国家杰出青年科学基金,2008年被聘为教育部长江学者特聘教授,2011年当选为国际计量经济学会会士,并于2012年被选为理事会理事。

主论坛总结

2013年12月21日,第十五届北大光华新年论坛在北京大学百周年纪念讲堂举行。各界与会嘉宾围绕"新经济 新变革 新时代"的主题,深入解读十八届三中全会改革新政,讨论当前经济态势,前瞻未来经济社会发展图景。

主论坛由北京大学党委副书记于鸿君主持。于鸿君副书记回顾了光华新年论坛的发展历史,介绍了本次新年论坛的时代背景:十八届三中全会关于深化改革的决议出台之后,其目标之高、决心之大、覆盖面之广使得中国的改革进程举世瞩目。接着引出本届新年论坛的主题"新经济 新变革 新时代",将其阐述为以新变革重塑新经济,以新变革开启新时代,在新的节点上打造新经济,迎来伟大的历史性变革。

十一届全国政协副主席张梅颖致开幕辞。她首先对光华新年论坛进行了高度评价,对十八届三中全会在战略改革、优先顺序、工作机制等方面的深化改革进行了点题。张梅颖副主席从市场的资源配置效率、市场经济中的政府作为、公平市场环境的建设以及政绩考核体系完善等方面阐述了十八届三中全会的重要创新,并最终强调落实与行动的重要性。她认为,十八届三中全会对各项改革措施的系统、整体、协调推进,将为学界提供更加丰富的研究案例,期待光华紧跟前沿课题,做出具有光华品牌的成就。

之后,北京大学光华管理学院名誉院长厉以宁教授、中国社会科学院副院长李扬教授、北京大学常务副校长刘伟教授先后为本论坛做了主题演讲。

厉以宁教授的演讲主题是"社会和谐红利是最大的制度红利",厉以宁教授从中等收入陷阱出发,指出其他国家陷入中等收入陷阱的重要原因是社会不和谐,提出了社会和谐红利是推动发展的重要因素。进而,厉以宁教授通过对十八届三中全会中的解读,阐述了社会和谐红利正在逐步凸显出来。一方面,通过发挥市场在资源配置中的决定性作用,尊重市场公平,尊重供求规律,产生社会和谐;另一方面,通过混合所有制的发展,结合公有制经济和非公有制经济的优点,尊重包括企业员工在内的各种利益相关者的积极性,也是产生社会和谐的重要机制。最后,厉以宁教授通过对发展经济学的高度概括,指出"就业是靠就业扩大的,富裕是靠富裕带动的,繁荣是靠繁荣支撑的,和谐是靠和谐积累的",十八届三中全会的《决定》是在释放更多的社会和谐红利。

中国社会科学院副院长李扬对十八届三中全会中的金融改革和财政改革进行了深入解读,阐述了金融的本质是配置资源,展望了未来金融和财政改革的趋势。李扬副院长认为,金融改革的重点包括利率市场化,增加长期资金和股权性融资,完善草根经济的金融服务,建立市场化的风险管理机制,继续建设开放型国家,协调金融监管体系。关于财政改革,李扬副院长从预算、税收和财政体制三个方面,就完善财政改革提出了诸多真知灼见。

北京大学常务副校长刘伟提纲挈领,从宏观到微观,从总量到结构,从历史到现在,从国内到国外,对当前中国经济存在的机遇、挑战、失衡、动因与出路进行了深入浅出的分析。刘伟副校长认为,中国经济有着很大的发展机遇,但也面临着供给条件和需求条件两方面的挑战,在宏观经济上存在着结构性失衡。他强调,在新的历史起点,面对机遇与挑战,全面推进中国改革,只有靠创新一条出路。需要通过技术创新应对结构失衡问题,通过制度创新调动聪明才智,而十八届三中全会则通过明确各种关系,为制度创新指明了任务及方向。

在随后的高峰对话环节,围绕着论坛主题"新经济 新变革 新时代",中国平安保险集团股份有限公司总经理任汇川、北京大学法学院教授朱苏力、神华集团总经理张玉卓、李宁(中国)有限公司董事长李宁、北京大学光华管理学院教授金李、北京大学光华管理学院院长蔡洪滨六位嘉宾进行了深入的交流和精彩的对话,现场听众通过微信进行互动,向嘉宾提问。

首先,六位嘉宾分析了各自领域的新变革与新趋势。任汇川总经理分析了金融市场化和互联网对于传统金融的挑战;朱苏力教授阐述了转型社会的复杂环境对法学理论和实践提出了更大的挑战;张玉卓总经理以神华集团为例,梳理了能源利用与生态环境的关系改善;李宁董事长分析了体育用品产业等相关产业的竞争格局以及所面临的挑战;金李教授就金融的发展现状和未来进行了深入探析;蔡洪滨院长阐述了地方政府改革的目标和约束,以及宏观政策的未来趋势。

随后,六位嘉宾就政府与市场关系、现代企业制度、国有企业与民营企业公平发展、金融体系与实体经济发展等一系列重要问题各抒己见,妙语迭出。

最后,第十五届北大光华新年论坛在现场听众的热烈掌声中落下帷幕。正如于鸿君教授在闭幕辞中所言:"但凡论坛,总有意犹未尽的话题,总有很多真知灼见需要进一步阐述。这需要我们自己去体会,自己去琢磨。"第十五届光华新年论坛正是要通过各方的努力,办成智者汇聚、名家云集、共商大计、共谋发展的平台。我们希望,通过一年一届的光华新年论坛,为中国经济改革和社会发展注入更多的光华力量。

分论坛一

平台与生态
——商业模式的颠覆性创新

时　　间：2013年12月21日14:00—17:00
地　　点：北京大学光华管理学院1号楼101室
主持人：张炜，北京大学光华管理学院副教授、院长助理

为什么万达在地产行业能够异军突起？百度着力打造的云生态系统，又将如何引爆移动互联网行业，与广大开发者实现共生共赢？全球最大的100家企业里，有60家企业的主要收入来自平台商业模式。在中国，平台商业模式也已经出现在越来越多的行业中，不仅是互联网，许多传统行业如零售业、银行业和地产业的企业都在利用平台商业模式获利并持续扩大市场版图。成功运用平台思维创新商业模式的企业往往颠覆了其所在行业的竞争模式，从而获得了令对手难以超越的竞争优势。

面对新生代商业模式来袭，企业应该如何突破既定思维框架，

设计有效的商业模式以获取竞争优势？商业模式创新对于组织能力的要求是什么？企业转型过程中应该锻造什么样的领导力？这些问题正成为越来越多有志于商业模式创新的企业家冥思苦想的话题。本场论坛围绕商业竞争的新思维展开，给予你有关新生代商业模式的前沿洞见，颠覆你的思维。

主题演讲一

法律服务行业商业模式的创新

梅向荣

梅向荣,盈科律师事务所主任、全球合伙人,盈科律云创始人

1995年毕业于清华大学汽车工程系,获学士学位,北京大学光华管理学院EMBA。在银行按揭贷款、房地产和企业并购等领域有着丰富的实践经验及深厚的法律理论研究功底,并担任中国人民大学律师学院兼职教授、清华大学法学院法硕联合导师,先后出版了《管理层收购法律实务》《如何做中国最好的律师事务所》等著作。也是国家知识产权局法律顾问、中国法学会会员、中国律师协会会员、北京市律师协会第八届代表大会代表等。作为北京大学光华管理学院EMBA的优秀校友,正带领盈科以颠覆性的方式,改变律所发展生态,让中国最大的律所朝着专业化、规模化、国际化、品牌化

的方向高歌猛进。

尊敬的各位老师、同学：

很长时间没有到校园了，今天很高兴和大家进行交流，有点紧张。大家听了以后有什么问题，我们在讲座之后再进行交流。

非常感谢刘学老师的邀请。我在北京大学光华管理学院读了EMBA，毕业论文是"律师事务所的发展战略与实施"。我是去年毕业的，正好在从毕业到现在的过程当中，把互联网时代律师行业的变革，结合自己的实践进行了思考。有些是正在实施的，有些是未来的目标，尽管还不够成熟，但是我觉得这是非常有力的探索。

此次的题目是命题作文，针对法律服务行业商业模式的创新来讲。我今天要讲的主题包括四个方面：第一是传统法律服务行业；第二是互联网时代法律服务行业的解决方案；第三是"律云"的产品与服务；第四是从平台到生态的思考。

传统法律服务行业比较简单，遇到什么法律问题，我们直接到固定的场所，找固定的律师进行固定的咨询就可以了。在中国这个行业整体来说，规模为800亿元。整个规模不算很大，相对于美国来讲行业规模就算非常小了。据我所了解的数据，2012年全美法律服务行业的业务收入是2 500亿美元，超过了整个深圳市的GDP。这个行业在中国来说还比较新兴，整个行业历史很短，才32年。改革开放以后，行业才得到恢复。

传统律师行业很简单，大家有事去律师事务所。律师事务所的形态也非常单一，现在很多律师事务所就是几个合伙人，雇用几个员工，提供一些基础性的法律咨询。我在英国、美国看到的现代律师事务所、大型律师事务所，每年律师业务收入超过100亿元人民币。

大家也可以看到四大会计师事务所的全球事务,第一名,德勤,现在是307亿美元,在中国2012年是92亿元人民币。智力型企业能不能成为超大型的企业?这也是我们非常关心的问题。我们将在这一领域进行思考。

对于法律服务现状不想多说,因为我们同美国等国家的产业的差距非常大。现在中国法律服务行业出现了很多问题,为什么这个产业做不大?首先,在聘请律师的价格方面,到不同的律师行找不同的律师都有不同的报价。其次,你找律师的时候,在网络时代大家都是从网上搜索的。即使找到以后,还是不能确定他的服务有没有达到非常好的标准,质量有没有非常好的保障,这导致了行业规模还是有问题。

从律师行业可以看到,这是一个普遍规律,中国已经有23万名律师,特别是最近,中国法学院学生的就业非常困难,为什么困难?法律行业的资源分配稀缺,包括客户分布是非常不均匀的,收入两极分化,律师的成长周期比较长,从法学院毕业,考取资格、获得相应的专业素养,到最后能够成功地提供很好的服务,需要相当长的时间,而且中小企业、家庭找律师非常难,整个律师行业并没有很好的产业集中度。

律师行业有大有小。如何做大做强律师行业呢?盈科律师事务所成立于2001年,我在2007年加入其中,2013年,盈科整个产业规模做到了7亿元。律师人数达到2 400多人。短短的6年,从2007年到2013年,业务数增长了300倍。

这是如何完成的呢?传统的商业模式下做大律师事务所有什么办法呢?招聘更多的合伙人,聘请更多的员工,挖掘更多的客户。但实际上如果能够转变思维,就会发现今天的主题是平台。要想整个做大产业,我觉得律师事务所是更重要的一个平台。在确定了盈科的平台以后,盈科确立了与律师之间的合作规则、对客户的服务流程,取得了快速的发展。

以前要让客户了解盈科、购买盈科的服务,直接的想法是把分所开到当地,要到江苏就开到南京,要到浙江就开到杭州、开到宁波。但是你发现不可能开到所有的地方,这种情况下我们不断思考如何用互联网改造服务产业。

这里有几个事件让我们非常有信心,我们帮助徐工集团在波兰收购了当地的企业,所有服务流程我们都没有和徐工的人员面对面地交流,所有服务都是在线达成的。我们发现知识传播是不需要物流的,而且这种法律服务,可以直接在网上进行完善。所以我们在这个阶段,在互联网时代下,能够有效地提供法律服务,真正做到随时随地。我们把这个方案叫做"律云",我们提供法律云服务,实际上做了服务模式创新,以前需要在固定场地、找固定律师服务,现在我们只需要通过互联网手段,包括电话、手机、网络等所有方式。还有服务资源整合,以前有什么问题都要找律师,在专业化时代法律如此复杂,不可能有律师能够解决所有问题,因此就需要把法律服务资源进行整合,把不同地域、不同专业、不同领域、不同层级的律师组合在一起,形成一个律师云,根据客户需求进行相应的匹配。对应的律师,进行法律整合,提供一站式服务,实现服务水平的多元化。

我们所有的目的是要让法律服务触手可及。任何时候,任何地方,任何时间点,通过任何方式都可以找到法律服务。"律云"是一个平台,为什么这么说呢?首先是服务平台。以前提供服务的都是盈科的律师,是雇用的员工。但是今天向"律云"提供服务的律师是全国各地经过我们的选拔,认为符合"律云"服务特征的律师。这个关系已经从传统的雇佣模式变成了合作关系,大家要遵循"律云"的标准、流程、规则,接受客户的评价。

其次是营销平台。越来越多的专业律师聚集在"律云"上,给客户提供最完美的在线选择机会,让更多客户选择"律云"。所以平台特征越来越明显。

最后是比较流行的线上和线下融合。以前大家简单说O2O,实际上我不认为是简单的"To"的关系,而是"Combine",两者是相互融合的。线上服务和线下服务完美结合,构成了客户的完美体验。解决之道就是需要更多的标准化、流程化的东西。通过这种协作我们实现的是客户、律师、律所、"律云"几者利益共赢。

通过"律云"协作平台,我们的服务架构比传统的服务架构效率更高。传统的服务是律师寻找客户,去做辅助性的工作,实际上是人才的浪费,服务价格也挺高,但是"律云"实现了销售、辅助人员专业化分工以后,价格大幅度下降。在线法律服务价格只相当于传统法律服务价格的20%—30%。所以"律云"是人性化、标准化的服务系统。由不同知识库、培训体系保障对客户的服务质量。

最后想提一个"入口"的概念,我们订机票上哪个网、找对象上哪个网,都有一下子能想到的网站,我们也想让大家以后找律师就想到上"律云网"。"律云"是法律服务的入口,提供 7×24 小时服务,律师面对面、文本、合同下载、合同审查、服务推送等这些标准化的东西,都可以通过在线服务来完成。这就是"律云"的服务,包括企业服务包、个人法律服务包。对于个人来讲,每天只需要 0.99 元就可以享受私人服务。我们可以针对不同渠道、不同客户,做出不同应用。这是传统法律服务不可能做到的。大家看到这张"紫气东来卡",很简单,因为我毕业于清华,这是我们给清华校友定制的法律服务卡。我们可以针对不同渠道,比如建设银行的客户、南航的客户、中国银行的客户制作相应的卡,来解决个人的法律服务。还有企业分诊系统,针对每个行业回答问题,可以看到企业在这个领域可能面临的法律风险,由我们提供相应的解决方案。未来还有更多的法律专项服务,包括诉讼直通车等。

下面讲到的产品涉及生态系统。我们的目标是要做最大的中国法律服务云平台,中国亿万中小企业以及个人都可以一站式地解决法律问题。这是传统的律师事务所无法实现的。

讲一下平台到生态,发展过程当中发现,企业客户的需求除了法律服务,第一位的服务需求是金融。实际上盈科在线下帮助很多基金公司、银行、小贷公司、典当公司、金融投资公司、PE解决问题。但是今天到"律云"里事情会发生巨大的变化。我们可以把很多的融资产品放到"律云"网站,帮助中小企业解决融资问题。另外,线上可以满足部分企业的海外投资需求。大家知道现在移民情况很普遍,很多人在海外的资产配制规模很大,这些产品在线上也会做,下一步是把这些也放到"律云"之内。

最近我们跟国内税务机构合作成立了专门的税务法律咨询公司,向客户提供税务法律服务。中小企业经营当中面临很多专业管理问题,我们一起合作为企业提供这方面的服务。

实际上说到生态系统,我希望"律云"在将来以法律服务为入口,为中小企业提供更多投融资、税务、管理咨询、人才、教育、留学、投资移民等相应服务,围绕中小企业成长所需要的服务提供一系列的服务,变成一个真正的生态系统。所以大家看到税务、财务、融资、教育等都被纳入"律云"服务之中。

最后讲一下,过去十年大家看到的是商品销售的互联网化,可以看到标准化的产品在电商那里获得了巨大的成功。我自己的判断是,未来五到十年是中国专业服务领域互联网发展的黄金机遇期。实际上商品在整个社会经济发展中占的比例很小,服务业才是全球经济的支柱。包括今天比较热门的互联网金融,实际上也是服务业的一部分,如果能够把专业服务领域在互联网领域实现相应的改造,将是一个巨大的改变。今年8月我在伦敦接受英国一家贸易杂志的采访,说起我们行业现在这么小的规模,让我做一个预估,我说未来会是百亿级的,其中我也讲到"律云"的概念。大家设想一下,在中国有4 700万家中小企业,如果每家企业购买1万元的在线法律服务,每家企业支付1万元,1%的企业购买就是47万家。所以我觉得百亿级的概念是没有任何问题的。我相信,商业模式的颠覆和适应互联网时代的趋势,会使传统行业产生巨大的变化。

我就说这些,谢谢!

主题演讲二
平台思维 · 平台模式 · 红星美凯龙
——打造商户与消费者共赢的生态圈

谢 坚

谢坚,红星美凯龙家居集团股份有限公司副总裁、中国商业发展研究所副所长

在红星美凯龙分管文化营销、人力资源、管理学院、集团办公室等多个职能部门,有近二十年的商业企业战略管理、营运及人力资源管理经验,曾历任香港睿智管理顾问公司、新世界百货(中国)有限公司等企业高管。曾为多家大型商业企业如百联集团、万达集团、华润、中国银行、日立、施华洛世奇、欧米茄等提升绩效而提供研究、营运、培训和管理系统构建。同时还兼任中国多家研究机构的

资深研究顾问,有《从专业人才走向管理》《百货营运管理手册》等各类著作在国内出版。

各位尊敬的北大的老师、院长,各位亲爱的同学:

大家下午好!我是红星美凯龙的副总裁谢坚,今天早上我从上海飞过来,出门的时候特别纠结一件事,就是今天穿什么衣服过来。为什么?两周之前有一个零售业的领袖峰会,我出席了那个峰会,穿得很正式,西装革履,可是上台的所有的嘉宾,来自百货业、购物中心的嘉宾,一上台就讲我们的主题是颠覆式创新,是互联网,所有西装革履都代表了保守,代表了固化,所以得穿牛仔裤、高领衫,穿得像乔布斯似的。早上我想这是一个新年论坛,应该穿得很正式,但是又怕代表了保守,所以就想了一个方法,穿了一件比较时尚的西装,但是没有打领带。这就是创新和传统真正的融合。

很多人问红星美凯龙是地产商吗?属于零售行业吗?在我们看来,红星美凯龙是什么?是一个家居流通平台,是一个"家文化"的生态圈。这正好吻合了刘院长给我的话题——平台与生态。

在两周前的零售领袖峰会上,所有的演讲嘉宾都在讲:"我们该怎么对待互联网?""怎么对待这种颠覆式的创新?""到底要认贼作父还是引狼入室?"等我发言时,我说:"让我们打开窗户,让所有的空气都进来。"

各位,新的技术、新的变化层出不穷,很多时候我们真的可能会迷失。可是我们得想一想,商业的本质到底是什么,平台和生态的本质是什么。

我看过陈威如教授写的《平台战略》一书,我把这本书给了公司所有商场的总经理,请他们阅读。这本书里提到,所谓的平台模式的精髓就是三个:多主体参与、共赢和构建生态圈。

的确，我们很早就提出来一个概念，叫"市场化经营，商场化管理"。我们很早就意识到了，某些国外家居和建材零售商在中国用少数精英的脑袋来预测亿万消费者不同的消费需求的做法，在中国一定坚持不下去。所以我们提出来的概念叫"市场化经营"。我们把更多的智慧开放给我们的经销商，开放给厂商。我们在内部有一个口号叫职业创业，集团和员工之间，像刚才梅总所提到的，不再是雇佣与被雇佣的关系。红星美凯龙这样大平台上的所有的人都可以职业创业，不仅内部还有外部。我们联合中国大量的家装公司、大量的设计师和内部的大量优秀人才，共同创造这个平台。

同样，我们也意识到了平台战略最大的风险和问题可能在于，如何有效整合，能够让消费者感受一致的高品质服务。所以我们又提出"商场化管理"。

我想先用几个数字简单介绍一下我们公司。

第一，我们是中国遥遥领先的家居流通业第一品牌。我们在中国90个城市，开设了124家家居MALL，我们管理的营业面积超过1000万平方米。有人说中国最大就有可能是世界最大，我们没有做具体调查，不过可以确认的是我们是中国家居流通业遥遥领先的第一品牌。

第二，我们不仅在做家居流通行业的MALL，也拓展到住宅市场，拓展到百货MALL。今年由国务院发展研究中心公布的综合评估数据显示，我们是中国商业地产前三强。

第三，我们公司的创始人车建新先生1966年6月出生，他借了600块钱创业27年，现在管理资产超过了600亿元。现在公司内部有15 000名员工服务于我们的经销商和顾客。

另外，我们涵盖了中国几乎所有的家居建材中高端品牌。我们是怎样做到这一点的呢？其实可能很多了解红星美凯龙的人，会很清楚地知道，我们成立27年，从2006年、2007年开始快速发展，到今天为止也就是六七年的时间。2007年之前我们也不断探索过不同道路，比如说自己生产自己卖，B2C模式；比如我们去租赁一个场地，去销售我们选择的品类相对不多的产品。然后我们意识到在中国实现快速裂变和在非成熟的市场快速拓展，必须要依赖互联网的无边界思维和平台生态圈概念。

所以从2007年开始，我们开始探索合作模式，我们输出管理，租赁场地，共同投资，跟很多厂商合作，帮助他们更好地经销产品。我们不再仅仅是通过少数人帮助消费者寻找适合他的产品，而是开放更大的平台，让上万的经销商服务于我们几亿的消费者，所以这几年的发展其实得益于我们深入理解平台战略在中国市场上的扩展。

在我们看来，平台战略是一个口号，该如何落实呢？还得回归到商业的本质。在我们看来，商业的本质就是三个：

（1）让接触更有效、更便利，消费者随时可以找到，随时能够看到，无处不在。

（2）让在我们这边活跃的、提供给消费者产品的经销商、厂商和商户能够更高效、更有价值地创造更多的利润。

（3）能够让我们的顾客除了有多种选择以外，还能产生选择以外的更多的体验，更多地解决问题。

所以所谓的平台模式，就红星美凯龙的理解就是三个：渠道更便捷、商品更有价值、顾客更有价值。

所以我们不断在渠道的便利、便利性触点的有效性上做文章。我们用联合双MALL模式——家居MALL和购物MALL结合，达到服务客户的要求。两年前开始探索如何在网上销售产品，如何在网上解决非标物流和非标产品的销售问题。我们所有举措的目的只有一个,让消费者的接触点更多、接触变得更加有效。所以刚才我讲我们不排斥互联网,而是会打开窗户拥抱一切变化。但是我们要知道商业精髓是什么。除了渠道更便捷以外,还要做很多文章,为活跃在平台上的经销商、厂商、商户们创造更大的价值。平台战略在我们的理解当中最难解决的问题是怎么样往上游资源走、怎么样往下游资源走。我们也做了很多文章。

我们都知道,在中国要想实现真正的原创还需要很大的勇气。山寨成了中国最大的问题,而我们鼓励中国原创设计,把中国原创设计带到时尚之都米兰,发出中国的声音。我们会建立创新设计的联盟,鼓励中国厂商、中国制造商、中国设计师们能够为中国消费者提供更多符合中国文化的元素。

所以我们跟清华美院合作,每年都赞助做东西方家居文化的鉴赏和分析,研讨什么是适合东方家居文化的特征。比如说我们会为中国的厂商和经销商提供更多、更有效的教育及提升服务,跟北大、复旦、交大联盟,成立"鲁班家居学院",希望为行业做一些事。

在这里也给大家看两个短片,看我们是怎样为中国创新设计提供一些新的服务的。

(播放短片)

在我们看来,平台模式并不简单只是一个要素的整合,还要增加黏合度。我们认为平台模式最核心的是如何为消费者创造价值,如何为顾客创造更多的价值。我们理解的中国消费者的发展和中国商业提供不外乎经历了四个阶段:商品匮乏阶段,我们的优势在于能否提供更多、更优质的商品。然后慢慢过渡到商品同质化越来越严重的阶段,竞争的重点就成了能不能比竞争对手提供更多的服务。今天的消费者的需求，就我们的理解，不仅仅只是要形式上的服务、提供更多更好的商品。商品价值方面，我们最早提出红星美凯龙是什么？是全球家居博览、提供全球商品。下一阶段提出九大服务承诺，在任何商铺买的东西，红星美凯龙都负责退换货、负责品质。我们现在开始意识到不断让顾客得到更多的体验、帮助客户解决问题。如何帮客户解决问题呢？我们内部打造了大量的家居生活专家，各位买家居、建材最头疼的是不知道如何选择，信息不对称，所以独立第三方——家居生活专家，可以帮助你解决问题，解决困难。

今天在飞机上看到一篇文章，说未来商业已经不再是用户经济了，而是粉丝经济。怎么样让消费者喜欢红星美凯龙？去年开始，我们在这方面不断打造。我们认为不仅要解决结果，还要解决顾客的感觉。我们倡导人们是从开始讲究穿衣服，然后回归到吃饭的，未来人们一定会回归到"家才是我最重要的港湾"的理念。但是你想想，我们解决了衣和食的问题，每个人的穿着在外面看是很光鲜的，但是你家里的拖鞋不一定是LV的，穿的问题解决了、吃的问题解决了，慢慢人们会意识到家的舒适才是生活的本质，所以我们认为自己赶上了大潮。前几年家还是布置得像一个宾馆、酒店一样，有了硬件却没有软件。我们提出，不仅要畅想家居之美，家里的人也很重要，我们不断创造"用时间来爱你的家人""给你的家人点赞"的理念，还拍摄了一系列微电影。

欢迎各位有机会去上海，明天（2014年12月22日）第九代家居MALL将开业，整个商场将会采用艺术模式构造，编了很多家庭情景剧，会有很多剧目上演。我们也希望做一件事，跟消费者之间不仅是商业的关系，也能够转化为一种品牌和粉丝的关系，能够转化为一种充满激情的关系。就像人们常常说的,如果没有乔布斯、没有苹果,世界将会怎么样,如果没有迪士尼,世界将会怎么样。我们也希望有一天人们会说,如果没有红星美凯龙,世界将会怎么样。

这是我们的梦想,是我们所有红星美凯龙人的梦想。谢谢!

主题演讲三
五屏互动生活下的乐视生态

刘　弘

刘弘，乐视网信息技术（北京）股份有限公司副董事长兼COO 1997年毕业于北京广播学院获双学士学位，分配到中国国际广播电台新闻中心国内部担任记者。1998年长江大洪水，赴九江进行抗洪宣传报道，同年被中宣部、国家广电总局评为全国抗洪百佳记者之一。1999年7月1日随中国首次北极国家科考队乘坐雪龙号赴北极科考，历时70多天，发回北极系列科考报道，同年获中国广播政府奖最高奖——中国彩虹奖二等奖。2000年随中国第17次南极科考队赴南极长城站，历时两个多月，期间所做的南极特别专题节目——《南极的问候》同年获中国广播政府奖最高奖——中国彩虹奖一等奖。2004年11月与贾跃亭先生共同创建了乐视传媒集团，并任乐视网信息技术(北京)股份有限公司副董事长兼COO至今。

尊敬的各位领导、同学、嘉宾们：

  非常感谢光华管理学院让我这样一个在长江商学院学习的人能够在这个讲台上和大家分享乐视网颠覆创新的商业模式。刚才前面几位非常精彩地阐述了各自在互联网里的创新经历。乐视网作为一个纯粹的互联网网站，始终坚持用互联网思维进行跨界创新。

  今天我要分享的是"五屏联动生活下的乐视生态"。"五屏"指PC、手机、Pad、电视屏和电影大屏幕。

  刚才两位讲的互联网思维，我非常欣赏。有一句经典的话叫做"天下武功，唯快不破"，我想演绎一下，"天下产业，唯网不破"。现在已经进入了信息文明时代，互联网是信息文明时代的基础，虽然国家管制关键技术发展，但互联网一定会深入社会各个行业。所以我们现在无论哪个行业都应该有互联网的思维方式，这样才能不被淘汰。

  PPT是乐视网生态的核心商业模式。乐视网成立于2004年11月，经过九年的发展，已经成为国内第一个专业长视频网站、视频行业全球首家IPO公司，2010年在国内创业板上市，市值超过300亿元人民币，成为创业板市值第二的公司，超过了老牌的互联网公司，比如搜狐等，而且是纯内资网站。

  今年对乐视来说是大爆发的一年。今年7月乐视超级电视60寸首发，短短一个月时间就实现了三十多年来国内电视机品牌没有实现的梦想，全面超越LG、三星、夏普、索尼成为同尺寸市场第一。10月首发50寸超级电视，短短10天里就卖掉6.8万台，成为50寸电视机市场份额第一，远超过第二到第五名的总和。这也是互联网创造的奇迹。

而且如果大家关注股票市场的话就会发现,乐视网的股票在10月暴涨,这是因为我们要并购曾经拍摄过《北京人在纽约》《金婚》《甄嬛传》的导演郑晓龙所在的花儿影视。为什么一个大牌导演会选择一个新兴互联网公司?他的理念是互联网时代下如果做电视剧,可以有更多更好的玩法,在他创作生涯当中还会有另外一次创业高峰。

有同样概念的还有著名的导演张艺谋,张导演和乐视影业经过40天的接触后,于今年5月毅然决定加入。这也是互联网公司展现出来的魅力。

我们今年还创造了《小时代》的票房奇迹,用了O2O互联网线上线下结合的营销模式。该营销模式把《小时代》这样一个电影做成一个线上的网络事件,引发两代人在各种媒体上的大讨论,而且使15—20岁的非主流观影人群成为电影主流观影人群。这就是营销模式,突破传统营销模式创造的奇迹。

今年乐视网之所以能创造一系列的奇迹,我认为关键原因在于商业模式的创新。

接下来讲一讲乐视网的商业模式,被称为世界四大商业模式:谷歌、三星、苹果和乐视生态模式,由内容+平台+终端+应用四个环节组成。

第一层是云视频平台和垂直电子商务平台,负责任务分发以及乐视所有产品的销售。

第二层是内容,包括两大部分:(1)外购,购买别的制作公司制作的影视剧、动漫、纪录片,等等,以及有版权的视频节目、综艺节目;(2)自制的电影、电视剧、网络剧、网络栏目,等等。

第三层是互联网的电子机顶盒以及超级电视,硬件是承载乐视所有服务的载体。针对智能电视机的市场,已经成为该市场的第一名。

第四层应用是 Letv Store。

接下来我详细介绍一下这四大环境:第一层是平台,乐视最基础的是两大平台,第一是云视频开放平台,第二是垂直电子商务平台。承载大量视频,而且本身也要提供一个非常优质的企业级服务,这是什么概念呢?电视网络化、网络视频化是未来互联网的两大趋势。电视网络化指现在国家的三网融合政策把有线电视网络改造为具有 IP 传输功能的网络,从单向传播变为双向互动传播,另外,所有的互联网,从第一代图文版逐渐向网络视频方向发展。有很多网站都具有传输视频节目的需求,这使得乐视云视频开放平台能够获得这样的支持,不需要自己建视频专业开发和技术维护团队,而是提供上传、存储、转码等一整套视频解决方案。现在和我们合作的有电商网站,比如说京东、当当,其网站上所有的商品视频的介绍、电视购物节目的介绍,全部由乐视网进行传输,播放器全部由乐视网提供。

对用户来说,他感觉不到在用乐视网的云平台服务,但是所有的传输都是通过乐视网云视频平台进行的。还有千龙网、第一财经,等等,以后其网站要全面视频化,现在基本上是文字加图片的视频内容,以后会逐渐采取视频模式。还有游戏、动漫等网站,也是如此。几乎所有的互联网网站和个人都有视频传输的需求。这是乐视网云平台服务的基础。

另外就是我们的垂直电商平台——乐视商城,我们所有的硬件、付费产品,都是通过自己的乐视商城进行销售的。我们还有一个网酒网,是高端精品红酒垂直电商。

第二层是内容,乐视网从2004年成立的时候,就坚持两个战略,一个是正版,一个是付费。正是因为我们始终坚持这两个战略,所以乐视网成为第一家盈利的视频网站,并且成为第一家IPO视频网站。经过九年的积累,我们已经成为中国最大的影视网络版权拥有者,拥有10万集电视剧和5 000多部电影。

明年的《我是歌手》,我们拥有独家网络版权,还有新《天龙八部》《古剑奇谈》等电视剧,都是乐视网的网络内容。另外在篮球、足球、网球、高尔夫领域,有非常多的体育赛事,乐视网都拥有网络版权。未来一周还要宣布世界顶级的一项赛事,乐视网也获得了独家版权,相信对于体育迷来说是一件非常大的盛事。

此外,乐视网也打造了自制平台,今年有300多集网络剧以及十多档综艺栏目。我们推出了《唐朝好男人》《东北往事之黑道风云》等都市言情、年代传奇、穿越等四大类自制剧。今年著名主持人黄健翔、杨澜、董路纷纷加盟乐视网,比如杨澜的《天下女人》等,都是乐视网自制栏目。

我们的兄弟公司——乐视影业除了《小时代》以外,还有《敢死队2》《消失的子弹》等电影,都在今年获得票房的巨大成功。明年除了张艺谋的电影《归来》之外,还有《敢死队3》《太平轮》等将近20部电影。乐视影业明年很有可能成为电影公司票房第一。

第三是硬件终端软件。乐视网提供了极佳的大屏交互体验,智能电视机现在的用户体验是最佳的。智能电视对普通用户来说曾经操作是极其复杂、极其不方便的一种体验,是非常失败的体验,导致智能电视在中国很难普及,在前三年几乎没有大的普及。但是今年随着乐视推出超级电视,智能电视机已经成为今年最火爆的一款。所有的国产品牌、国际品牌都在跟进,而且互联网站,爱奇艺、苏宁、阿里巴巴也在推出自己的电视机机顶盒。

我们明年还要推出更多尺寸型号的电视机,还要推出更多功能的电视机,因为上市公司的原因不能在这里做详细的信息披露。明年终端爆发的趋势会非常明显。

乐视网移动客户端今年取得了非常不错的成绩。总的装机量突破 5 000 万,稳居移动市场第一名,高峰的时候乐视网移动端流量占全国接近 1/3 的流量。

最后再说一下应用市场,就是 Letv Store,就像安卓系统,是一个开放平台。每年会举行开发者大会,吸引成千上万的开发者基于智能大屏研发软件、硬件。像 App Store 一样,智能大屏一定会成为软件开发者的另外一大乐园。我们现在有 2 000 多款软件,涵盖游戏、娱乐、教育、支付、电商等行业领域,并且与众多的行业客户都在进行合作。

比如说跟房地产行业,最近跟广州保利集团签订了协议,其近期推出的精品公寓,全部使用乐视超级电视,这并不仅仅是因为性价比最高,更重要的原因是想在乐视应用市场里装上自己的物业应用软件,通过这个平台可以实现对小区用户大米、蔬菜、肉类、水果等食物的配送,以及其他方面的物业服务,真正成为智能社区应用的典范。

另外还跟高端五星级酒店合作,在酒店房间里应用乐视超级电视,提供智能数字化服务。

此外,在娱乐行业,比如各家 KTV 里,都在置换乐视超级电视。总之,乐视电视会和社会各个行业深度合作。只要有屏的地方就应该应用到乐视的电视。

最后我想说的是现在的互联网有四大趋势:视频化、移动化、社交化、电商化。社交领域有微信,电商领域有阿里巴巴,淘宝已经成为巨大的平台。但是在移动和视频领域还没有出现一个巨大的互联网公司,我相信在未来三到五年一定会在视频领域出现巨量级的公司。

乐视商业模式走到今天我认为值得借鉴的是战略先行,带动了市场优势,时间优势逐渐转变为现在的市场优势。现在乐视的规模依然很小,但是我希望通过乐视这种持续的创新、不断的颠覆,来改变人们的互联网生活方式。这是乐视的终极梦想。

主题演讲四
百度移动云平台

侯震宇

侯震宇，百度云首席架构师

2003年加入百度，致力于百度基础架构建设工作。曾参加贴吧、知道、空间等诸多社区产品设计研发工作，为百度大社区产品的基础架构奠定了坚实的基础。主持制定了百度基础架构部整体规划，并主导基础体系跨部门联动合作。作为百度重大战略项目Cloud OS的核心成员，参与百度云战略的制定与推进。目前，全面负责百度云的各项工作，主导个人云（面向用户）、开放云（面向开发者）、云生态（面向行业）、云设备的建设发展。

大家好！

我今天来跟大家分享一下百度在移动时代有哪些思考，云平台是什么。

百度一直以来拥有中国做得最好的云计算技术,拥有最开放的云平台。刚才梅总谈到了"律云",谢总也说了希望把家居服务搬到互联网上,那么我们的云平台是做什么的呢？就是希望将刚才大家所说的这些服务转到这个平台上来。

简单来跟大家说一下,很多人并不了解现在的情况,刚才说云平台是什么,大家还不是特别了解,但是大家都知道百度是做什么的。

先看互联网比较经典的商业模式,最主要的是前三种,第一是做广告,比如搜索网站、门户都是靠广告赚钱的。在互联网时代,每个网页上都放了广告,每个 PV(page view,浏览量)都带来了广告的展现,所以 PV 是与收入直接挂钩的。第二是要做一些服务,靠服务的佣金赚钱,比如电商领域。第三是增值,面向用户收费,增值里面最大的是游戏。这是互联网时代最为赚钱的三个商业模式,催生出互联网的几大巨头,比如搜索的百度、电商的阿里巴巴,以及腾讯等。

我要谈到抽成的问题,这里也有。在移动时代,逐步繁荣起来的就是开放平台。以苹果的 App Store 为代表的抽成平台就是其中的典型代表。如果一个开发者写了一款 iOS 的 App,那么向用户收取的费用的 70% 就要被苹果抽走。这也是非常好的商业模式,非常赚钱。

看一下百度的商业模式。传统互联网时代最主要的是要面对两个不同的人群：用户和广告主,我们希望能够通过我们最好的服务,让我们的用户享受到最好的服务,同时能够让广告主的广告为用户所点击。这就是百度的商业模式。我们希望能够让三个角色,即百度、用户和广告主能够实现共赢,实现整个大生态共同的繁荣。

整体来说搜索价值是和 GDP 相关的，对经济的拉动作用是巨大的。百度现在就建立了这样的商业模式。百度希望通过流量入口，使广告主精确触达用户，并从中收取广告费用。收入是每次点击的收益。所以我们要做更多的 PV。有了更多的 PV，必须要向用户提供更好的服务。

所有的互联网公司都是用户导向的，首先要满足体验，用户永远排在第一位。百度最核心的团队，一个是做搜索的，一个是做商业的。做搜索的人需要思考广告体验如何能够让用户感觉到这是最好的。做商业的人也要让广告主觉得他花钱花得值。

所以我们要考虑能够让广告主投入，基本上就是点击率乘以价格。这里投入了大量的算法进行优化。这是百度的商业模式。

看一看移动时代，在我们看来，移动互联网不只是互联网的移动化，而是真正的颠覆。我们刚才谈到希望能够繁荣经济，现在移动互联网刚刚处于发展的初级阶段。我们还是要以用户为先，希望能够首先使整个移动互联网繁荣起来，能够让更多的用户享受到移动互联网带来的生活便捷。

因此我们做了大量的面向用户的服务，希望能够丰富面向用户的应用。可以看到传统商业模式依然存在，但是这里有一个问题，手机屏幕比 PC 屏幕要小很多，手机上如果还有普通的广告，会对用户体验造成一定程度的伤害。所以原来的模式还会存在，但是需要进一步优化。我们希望能够继续充当移动互联网的入口，来分发这种 PV。我们希望把广告主搬到移动互联网上来，而且现在确实涌现出大量开发者。我们是在移动互联网上做 APP 的，我们希望通过这些开发者做出更多应用、服务更多用户，比如梅总如果做"律云"，对于我们来说就算一个开发者。

刚才谈到移动时代有哪些变化，一个是屏幕变小了，另外就是使用的场景碎片化，大家随时随地会拿起手机做什么事。同时，移动互联网还有很多新的交互方式，比如触摸屏取代了 PC 时代的鼠标点击。

早先互联网的很多内容在发生变化，另外，互联网的诞生其实是促成了信息的快速传递。对于互联网，大家更多的诉求其实是获取信息，但是到了移动互联网上，更多是要获取服务。获取服务还是以广告这种形式吗？不知道。

移动互联网上有很大的变化，整个互联网的数据流向发生了巨大的变化。刚才我们和张老师在聊互联网发生的变化。互联网，顾名思义是互联的网络，所以谷歌的价值是实现信息传递、实现整个信息的流动，移动互联网更多的是获取服务，这是移动互联网上发生的变化。Facebook 这家公司，是相对封闭的，对于搜索来说不可见，登录才能看到里面的东西，一定程度上改变了整个互联网的拓扑结构和流量的方向。谷歌为什么觉得 Facebook 是竞争对手？是因为 Facebook 更改了流量的方向。在移动互联网上更改会更大，因为大家原来在互联网上习惯于使用浏览器，后来习惯于使用百度、谷歌，基本上是同一路径，但是现在更多的是下载很多 App，之间又无法互联，也很难有统一的入口找到它们。对于广告主来说不知道到哪个平台上做。互联网的本质特性应该是开放，但是现在大家使用的这些 App 使互联网逐步走向封闭。

另外，刚才谈到 Native App 最早是在苹果上出现的。苹果把整个时代从以服务为主的互联网时代转换到了 20 世纪 90 年代早期乃至更早的软件的时代。

所以大家如果都是像当年使用 PC 时那样安装那么多软件，互联网的发展一定会被拖后。互联网上产生的数据和平台的用处逐步涌现,其实在整个百度平台上大量的服务都是通过大数据的能力来实现的。大数据建立在基础性平台上,为什么要说这一点?有很多人谈到平台化、互联网化的时候,有一些恐惧。但是这里大数据和基础数据平台是非常难建设的。百度在这上面做了十几年的积累,服务器数量很多,集群服务器已有上万台。包括数据库,每天生成的数据要超过1P。有大量数据产生在这里,还有获得大数据的能力,会产生无数的商业价值,但是这种价值在相对小的公司很难达到。

因此在这个平台上,百度大数据会逐步开放,希望吸引更多商家、开发者到平台上。几乎所有互联网公司都是基于数据分析的,如果数据小,可能可以分析,如果大,就很难分析了。但是在百度,这些数据都可以分析,这其实是平台化的很大的一个价值。

刚才是从商家的视角,谈到大数据和平台,我们希望有更多的行业包括传统的行业、包括垂直领域的一些行业,能够更好地拥抱互联网、拥抱大数据。

从百度的视角,我们希望能够帮助开发者迅速拉动移动互联网的发展,刚才已经谈到这一点,其实中国互联网这几家大公司在移动互联网上做得都不错,尽管面临这样那样的问题,尽管自己做得不太满意,但是发展速度远超过小的公司。小的网站仍然停留在传统的技术上,还没有真正转到移动化时代、面向 App 时代。所以我们需要把它们尽快像搬家一样搬到移动互联网上。从百度的视角,我们希望能够再度实现服务,能够在百度大平台上使用户的商业价值和百度自己的商业价值实现平衡。

最后回顾一下,我们谈到了百度的开放应用平台,我们拥有所需的各种优势。首先是技术能力，我们有首屈一指的云计算能力，可以帮助开发者快速开发。做一个移动互联的 APP 很难吗？这真正是会者不难，难者不会，做出来不难，做好了之后运营很难。我们会把所有的能力开放给大家，除了提供技术能力还提供商业能力，仍然是帮助大家找到更好的用户。我们提供这种平台和技术，让所有用户将业务放到这个平台上。

这是技术能力和商业能力，对于我们来说，为什么要拉这么多开发者，就是希望通过更多开发者开发出来的服务，满足百度用户的体验。通过开发者的服务，通过梅总这边做的有关法律服务，能够服务到我们的互联网网民。希望他们得到更好的移动互联网体验，同时更进一步地使用百度的平台进行服务。

我想说的就是这些，谢谢！

主题演讲五

千年机遇,从工业文明到数字文明

刘 学

刘学,北京大学光华管理学院教授、副院长、高层管理教育(ExEd)中心主任

北京大学工商管理博士。北京大学战略研究所所长,北京大学卫生经济与管理研究院副院长,北京大学经济分析与预测研究中心副主任。中国保险学会医疗保险分会常务理事,霍英东教育基金会高等院校青年教师奖、安子介国际贸易研究奖、安泰奖教金获得者,北京市教育创新工程创新标兵。主要研究领域为技术转移、战略网络、战略思维与决策分析、组织成长管理、领导艺术、医药产业政策、医院管理等。

各位尊敬的嘉宾、各位亲爱的同学:

我演讲的题目叫"千年机遇,从工业文明到数字文明"。你们可以想象一下,当我最初选择这个题目的时候,心里是多么惴惴不安,但是听完四位的演讲之后,我的自信心大大增强了。

大家共同梳理一下,最近这些年已经发生的、正在发生的、将要发生的颠覆性创新。这里我列出了一个单子,其实各位还可以在这个单子上增加很多新的产业。比如,中国黄金市场也许会担心比特币的出现,医疗领域也正经受新商业模式的冲击……在此不一一解释了。刚才乐视的刘总说"天下产业,唯网不破",现在的商业模式对于传统商业模式的颠覆和冲击,波及的产业之多、涉及的领域之广、影响的程度之深,是前所未有的,对此我想大家都有亲身的体验。大家都能够感受到的一点是,新的商业模式、新的技术模式和传统商业模式、传统技术模式之间日趋激烈的竞争,通常并不是新模式摧毁旧模式,而是新模式使得旧模式在不知不觉中被边缘化,被挤到一个非常清冷、寂寞的角落里。

我们能够感受到人类文明,或者说人类文明具有的三个子系统——技术系统、社会系统和观念系统,在这个过程中不知不觉地被重构和再造。许多产业正在受到冲击,人的观念、社会组织的运行方式,以及技术体系,也在短时间内发生了剧变。我们的世界正处于从工业文明向数字文明转换的关键阶段。仔细梳理新的商业模式、新的技术模式对传统商业模式、传统技术模式的冲击和影响,我们从中可以找出一些关键的共同要素,那就是以数字技术为基础的平台和生态。这是颠覆、冲击和影响传统商业模式最核心、最关键的商业要素。

刚才的四位嘉宾都提到了"平台"这个概念,我再稍微介绍一下。"平台"这一概念学术界使用了很多年,但是最早所说的平台是指"产品平台"。什么是"产品平台"呢?是用来描述一家企业用来制造一系列定位于不同客户、相关但又各异的产品公用的基础架构和关键零配件。比如说丰田,卡罗拉、RAV、SUV 等不同产品定位于不同的细分市场客户,但同时都使用共同的车架、车身和共同的发动机,共用的部分就称为产品平台。但是今天大家说的平台都不是指产品平台,而是指"产业平台"。产业平台是什么呢?多种需求各不相同但又相互依赖的客户群体,供他们之间进行互动,由硬件、软件、管理服务体系(特别是政策和规则体系)所组成的这样一个基础架构,称为平台。

平台与传统企业最关键、最重要的区别,在于它具有两种效应。一种是网络效应,一种是基于网络效应而衍生出来的聚合效应。什么叫网络效应?网络效应分两种:跨边效应和同边效应。我们以光华管理学院为例,众所周知,因为我们有优秀的教授做一流的研究,所以我们能够吸引优秀的学员;反之,因为我们有优秀的学员和优秀的企业,所以我们能吸引优秀的教授做一流的研究。这种上下游客户彼此之间的互动称为跨边效应。第二种网络效应是同边效应,因为我们有优秀的教授,所以能够吸引优秀的教授。教授选择到哪里工作,绝不仅仅看这家商学院能给他多少薪水。他们更看重的是和谁是同事,学员是否优秀。同样,学员选商学院,不仅仅看是哪个教授在讲课,还看重跟谁是同学。这就是所谓的同边效应。同时,远程教育技术也推动了商学院的发展。思科公司正在支持光华管理学院在上海校区、深圳校区建一模一样的教室,在不远的将来你可以在远程教室听课,与在现场听课的情境完全一样。同边效应、跨边效应,加上远程技术手段,消除了空间距离和教授时间资源上的限制。

网络、平台、生态的一个非常重要的特点,就是能够产生超越时间、空间的大范围信息、资源、客户、供应商等各种资源的聚合效应。例如,众所周知的淘宝,就是海量的电商和海量的客户的资源聚合。新浪、搜狐则是海量内容、海量新闻、海量读者的聚合。

由于平台能够产生同边效应、跨边效应,因此接着又产生了聚合效应。这时,大家就会意识到,未来商学院与商学院之间的竞争,不再是单纯的商学院之间的竞争,而是围绕着一个商学院的生态体系与围绕着另外一个商学院的生态体系的竞争。企业之间的竞争也是围绕着一个企业的生态系统与围绕着另外一个企业的生态系统之间的竞争。

在这里,我们又提出了"生态"的概念。生态是什么?生态是在特定的时间、空间范围内创造的一种系统,能够在特定时空范围内相互支撑、共生、共荣的生态系统。以大连万达的商业模式演进过程为例。绝大多数人可能认为,大连万达最重要的资源和能力是政府关系。万达与政府的关系确实不错,但是这个政府关系是怎么发展起来的呢?万达把政府当作客户。如果政府是你的客户,政府的需求是什么?政绩。政绩表现在哪里?税收、就业、GDP 增长、商业繁荣。万达抓住了沃尔玛、希尔顿酒店和百盛这些公司,就抓住了小型便利店、品牌店。由此他大大提高了和政府的议价能力,因为可以满足地方政府税收、就业等方面的需求。万达满足了地方政府在税收、就业方面的需求,就能从政府那里以低价格拿到好地段的地,拿到好地,这些商业机构就愿意跟着它,商业机构愿意跟着它,它的住宅就好卖。同时,住宅好卖就能为商业机构提供足够的购买力和客源,进而为写字楼提供优秀的配套资源——客户来了有住的地方、吃的地方,员工来了旁边有买房子的地方、租房子的地方,所以写字楼好出租,写字楼好出租就为住宅提供了客户,为商业提供了购买力。商业经营好就能够从政府那里以低成本拿地,拿到地金融机构就愿意为其融资,在这样的情况下,万达的住房销售速度就会加快,进而提高了地段的价值。

再来看万达的第二代商业模式,即万达商业广场。万达的招商模式下,每一个客户与另一个客户、每一个商家与另一个商家都没有直接的竞争关系。每一个商家的客户都可能成为其他商家的客户。比如说餐饮,万达商业广场上有很多家餐厅,但是正餐、快餐、西式快餐、中式快餐各有分布组合。而正餐中,粤菜餐厅只有一家,上海菜餐厅只有一家,如果有云南菜餐厅,最多也只有一家。你去逛艺术品商店可能顺便看电影,回家的时候顺便到超市里买一点东西。你的目标也可能是逛百货公司,逛完以后顺便去吃午饭,之后再顺便去艺术品商店看看。每个商家的客户都可能成为其他商家的客户。

由此可见,万达建立的是共生共荣的生态系统。生态思维不仅可以用于互联网,还可以用于很多不同的产业。我很欣赏莱维恩说过的一句话——"战略正在日益成为一门管理自身并不拥有的资产的艺术"。在今天的平台时代,仅仅通过企业内部的资源和能力,不足以解释一个企业的成败。

回到开头的话题,为什么讲"千年机遇"?很久以前,我读过一本关于文明进化的人类文化学著作。读那本书的时候应该是二十多年前,为了度过火车上漫长的十几个小时,我在火车站的书店里买到了那本书,读时印象极其深刻。最近这段时间又重新回顾了那本书的内容,书中讲到文化的发展有一个基本法则,叫"文化优势法则",那些在特定环境当中,能够更有效开发环境资源的文化系统,将对落后系统赖以生存的环境进行扩张。从纵向的维度看,比如农业文明替代游牧文明、工业文明替代农业文明已经印证了这一点。在今天,文化上发达的国家对落后国家赖以生存的空间不断进行侵蚀,而自身不断进行扩张,我们也算是亲历、印证了文化的发展。

但是人类文化学家说,文化演进的过程当中还包含着一个定向化、专门化的过程。一旦文化过程内在的全部潜能发挥到极限,并且达到了对其所在环境的圆满适应,那么这种文化系统必将趋于稳定。当环境发生剧变的时候,这种文化系统重新适应变化的环境将变得极其困难。今天,我们处在从工业文明向数字文明转化的阶段,发达的、已经定向化的、专门化的某些文化,可能同样面临着转型的困难。人类文化学者认为文化在演进方面还有一个更重要的法则,称为进化的法则。学者们在研究物种进化、物种升级的时候发现,更为泛化的物种要比特定环境当中高度适应的物种具有更好的发展的可能性。一个物种在既定进化等级当中越是专化,走向更高等级的可能性或者潜力越小。从文化角度上看,特定历史条件下落后的文化,比发达的、已经适应的和专化的文化,具有更广阔的发展空间。它能够通过学习发达文化,超越文化发展的等级阶梯,实现文明的飞跃。这是历史的特权。用毛泽东的话来说,1928年就像一张白纸,我们可以写最新、最美的文字,可以画最新、最美的图画。

今天这个时代,对我们中国来说,是千载难逢的机遇。中国人的思维非常适应从工业文明向数字文明转化的这一时代转化过程,中国人思维的一个特点就是速度和强烈的行动导向:"这件事你想那么多干什么?等你想清楚,机会早就没了,先干起来再说!"这就是中国人。

其次,中国人拥有非常强烈、非常强大的迭代和学习能力。迭代是互联网思维至关重要的一个特点,中国人设计了一个市场上基本可以接受的商业模式,就会将其推向市场,在设计中优化、在前进中改进。这是中国人的特点,也是互联网时代需要的。中国人有非常强烈的创业欲望,在座各位十个有九个想当老板,还剩一个早已经是老板了。这对我们适应时代也非常重要。

另外,中国巨大的人口规模和市场规模非常轻松地就能形成聚合效应。这是一个小的国家不具备的优势。某些在工业文明当中嵌入程度非常深,已经高度专门化、定向化的文化,面临着非常高的转型成本。而太落后的国家或地区,比如非洲,抓住转型机遇期需要资源和能力,这些国家或地区通常不具备这样的能力。

所以我们的判断是,中国是当今世界上能够有效把握从工业文明向数字文明转换机遇的、为数不多的几个国家之一。

各位上午都参加了我们的主论坛,下午也听了我们四位嘉宾的演讲。大家都知道制约我们转型、把握机遇的非常重要的一点,就是我们的自主创新能力。我们的自主创新能力为什么不高?根源在于我们的教育。这个大家早就知道,所有的中国人都知道,我们的教育落后。但是我们教育的落后,到底落后在哪里?由于历史的原因,现代科学技术知识是西方人发展起来的。我们是现代科学技术的引进者,是引进者的思维习惯。引进者的思维模式是什么?最担心的是什么?是引进错了。引进者的典型思维是求同。从幼儿园开始一直到高中,所有老师讲任何一个问题,心里永远有一个正确答案。对凡是偏离正确答案的任何观察和观点,都要怎么样?残酷地打压和无情地摧残。这就是引进者的思维。

但是知识发现者的思维是什么?求异。求不同才能发现新的东西,才能产生新的知识,才能创造新的知识。所以作为知识的生产者,我们深深知道,好奇心,对极其偶然出现的新现象的异乎寻常的敏感心,对每一个现象背后的因果关系、对不同现象之间的相关关系、对相关现象背后的因果关系的强烈的探索欲望,这一切有多么重要。所以做研究的学者,一定会非常谨慎地保护、培养这种好奇心,这种对异常现象敏锐的观察、探索的欲望。但是中国的教育,却在扼杀这些最宝贵的、对发现和创造新的知识最具价值的东西。

我曾经和一个非常开明的领导人在一起讨论,说我们应该重构中国的教育理念,重构中国的教育哲学。而要做到这一点,我们必须重构中国的教育体系。重构中国的教育体系,首先要改造我们的师范大学。因为模板错了,基于这个模板生产出来的人才,一定有问题。我想,如果我们真的想实现自主创新,必须在教育理念和哲学方面从演进型模式转向发现、创造型模式。而这一点不是几个人就能做的工作,而是整个系统的、根本性的努力。目前所做的所有的事情都是针对现象的、没有任何意义和价值的事情。

最后简单总结一下。大家知道,在过去两千多年的农业文明当中,我们蕴含着工业文明的能量,比如四大发明。但是由于我们的祖先并没有有效地探索不同现象背后的因果关系,因此我们掌握的这些知识和经验,都是以师傅带徒弟的方式传递下去的,无法标准化、规模化,再加上制度的原因,错失了工业文明机遇。但是我们正处在从工业文明向数字文明转换的重要阶段,那些在工业文明当中嵌入程度最深的某些发达国家面临着更高的转换成本,而中国人的思维方式、资源禀赋使得中国在转型上拥有更大的机遇。把握这一机遇是我们每一个人重要的责任。

谢谢大家!

圆桌论坛

张炜：下面进行今天的圆桌讨论部分，首先请问各位嘉宾，当你们试着推进平台与生态商业创新的时候，遇到的主要阻力或者挑战是什么？

谢坚：主持人把我放在最角落，可能是认为我代表传统的、线下的，他们几位都是云上的、天上的（笑）。我也参加过很多论坛，很多人告诫我，在论坛上要表达观点，最好说是某教授说的（笑）。那么，有几个教授讲了这么几个观点：一个教授讲互联网不是思维，仅是一种技术，可能平台是思维、商业是思维。在红星美凯龙，我们也这样认为，我们认为互联网是纯粹帮助我们更好地服务于客户和经销商的技术手段，而商业思维是基于消费者中心的思维。另外，某大学教授跟我讲了这么一个观点：整个世界都是落后文化战胜先进文明，他讲得更严格，是落后民族战胜先进文明的民族，中国也是这样，永远是游牧民族打败文明民族。我们也感觉某些云商、某些宝消灭了商品文化要素，让品牌消失了，让品牌之上的体验及附加没有了。

所以在我们看来，我们理解的生态概念和数据只能解决某些问题。像中国股票,不知道在座多少是买了股票的,天天分析那些数据就一定能够赚钱吗?整天把所有大数据都拿出来就一定对消费者了如指掌了吗?有很多东西,一定要人对人沟通。

第一,像我们经常讲福特公司以前做的一件事情,就是永远不要简单地做消费者调查,永远不要简单相信数据。红星美凯龙售卖的商品有两个特征:非标产品、非标物流。互联网技术能否解决?目前还在探索中。第二,深刻体会到我们的消费者进行的不是一个单一的信息决策过程,而是一个复杂的决策过程。

谢谢!

梅向荣:我跟谢总一样,在来之前也挺纠结,是打领带还是不打?我这次也做了一些改变,我平时穿白衬衫,但是我觉得穿蓝衬衫可能更加科技一点、互联网一点,于是就穿了。互联网时代真正受益的一定是客户。无论是商业模式的创新,还是互联网的应用,实际上永远不变的是围绕客户需求发生变化。如果你的这种变化不能让你的客户有更好的体验,你不能提供更实惠的价格、更好的服务,创新就不存在。所以我们在做"律云"的过程中,最关注的一直是客户满意度,很多创新都是从客户不满意开始的。比如他上网进行认证,验证码是不是及时到达,送达的时候语言是不是很友善?这些细节都是在尊重客户满意度的基础上再改进的。

互联网时代不一样,完全要倾听客户声音,每一个过程都要透明。所以质量保障和体验尤其重要。因此我们在实施"律云"的时候,感觉这种心态转变特别重要,给我们的客户提供服务的律师,以及我们的流程、管理细节是不是随着客户的感受在进行变化,进行优化?这是对整个管理系统的重新梳理。我们最近发生了一次人事调整。一开始我选择了非人力资源专业出身的人做"律云"的

CEO,是因为他以前在企业里享受过法律服务,知道法律服务有哪些地方令人不满意,所以让他做 CEO。后来我们发现他的团队里,技术导向的人非常多,云真的在云端,没有落地。没有落地是因为没有真正抓住客户心态,真正了解法律服务行业特征。所以我们对此进行了调整,最近刚刚调整完,加上了传统法律服务人员、具有互联网思维特征的人,这段时间看来客户满意度显著提升。

张炜:请客户和专业人员共同组成团队。

梅向荣:我们让客户来做体验师,来给我们提意见、优化程序。这是以客户需求变化为导向的。这一点特别重要。

侯震宇:刚才两位都谈到着装,我也说一下,这是我今年第二次穿西装,我们圈子里的人基本上不穿西装,不管是多大的场合,穿西装打领带,都是一件非常怪异的事情。这其实代表了两种文化,一种是互联网文化,一种是相对传统的文化。这就需要互联网企业和传统行业的企业相结合,这种结合接下来还会产生很多机会,因为不管是云上的还是地上的,都应该向中间靠拢。你靠得越近越可能产生出巨大的商业机会。

平台和生态,要想建好不仅要聚来很多人,而且要定一些标准和规则。没有规则的生态是所谓的无政府主义,是极其混乱的。整个生态系统如何运转的标准,一定要由一个官方的、最大型的平台的运营者去制定。同时能够尽量通过规范把大家统一到平台和生态里,然后才能真正实现几个大生态系统之间的发展。谢谢!

刘弘:如果从着装来说,我是今天唯一没有穿西装的。我要表达和谢总不同的观点,互联网不仅是技术同时也是思维。颠覆者应该是非常孤独的人,当你宣布要做一件颠覆性的事情的时候,90%

多的人会不看好你。乐视 2012 年 9 月 19 号宣布进军电视机行业,股价从 9 月份到 10 月份跌了 40%。但是从 10 月份到今年年初,我们一系列措施真正落地的时候,先前的质疑随着产品的推出逐步消除,股价又涨了好几倍。

我想说的是,当 90% 多的人看到事情的方向的时候,可能不会有颠覆性的事情出现;当 90% 多的人看不到这一趋势,才会有颠覆性的事情发生。传统的电视领域,90% 多的人肯定认为是红海市场、过度竞争的市场,包括之前已经被颠覆的手机行业也一样。乐视选择了和其他互联网站完全不一样的产业链并购整合方式,其他视频网站采取的方式大家都知道,优酷和土豆合并,百事通并购风行,苏宁收购 PPTV,小米成为迅雷第一大股东等都是在进行横向整合。而乐视选择了一个最难的,是对全产业链进行垂直的整合。我们认为这种整合会产生"1 + 1 > 2"这种加法效应。垂直整合,全产业链整合如果成功了将是指数级效应的。如果乐视生态系统的四个环节真正发生作用,将产生指数级效应。

以前一直都有一个观点,认为专一才是正确的,大而全肯定失败。但是从现在的几个例子看,柯达倒闭、索尼破产、摩托罗拉解体、诺基亚破产,都表明如果你专注地做一件该领域的事情,很可能被跨界颠覆者颠覆。

乐视对传统电视机的颠覆最重要的一点在于,传统电视机、传统家电行业的商业模式的核心是卖硬件,从硬件攫取利润,乐视创造的新的商业模式是卖服务而不是卖硬件。硬件是所有服务和内容的承载体,所以可以使硬件价格以颠覆的状态出现,彻底颠覆整个电视机价格。

我刚才说互联网不仅是一种技术,更是一种思维,表现在从整个的研发、营销,到最后的盈利模式,全部颠覆。首先从研发来说,传统的电视行业,有几百上千人的研发团队已经很牛了。但是互联网下面的研发模式是什么?刚才刘教授提到迭代这个词,让我对刘教授对互联网的深入了解感到钦佩。

乐视超级电视 UI 系统每周迭代一次,秉承"CP2C"的众筹营销模式,千万人研发、千万人使用、千万人传播。我们的乐迷论坛每天有成千上万的用户在提出对产品的各种各样的不满,给出各种各样的建议,而他们的各种各样的建议在一周以后我们的 UI 系统里就会体现出来。因为在这个互联网信息时代里每个人都希望自己有存在感、价值感,所以他的意见如果在你的产品里及时快速地得到了反馈,他对产品的忠实程度也将加倍。

营销模式来说,传统电视、家电行业都要靠大量的电视广告、户外广告,等等,还要进入大卖场,比如苏宁、国美、大中,或者自己建营销店。这种中间营销成本是非常高的。但乐视采取了一种线上社交口碑营销模式,充分利用微博、微信等社交化工具,以及论坛等来进行口碑传播。这种做法不仅节省了大量中间成本,而且用户可以更加了解中间产品。

中间节省的成本其实全部回馈给消费者了。为什么 60 寸电视的价格是 6 999 + 499 元?我们没有推出的时候,60 寸电视的价格一直维持在 14 999 元这个层面上,三星要 18 799 元。而我们的 50 寸、40 寸电视是更加颠覆的价格,40 寸电视才卖 1 499 + 499 元,499 元是让消费者充分知道在这一年里的内容使用费是 499 元,第二年可以选择付费或者不付费,可以选择年套餐或者月套餐,都由消费者自己决定,通过用户一年的体验来决定是否有必要为服务付费。

所以这种营销模式把中间成本省掉的同时,让你的产品整个的全流程都直达用户,使他们在产品设计之初就已经很明白这个产品是什么样的。可以选配很多的零配件充分体现他的特性,他自己独特的需求。至于盈利模式,我们是卖服务,传统行业的利润来源只有硬件收入,我们则有硬件、内容发行、广告、应用软件等收入。

这就是对整个传统电视机行业的颠覆。价格颠覆的背后是商业模式在做支撑。

我就说这些,谢谢!

刘学:面临的阻力和挑战来自哪里,面临什么样的挑战,这要看你是进攻者还是防守者。如果你是进攻者,光脚的没有任何负担,面对的挑战就是如何设计一个符合市场需求的、有前景的平台。你需要思考,谁是你的客户(谁是直接客户、谁是间接客户),以及如何扩大同边效应、跨边效应,来形成一个良性的生态体系。

但如果你是防守者,面临的挑战则是如何在新的商业模式和传统的商业模式中,寻找一个最佳平衡点,如何避免让你过去的成功、过去的荣耀,遮蔽了双眼,让你看不到变化的未来。

这两者面临的挑战是不一样的,所以解决问题的途径和方向也不一样。

张炜:今天的讨论本身就是一个开放的平台。我愿意把剩下的时间交给各位。

现场提问:尊敬的刘教授、各位企业家、主持人,大家下午好!我来自天津,今天是非常好的机会,开拓了思维、拓宽了视野。我们现在的云端跟传统行业如何结合?对于功能区来讲,对政府有什么要求?我的问题是我们作为一级政府有没有需要进行提升的地方。

梅向荣:我举一个例子,我和很多开发区合作,现在开发区也在为企业提供生态系统,落户了以后,以前是很简单地给予返税等优惠政策。现在已经向服务转变了,包括如何帮助中小企业在园区得到投融资支持,如何在云端做生意,怎样购买"律云"服务送给中小企业,如何在企业成长的过程中提供生态系统支持,等等。今天的开发区不像以前那样就是简单的招商,而应该是为中小企业提供成长、支持的系统。这是中小企业更关心的。

侯震宇:我们也在和政府打交道,我们的开放云在成都、厦门都有孵化中心,基本上是政府帮我们拉的开发者。其实大的理念,不管是政府还是一些公司都一样,大家都在提供一些平台级服务,只不过所处的层面不太一样,像我们的开放云,百度更多提供技术支持,包括技术平台支持以及在线技术平台后面附加的商业支持。但是政府可以做得更多,把百度的平台搬到里面去,这同时也可以帮助小的企业、小的开发者,让它们找到一些大的平台。比如梅总的服务可以找百度,也当作一个企业来运作。

刘弘:我们正在建立网络视频产业基地,对全产业链进行聚合,从内容执照到互联网企业,再到下游的硬件指导企业,全部来这里落户。像富士康、京东方,可以直接供给乐视这样生产电视机的。上游的影视制造公司也可以把内容给我们,形成聚合效益。政府在这方面可以多想想。

现场提问:我的问题是关于平台以及商业模式的。我有两个案例没有弄懂,我们说商业模式进行颠覆性创新,互联网里有一个案例,手机产业中苹果封闭的平台——苹果的 iOS 系统颠覆了诺基亚的系统,但是安卓这种开放式系统又在逐渐颠覆苹果的 iOS 系统。我的问题是,实现商业模式的创新,用平台商业模式创新,新的平台颠覆传统平台,平台与平台之间是封闭模式好还是开放模式好?

刘弘：乐视打造的乐视平台同时包含了这两个，一个封闭，一个开放，云视频是开放平台，所有第三方软件开发者都可以基于安卓平台在智能大屏上创造他们的软件应用。但是乐视生态系统本身来说又是闭合的，从硬件到内容，可以实现自我生存、自我发展、自我净化。

我想说的是你刚才举的例子，苹果的 iOS 系统现在是否被三星安卓这种系统取代了？我觉得还没有到最终盖棺定论的时候。看以后的发展是什么样的。

现场提问：大家好！我来自河北廊坊，今天听到红星美凯龙的谢总的介绍，红星美凯龙已经在二十几年的时间内在全国 85 个城市开办了 100 多家连锁店，请教一下您在进行城市选择和区域选择时的原则是什么？如何管理？

谢坚：当然有原则了，除了国家的城市定级，消费力、购买力、住宅销售、销售占比都是我们选择的主要标准。我们会根据不同城市级别建立不同的产品链，这些都是我们规划的标准。

现场提问：老师、同学们，大家好！我来自中国人民大学，博士研究方向是创新。我对今天的话题非常感兴趣，我的问题是如果企业要进行商业模式的颠覆性创新，需要具备哪些创新能力？

张炜：作为今天的总结，请五位说明如果企业想进行创新，可能最需要具备的三个能力是什么。

刘学：这个问题太具有挑战性了。商业模式创新需要具备哪些能力，在不同行业、不同企业、企业不同发展阶段肯定不一样。如果要说在所有条件下适用、在所有条件下又不适用的结论，我认为第一是作为公司核心决策者,要具有广阔的视野,对未来的发展趋势有强大的洞察能力,才能找到可能的创新机会。第二要有系统思考的能力,能够构建符合未来的商业模式。第三是组织要有非常强的执行能力,才能把构想转变为现实。

刘弘: 首先需要有非常敏锐的商业眼光,能够看到发展的趋势,所以战略是第一位的,领导者错误的领导,可能带领企业在错误的道路上越走越远。只有在正确的方向下,成功的几率才会更大一些。另外我觉得必须具备超强的心理承受能力,我特别佩服几个大起大落的人,像史玉柱等,失败后还能重新站起来,这种能力才是创新必备的条件之一。

另外还需要巨大的勇气,就像毛主席说的,我们是改革者而不是改良者。特别是对于一个跨界创新者来说,领域里如果仅仅是改良也不可能成功。要彻底颠覆一切规则。要有这种勇气,创造出新的商业模式。像我说的,我不认为传统电视机企业能够制造出互联网时代颠覆性的电视机。我认为它们都是在进行改良而不是改革。

侯震宇: 如何去创新,必须要能够发现创新的点子。所以最高领导层要有广阔的视野才能够发现。

现在正处于巨大变革期,其实谁颠覆谁,也都不好说。特别是互联网行业,变化的速度非常快,如果你总是以创新者自居、以颠覆者自居,也许过不了多久别人也会去颠覆你。所以危机意识不管挑战者还是成功者都应该有。只有具备这种意识才能够真正去关注一些变化,包括整个行业内的一些变化。还要有非常系统化的思维,能够看到这里到底更深层次的东西是什么,到底是封闭还是开放。

谷歌和苹果,iOS和安卓走的路完全不一样,是根据公司不同的战略意图决定的。有多少人能够看到他们的战略意图？如果你要挑战他们,就必须比他们想得更远。

最后说一下,像乔布斯说的:Stay hungry, stay foolish。

梅向荣:越到后面越难说,实际上我在毕业前后读过一本书,提到世界唯一不变的就是变。我后来又加了一句话,万变不离其宗,唯一不变的是客户需求。密切关注客户的变化,是创新的来源。实际上包括我们做"律云"也是这样,很多中小企业的需求都没有满足。创新需要紧盯客户变化。

第二是跨界。刚才讲到专业的事情,跨界的人是最危险的,他不知道以前是什么规则,进来的时候,就会按照最新的判断、最新的变化,重塑商业规则。跨界是很危险的,因为我是学汽车出身的,所以我做律师的时候我的思维和学法律的思维完全不一样。我是按照组织架构重塑我的架构,但是律师行业是不一样的。

第三是刘总提出的,创新是很孤独的,有时候是很郁闷的,你自己做创新的话,没有无比坚强的勇气是很难成功的。所以勇气和坚韧是创新的基础,本身你的组织基因里、团队里必须要有承担失败的勇气。

还有面对困难时,你要有继续追求成功的坚韧,这是很难得的。

我就说这些,谢谢！

谢坚:企业如何创新,给你"四不一没有"。不排斥、不碎片、不僵化、不盲目,没有绝对的黑和白。可能对于传统行业来说,最重要的是商务的电子化,对于互联网企业来说,是电子的商务化,这是互相融合的过程。如何融合呢？如果把桃、梨、香蕉、橘子这些水果加在一起榨成汁,是最难吃的。但如果切成丁加上沙拉酱,本身的口味之外又增添了另外的味道，就会非常好吃。别丢了自己，再加点东西进去。这是创新的核心。

看美国十大互联网公司，只有两家是纯互联网的，另外八家都是从传统行业转过来的，所以传统的平台和互联网的平台，是互相融合的过程。

另外刚才刘教授用了迭代这个词，成熟的市场是单波次迭代，旧的业态开放、发展、成熟，到成熟的时候，更新的业态又开放、发展，一波一波往上走。用斯坦福大学的教授的话来说，中国不是一个"国家"，而是混战的迭代，一线城市所有人都说百货公司死了，到四线城市去，问他们："你们最好的商场是哪个？"他会带你看大卖场，说这就是最好的。三线城市效益最好的商场是什么？是当地百货、传统百货。所以我们不要总是说更新的东西一定能够取代传统的或者旧的。中国是一个混战的过程。

最后，什么是平台？什么是生态？什么是创新？建议各位学习伟大领袖毛泽东，他是最好的创新大师，也是最好的平台和生态的建立者，看看他都带领什么样的人取得了最后的胜利。

谢谢各位！

张炜：感谢各位嘉宾的参与，也感谢各位的精神奉献，真是一道精神大餐，谢谢你们让我们的2013年更有收获。谢谢！

嘉宾介绍

张炜　北京大学光华管理学院副教授、院长助理

研究领域侧重于商业模式创新、战略执行、非市场策略和医疗

服务创新,研究成果多次发表于国际一流学术刊物,所著案例曾获国际奖项,其观点见诸《华尔街日报》等全球商业媒体。曾执教于多家国际商学院,并为多家全球企业和投资公司提供服务。于2005年获得哈佛大学博士学位,之前在北京协和医学院获得临床医学博士学位。

分论坛一总结

新的时代自然呼唤新的商业模式,新的商业模式需要新的思维。有鉴于此,在 2013 年 12 月 21 日下午由光华管理学院高层管理教育(Executive Education)中心承办的"平台与生态——商业模式的颠覆性创新"分论坛中,来自传统行业、互联网行业的多位嘉宾就"传统行业的企业如何借助平台与生态的思维创新商业模式""互联网思维如何颠覆传统商业模式""互联网企业如何实现商业模式的更新与演进"等话题与听众一起对话,分享他们的思考与经验。论坛吸引了光华管理学院众多校友参加。主会场 101 教室和同步开放的视频直播的分会场 102 教室均座无虚席。

作为本场分论坛的主持人,北京大学光华管理学院院长助理张炜教授在一开场即表示,"现在这个时代所有人都要承认变革是常态,不变革反而是反常的事,但是如何变、往哪里变、谁去变,大家都有不同的答案"。全球最大的 100 家企业里,有 60 家企业的主要收入来自平台商业模式。在中国,平台商业模式也已经出现在越来越多的行业中,不仅仅是互联网,许多传统行业如零售业、银行业和地产业的企业都在利用平台商业模式获利并持续扩大市场版图。面对新生代商业模式来袭,企业应该如何突破既定思维框架,设计有效的商业模式以获取竞争优势？商业模式创新对于组织能力的要求是什么？这些问题正成为越来越多有志于商业模式创新的企业家冥思苦想的话题。本次论坛特别邀请梅向荣(盈科律师事务所主任、全球合伙人,盈科律云创始人)、谢坚(红星美凯龙家居集团股份有限公司副总裁)、刘弘(乐视网信息技术(北京)股份有限公司副董事长兼COO)、侯震宇(百度云首席架构师)等诸位嘉宾与北京大学光华管理学院副院长、高层管理教育中心主任刘学教授围绕商业竞争的新思维展开热烈讨论。

业界分享:客户中心 引领变革

在上半场的主题演讲中,几位嘉宾就自身对平台商业模式的理解分别进行阐述。盈科律师事务所的梅向荣先生表示,律师事务所做大的传统思路是:招聘更多的合伙人,聘请更多的员工,挖掘更多的客户。但如果改变思维,用平台思维来改造商业模式,就可以获得更大的发展机会。来自红星美凯龙的谢坚先生则谈到,红星美凯龙很早就提出"市场化经营,商场化管理"的经营理念。在探索发展路径的过程中,红星美凯龙意识到要在中国这种快速裂变和非成熟市场中快速拓展,必须依赖互联网的无边界思维和平台生态圈概念。乐视网的刘弘先生也认为,乐视网今年创造一系列奇迹的核心是商业模式的创新。百度的侯震宇先生则指出,移动互联网不只是互联网的移动化,而是真正的很大的颠覆。他谈到,百度会逐步把一些大数据能力向大家开放,希望能够吸引更多的商家和开发者到平台上来。

对于新的商业模式需要达到的目的,几位嘉宾也分享了各自的理解。盈科律师事务所在搭建平台的过程中，特别思考如何为客户提供更好的服务，怎样建立律师、客户、律师事务所三者之间的关系。红星美凯龙则从六年前开始与地方的地产商合作，输出管理、租赁、共同投资，并与很多上游厂商合作，帮助其更好地经销产品。乐视一直致力于打造基于视频产业和智能终端的"平台＋内容＋终端＋应用"的完整的生态系统，被业界称为"乐视模式"。对百度来讲，平台商业模式使得百度能够为客户创造更大的商业价值，并希望有更多的行业能够更好地拥抱互联网、拥抱大数据。

刘学教授在演讲中首先界定了平台的概念，平台这个概念学术界使用了很多年，但是最早说的平台是指产品平台，是用来描述一家企业用来制造一系列定位于不同客户、相关产品共用的基础架构和关键零配件。但是今天的平台越来越多地指向产业平台，这种平台是供两（多）种需求不同但相互依赖的不同客户群体间进行互动的由硬件/软件、管理服务体系、政策/规则体系构成的基础架构。

网络、平台、生态，一个非常重要的特点是能够产生超越时间范围、超越空间范围的大范围信息、资源、客户、供应商等各种各样的资源聚合。例如，淘宝是海量的电商和海量的客户的聚合；新浪、搜狐是海量内容、海量新闻、海量读者的聚合。由于平台的同边效应和跨边效应，往往又产生聚合效应。

刘学教授以万达地产为例，认为万达地产成功的关键之一是建立了一个共生共荣的生态系统，生态思维不仅可以用于互联网，而且可以用于很多不同的产业。刘学教授还谈道，在如今的互联网时代，"战略正在日益成为一门管理自身并不拥有的资产的艺术"。

思维的碰撞 创新的执着

在随后的圆桌讨论环节中,张炜教授提出,所有人都在努力更好、更有效地利用资源,利用平台思维更好地为客户服务,但当各自的公司推进平台与生态商业创新的时候,遇到的主要阻力或挑战都是什么?针对此问题,嘉宾们分享了各自的观点。谢坚先生首先表示:消费者进行的不是一个单一的信息决策过程,而是一个复杂的决策过程,依赖于设计师、家装公司、使用者共同决策。"平台和生态需要有良好的规则。"侯震宇先生谈到,平台和生态要想建好,不仅要聚来很多人,更关键的是要制定标准和规则。如果没有规则,生态就是所谓的无政府主义,是极其混乱的。"互联网不仅是技术同时也是思维。"刘弘先生则调侃到,"颠覆者是非常孤独的人,当你宣布要做一个颠覆的事情的时候,90%多的人不看好你。"梅向荣先生指出,互联网时代真正受益的一定是客户。无论是商业模式的创新还是互联网的应用,实际上永远不变的是围绕客户的需求发生变化。如果这种变化不能让客户有更好的体验,你不能提供更优惠的价格、更好的服务,创新就不存在。"我们让客户来做体验师,来给我们提意见、优化程序。"刘学教授从学术的角度剖析到,构建平台和生态需要从企业实际出发,进攻者和防守者面临的挑战是不一样的。对于没有任何负担的进攻者来说,如何设计一个符合市场需求的、有前景的平台是关键。而对于防守者来说,挑战则是如何在新的商业模式和传统的商业模式中,寻找一个最佳平衡点,并避免让过去的成功蒙蔽双眼,看不到未来的变化。

论坛热烈的讨论气氛也引发了现场听众的踊跃提问,针对许多听众关心的"企业要实现持续的创新,哪些能力是最重要的"这一问题,刘学教授指出,公司核心决策者要具有广阔的视野,对未来的发展趋势有非常强的洞察能力,才能找到可能的创新机会。除此之外,还要有系统思考的能力,能够构建符合未来的商业模式,并通过非常强的执行能力,把构想转变为现实。刘弘先生给出的答案则是首先需要有非常敏锐的商业眼光,能够看到发展的趋势;其次是要具备超强的心理承受能力和巨大的勇气,"我们是改革者不是改良者,要彻底颠覆一切规则,创造出新的商业模式"。侯震宇先生表示如果想去创新,必须要能够发现创新的点子;要有危机意识,如果总是以创新者自居、以颠覆者自居,也许过不了多久就被别人颠覆了;"想做一个创业者,必须要有所不同"。梅向荣先生给出的意见则是紧盯客户变化和要有承担失败的勇气。最后,谢坚先生用简洁的语言和生动的表达提出"不排斥、不碎片、不僵化、不盲目,没有黑白"是每个创新者应该具备的素质。

结束语中,张炜教授引用商业世界中的经典案例来阐述,很多伟大的企业和企业家也并不能真正做到前瞻未来,今天的研讨只是一个开始,未来更多领域当中商学院希望助力企业家完成转型,勾勒更好的风景。借助北京大学的综合优势,面对全球的行业巨变,作为践行社会责任、持续创新的国际化商学院,光华管理学院已经为数千名高管提供了培训课程。光华愿携手持续创新、追求卓越的组织,共同探讨如何运用平台思维实现商业模式的颠覆性创新。

分论坛二

变革下的中国新金融
——助推中国经济，释放改革红利

时　　间：2013年12月21日 14:00—17:00
地　　点：北京大学光华管理学院1号楼203室
主持人：金李，北京大学光华管理学院金融学讲席教授、金融系
　　　　联合系主任

要保持经济的可持续增长，中国经济实现转型与升级是必由之路，其中金融业的产业升级至关重要。如果将"新金融"作为金融业产业升级的代名词，那么它应该代表与实体经济发展相适应的新市场、新业态、新模式、新产品。如何释放中国金融改革的红利，更好地服务于实体经济发展？如何在有效监管的条件下让市场开放成为完善金融市场体系的推动力量？新的金融业态是否可以给经济带来新的活力，成为产业结构调整的助推器？随着经济体制改革的深化，哪些金融机构和金融服务将获得最大的市场空间？什么样的

金融监管才能使新金融最大限度地发挥资源配置作用？这些都是需要我们认真思考的问题。共聚北大光华新年论坛，在中国金融业变革之时，与各位嘉宾共同开启思想碰撞之旅。

分论坛开幕致辞

龚六堂

龚六堂,北京大学光华管理学院教授、副院长

北京大学经济分析与预测中心主任,北京大学光华管理学院货币政策与金融形势研究中心执行主任。国家杰出青年基金获得者,教育部首届"新世纪优秀人才",2013年教育部长江学者特聘教授。

主要从事宏观经济管理、公共财政、动态经济学以及中国经济等相关方面的研究工作。在国际主流经济学刊物和国内重要刊物上发表论文120余篇。研究成果先后获得教育部"科学技术进步奖",北京市人文社会科学优秀成果一等奖、二等奖,第九届霍英东基金会全国高校青年教师奖(研究类)一等奖,第四届中国人文社会科学优秀成果奖。主持教育部人文社会科学十五规划项目、国家社会科学基金项目、国家自然科学基金委面上项目、国家自然科学基金委杰出青年基金项目以及香港研究基金会项目等研究基金项目。

各位代表，各位同学，各位老师，各位嘉宾：

下午好！今天是光华论坛的15周年，我因为上午有课，所以没有来参加上午的报告会，但是刚才听到参会的几个代表的议论，说今年的论坛特别火。这个火有几个原因，第一是我们论坛有品牌了，第二，也是更重要的是今年我们新年论坛的时期特别重要。我们知道十八届三中全会刚刚结束了一段时间，十八届三中全会对我们的市场有巨大的影响。我记得11月12号三中全会的《公报》公布的时候，市场反应是很冷淡的。当时中国的股票市场下降了2%左右。后来11月15号十八届三中全会的《决定》公布了，公布出来以后我们才知道十八届三中全会的《决定》改革力度之大，涉及政治、经济、文化、社会和生态，这是前所未有的，市场包括海外市场也有巨大的反应。甚至可以说可以和十一届三中全会媲美。

十八届三中全会留下了我们无限的遐想，所以也就留下了无限的解读空间。十八届三中全会涉及政府和市场的关系，涉及中央和地方的关系，涉及国有经济和非国有经济的关系，也涉及实体经济和非实体经济的关系。特别是今天下午的论坛是"变革下的中国新金融"，副标题是"助推中国经济，释放改革红利"。我们知道十八届三中全会《公报》中只有一句话，就是要完善中国的金融市场，后来公布的《决定》对此进行了详细的论述，最重要的一句话是"扩大中国金融的对内或者是对外的开放"。对内的改革中利率市场化是重中之重，《决定》中提到市场在配置资源中起决定作用，对于通过市场配置资本的利率，虽然它的市场化在过去十多年前就开始推进了，前不久贷款利率也完成了市场化的进程，但是最根本的存款利率市场化推进得比较缓慢。这次十八届三中全会通过的《决定》将此提到了很高的高度,随后的中央工作会议也提到了这个改革。在对内的改革中除了利率市场化,中小金融机构对于民营经济也会敞开门,而且民营经济可以通过混合所有制进入各类金融机构。至于对外的开放,《决定》将资本项目的开放提到很高的高度,这样可以鼓励企业走出去,同时也鼓励金融机构走出去。

所以今天下午我们邀请到来自金融企业的嘉宾,以及来自政府和监管部门的嘉宾、学者:有来自银行的施大龙先生,从事金融中介行业的孙立文先生,还有做互联网金融的、做监管的,以及一直做金融、对中国的金融市场有着很深的理解的金李教授和刘俏教授。希望今天嘉宾的演讲和圆桌会议,能够对十八届三中全会关于金融方面的决定进行一个更好的诠释,能够为企业、为中国的金融市场,探明将来改革的道路。因为时间关系,我把这个讲台交给下面的演讲嘉宾,预祝今天下午的论坛圆满成功!祝各位代表身体健康,谢谢大家!

金李:谢谢龚六堂院长为我们开了一个好头,今天下午的话题是"变革下的中国新金融",副标题是"助推中国经济,释放改革红利",在三中全会以后的非常好的形势下,我们的政界、商界、学界人士坐在一起来讨论中国金融下一阶段发展的方向性问题,对未来做一个预判,也提出一些对将来的发展的建议。我不多耽误时间,有请第一位演讲嘉宾青岛福元运通投资管理有限公司董事长孙立文先生。

主题演讲一
坚守做 C2C 中介服务

孙立文

孙立文，青岛福元运通投资管理有限公司董事长

历经 20 载商海沉浮，紧随时代发展并响应国家政策号召，始终坚持为中小企业融资难问题寻觅良方；2005 年创建福元运通品牌，切实为投资理财人士和中小企业融资开辟了新渠道与新途径，福元运通更是凭借成功缔造的"中国金融中介服务资源专业整合平台"商业运营模式，成为拥有 600 余家各级加盟机构和网络覆盖 25 个省（市、自治区）的中国最大的金融中介服务机构。

始终坚持"在注重社会效益下，创最佳经济效益"，不仅体现了当代企业家的社会责任感，更是福元运通不断成长与成功的基石。曾荣获现代服务业"新锐企业家"等众多社会荣誉。

尊敬的金李教授,尊敬的各位嘉宾,尊敬的各位老师,各位同学,还有来自体系的同仁们:

大家下午好!今天本来要讲利率市场化下的中小微企业的融资形势,鉴于下午的第一场演讲是一刻钟的时间,所以把话题改一改,在圆桌论坛时,再讲利率市场化下的中小微企业的融资形势。

这一刻钟我想讲讲我们中国当下非常火的一个名词,叫做互联网金融。最近这个名词很火,CCTV 2 这两年评选的经济人物——小米公司的老总雷军与格力空调的老总董明珠打了一个 10 个亿的赌,主题是互联网和传统产业五年以后到底谁赢。我个人认为,从发展前景来讲,互联网赢。但是金融服务要考虑一个问题,到底应该是线下赢,还是线上赢。上一年我做演讲嘉宾的时候提出这么一个问题,我说中国某一些条例比黄灯还厉害。结果我讲完了以后不到三天,黄灯被取消了,条例还继续存在,而且中国比黄灯还厉害的条例也并没有取消。我们提供线下的 C2C 中介服务,打造中国金融中介服务资源专业整合平台,到今天为止是我们国家商务部第一个备案的金融中介服务企业,是可以在全国做跨省特许经营的金融中介服务企业。做了九年时间,到今年 11 月底直营机构有 15 个分公司,有 680 多个加盟店。总共撮合的借贷额今年 11 个月突破了 1 700 亿元。上一年是 650 多亿元,今年为什么可以这么迅猛地发展呢?

第一个取决于政策。第二个取决于需求。我想和各位老师及同学汇报的是我们福元运通线下的 C2C 中介服务,就是给需要钱的中小微企业、个人与放款客户做撮合服务,一对一,点对点,即 C2C 的中介服务。上一年我打了一个比方,我们就像是给男女双方介绍对象,这九年来我们给 15 万对男女介绍成了对象。他们结婚了,我们福元运通这个中介服务机构不跟着进洞房,这是第一点。

第二点，我们不把自己化装成银行。

第三点，我们也不把自己化装成投资公司。我们就是坚守做C2C的中介服务。我们给男女双方介绍成功以后，他们"入洞房"了，按照山东人的讲法给我们送个猪头吃，按照河北人的讲法给我们送双鞋就可以了。所以2013年前11个月，我们总的撮合额是1 700亿元。这1 700亿元全部用于以自然人为代表的中小微企业。

刚才我讲福元运通有680多个加盟网点，有15个分公司，员工有17 000多位，这17 000多位员工相当于分布在全国的25个省（市、自治区）的118个城市的"红娘"。我们经历了九年的发展，历经四次商业模式的升级，现在把商业模式定位为中国金融中介服务资源专业整合平台。刚才提到我要讲的主题是互联网金融，但我不是讲P2P，而是讲O2O。最近我们和做互联网的一些著名专家合作，组建了另外一个公司，叫做北京千贺信息技术有限公司。我们寄希望于千贺信息技术有限公司做线上的信息配对。当然，我们要把这个公司打造成电信级的公司。然后它只做网上的配对，信息配对。比如说我在北京想借30万块钱，你在大庆想放50万块钱，有这个信息了，我们有网下的118个网点可以提供服务。就像在118个城市里面有一些四星级酒店和五星级酒店，它们通过自经营和客户入住能够盈利，我们再配套一个网上服务。

请记住，网上做公司，就是叫信息技术公司，而这个网上公司，跟金融绝对没有关系。这个网上公司不叫什么什么信贷公司，它就是一个叫千贺信息技术有限公司的公司，做O2O。我们福元运通在118个城市有650多个加盟店，再过一年半，到福元运通十周年时会发展到1 100个加盟店，50个直营分公司，150个城市有我们的线下网点。给我们的网上信息技术公司做一个撮合配对，结合网上与网下的体验。我们福元运通公司两年以前与光华经济政策研究所的陈玉宇教授一起研究了一个叫做"中贯福元利率指数"的指数,信息已经全部采集完,在台湾发布了一次,最近准备正式发布。

我们这个利率指数分三层,第一层叫做直接融资指数,即借贷双方的利息体现。第二层叫做间接利率指数,即把利息加上服务费,作为加权指数。第三层叫做综合融资利率指数,即把利息加服务费加时间一起加权做成一个利率指数。两年以后我们这个利率指数将挂在千贺信息技术有限公司上。

我认为在中国未来发展O2O这种形式的跨界企业,这种互联网金融服务是未来的发展方向。大家可以想一想,在我们十八届三中全会的《决定》中,刚才龚院长讲了,这六千多个字中只有八个字体现了这方面的改革,叫做"完善金融市场体系"。这八个字我们每个人都在解读,大家再想一想,在7月份提到了"金八条"里面的第七条,说推动民间资本进入金融业,探索设立由民间资本发起的自担风险的民营银行和金融租赁公司、消费金融公司等。不管怎么说,相信存款保险制度会在明后年推出,利率市场化在逐渐推进,未来民营银行会分批分次地出现。

民营银行很难做,真的很难做。今年我们在同学叶总的协助下三次到了台湾,专门考察台湾民营银行30年的发展。做民营银行很难很难,各种酸甜苦辣。但是有一点,我想提醒大家。这个时代的民营银行和30年以前的我国台湾、20年以前的韩国做的民营银行完全不一样,因为已经是在一个互联网金融上的民营银行。在我们金融与类金融行业内,如果谁说打10个亿、20个亿的赌,五年以后到底是线上赢还是线下赢,我说线上赢,五年以内是线下赢。五年以后,即未来的岁月,是线上赢。中国经过了35年的改革开放,总结其发展速度,只有一个字——"快"。所以一快就会"拔出萝卜带出泥"。

  我们中国人就缺一个字——"信",互相不信任。如果我想从北京贷30万元,登记了,不见面,不建立互信是不可能贷到款的。为什么淘宝、阿里金融可以快速发展,正是基于淘宝商户之间那么多年的货物采购,建立了资信。正是因为需要资信,才有了所谓的天弘基金,这是淘宝、阿里巴巴、支付宝和一些基金合作的成果,是一种趋势,但是这种趋势一定是建立在资信基础上的。比如我想和某银行合作,如果该银行一打开电脑,就有我孙立文的名字和我在这个银行的存款信息、理财记录等,它才会有与我进一度洽谈的意向。有了数据库,阿里金融就能了解这个客户的余额以及交易资信评级等方面的信息。类似地,我们福元运通的数据库中有15万个客户的借贷C2C中介服务记录,每次服务的关键点和关键评级都是清清楚楚的。这一套信息系统在近35年来,或者是近20年来,或者是近10年来,很多中国的民营企业家所迎合,但是很多企业没有坚持把线下部分扎扎实实地做好,一味追求发展中的"快"是不行的。做金融是不可以快的,只有慢下来,慢工出细活,才能够打造一个坚实的基础。

  所以我认为未来的岁月,金融服务,或者是类金融服务的互联网金融,未来五年以内,是线下赢。线下的O2O和线上一起合作,未来五年以后肯定是线上赢,未来20年以后中国的互联网金融一定会为中国需要钱的中小微企业做出重大的贡献。这就是我要在这一刻钟给各位老师和各位同学汇报的,谢谢大家。

  金李:感谢孙总的精彩发言!我也特别感动,其实今天上午主论坛中的几位嘉宾在讨论中国金融业将来的发展,怎样做金融业的创新,我其实就想到福元运通、宜信这样的企业,我觉得咱们很多中国的企业家有无穷的创造力,只要给他们时间,只要给他们空间,他们就能创造出一批非常了不起的企业。在目前看来,这些企业好像是野蛮生长,但是凭借其智慧,其最终会成长为非常值得学界去认真探索和学习的优秀企业。我上次跟孙总说我期待着有一天能写出福元运通的案例。

主题演讲二
普惠金融创新实践之路

唐 宁

唐宁,宜信公司创始人、CEO

早年求学于北京大学数学系,后赴美攻读经济学。曾任职美国华尔街DLJ投资银行,从事金融、电信、媒体及高科技类企业的上市、发债和并购业务。

2006年,在北京创办宜信公司,以提供个人对个人的小额信用贷款中介服务为业务核心,广泛开展财富管理、信用风险评估与管理、信用数据整合服务、小额贷款行业投资。宜信公司目前已在全国100多个城市和20多个农村地区建立起强大的全国协同服务网络,为客户提供全方位、个性化的财富增值与信用增值服务。

担任清华大学中国创业者训练营导师组委会委员、北京大学社会企业家精神培养课程专家顾问等职务。

非常高兴,也非常荣幸回到母校!在此与各位老师、各位同学、各位嘉宾分享我们宜信公司在过去八年里面践行普惠金融的一些创新实践与体会。刚才各位嘉宾也讲到,闭幕不久的十八届三中全会在金融改革和金融创新方面提出了很多的新思路。其中,令我们倍感振奋的是"发展普惠金融"这句话。其实这个提法问世之后,很多人就来问我和我们的同事,这个普惠金融是什么意思,挺令我们骄傲的,因为从我们公司业务线上来讲,有一个业务线就叫做普惠金融,这个词是我们每天都在用的。

去年在光华的一个论坛上,当时谈普惠金融还是一个比较陌生的词汇。我们对于普惠金融的理解体现为,一是重点在"小微",二是信用是基础,三是突破靠创新。怎样理解呢?首先,普惠金融服务于这样的一个人群,包括几千万小微企业主、兼职创业的工薪阶层,以及农村经济中活跃的农户,还有一些贫困的农户。过去金融服务体系,更多的是为大机构办大事所设计的,不是很适合在经济转型下一阶段以小和灵活为特点的中小微企业。我记得八年前我们创业的时候,还没有"小微"这个词,大家知道,很多中小企业存在融资难的问题。"小微"是过去两年党和政府提出来,是比"中小"更下一层级的这样一群人。这样的一群人是哪些人呢?据统计有6 000万不同的小微企业主。在中国还有比这些人更多的,我们叫做兼职创业的小微企业主,是哪些人呢?有一份稳定的工作,但是与此同时也搞一点副业。大家周围有很多这样的人,包括咱们的同学一边上学,一边搞一点什么,也属于小微企业主。兼职创业,缺少几千、几万元去把握一些商机,等等,这在中国非常普遍,叫做全民创业。过去几年我们看到这样一种现象,这一现象带来的几千、几万元的小额资金的需求是非常明显的。

另外还有农村几亿经济上活跃的农户。其实今天中国的农村，有相当一部分的农户还没有解决贫困问题。但是，和孟加拉国的情况也不完全一样。用格莱珉银行——获得了 2006 年诺贝尔和平奖的这样的小微信贷，助农扶贫，对于孟加拉国这样的地方比较适合。今天的中国有贫困农户，孟加拉国的模式也可以试用，但是与此同时有越来越多的经济上活跃的农户，也是某种类型的小微企业主，面对他们所提供的服务，与格莱珉银行的模式就不太一样。这样的一个人群，过去的金融体系没有覆盖他们。如果用抵押担保这种风险控制手段的话，这样的一个人群是不可能获取到资金的，因为他们没有社会资源，也没有实物资产。那么他们怎样解决资金的问题呢？信用。所以信用是基础，如果没有信用，没有社会诚信体系，没有针对这样一个人群的信用评估和信用审核能力的话，他们是不可能获取资金的。今天中国的社会诚信体系可以说相对比较落后，与美国比起来应该说落后了几十年到一百年。在美国有几大征信局，还有配合大征信局的许许多多的小征信局，而中国一家都没有。当然央行做的非常多的工作也取得了很多成果，但客观地来看现在的发展阶段，公民没有信用评级，也没有信用评分。我们看到，在美国，你租房子的时候，你的房东都会要你的信用报告，而且很快就可以获取你的信用报告。在美国，互联网金融，P2P 这样的企业，一分钟之内就可获得三个主要征信局关于申请人的信用评分和其他与信用相关的信息。而在中国不可能有这样的情况。

所以说信用体系建设比较落后，刚才我讲的还是一个非社会层面上的。如果到了社会层面，我们的诚信文化等，可能是更深层次的一个维度了。所以整体上来讲，为了解决小微企业融资难的问题，为了解决普惠金融的目标关键人群的服务问题，基础工作在于信用。如何能够帮这样的一个人群解决他们信用建立的问题,解决他们资金获取的问题呢?我们说突破靠创新。宜信的模式,后来叫做P2P,中国以前不知道有这样一个名字,这是舶来品。最早的时候,这种个人对个人的模式是被逼出来的创新。早年间我自己对于教育培训、教育市场化这个行业有很浓厚的兴趣,作为天使投资人,就投资了职业培训、就业培训机构。2005年、2006年,如果大学毕业生找不到工作(当然北大的同学不会有这个问题,我是指其他大学的学生),毕业了之后就可能失业。那么很多大学毕业生就选择这样的一种职业培训机构,参加一年或半年的培训,比如IT培训、游戏制作的培训,等等。大学四年已经把家里面的家底花光了,毕业以后没有更多的钱去缴纳一两万元的培训费。于是我在培训机构创业的朋友就问我说,我们有这样一群大学毕业生,他们缺的钱不多,而且他们都是想更好地去学习,找到更好的工作。我说好,那我去帮你们解决这个问题。按照信用理论,他们这样的一群人是有信用的,为什么?因为他们想做更好的自己,想上学,另外学好了这样的一种技能,找到更好的工作,他们的腰包就会更鼓了,还款的能力也就更强了,又有还款意愿和能力,这就有很好的信用了。于是我信心满满地找到所有做创新的银行等信用机构,内资、外资都找遍了,却没有一家愿意做这群大学毕业生的生意,没有一家认为这群大学毕业生即参加职业培训的人群是信用上靠谱的人群。

  后来我们有一些培训机构挺着急的,说要不然我们给征信一下吧,我们做担保,银行说你们更不靠谱,老师一下班就剩了一堆电脑,什么也不是。怎么办?我说既然机构不行,就从个人开始,于是我先拿出我自己的钱来做第一个贷款人。就有了这样一个个人对个人的模式,我们把风险控制的工作也做到了位,把信用教育的工作也做到了位。就从那时开始,越来越多的人对这样的一个模式感兴趣,觉得这也是一个获得利息回报的很好的理财模式,同时还可以帮助对方,所以就有了这样一个被逼出来的创新。中国个人对个人的模式起步了。

那么,后来呢?得知欧洲、美国等也有这方面的模式,叫做P2P,所以就把这样一个名词舶过来了。现在大家看到互联网金融中一个重要的创新就是P2P模式。P2P模式从模式上的创新,大大地推动了中国普惠金融的发展。如果我们等着机构觉醒,去支持这群大学毕业生,以及我们后来拓展延伸到的小微企业主、兼职创业的工薪阶层,还需要很多年。我们一共实践了六年,那个时候已经有机构开始参与这样的一个市场了,开始关注我们所做的了,说:"你们的业绩挺好,我们也对这样的一个人群感兴趣,咱们能不能合作?"所以我们从2011年起和信托公司有了合作。现在也有更多的银行、保险公司、担保公司等机构开始愿意和我们一起针对小微人群、工薪阶层、大学毕业生、经济上活跃的农户来开展合作。所以,模式创新,大大地推动了普惠金融的发展。

模式创新之外是技术创新,技术创新既包含刚才大家了解到、谈到的这种互联网、移动互联网、大数据等技术,更包含信贷技术。信贷技术的创新,我认为是互联网金融的一个极为重要的组成部分。但是近期讨论的互联网金融往往比较容易被忽视,可能因为互联网属于比较显性的业务模式,可能所见即所得的东西更抓大家的眼球。信贷技术上的创新其实是推动普惠金融的一个重大力量。举例来讲,我们现在面对一个新的借款人或者是申请人,在大数据的支持下,在数据挖掘、评分卡、评分引擎的技术下,就可以做到基于百万的客户群。我们在过去七年多的时间里,一共服务了近百万中国小微企业主和工薪阶层,基于这一百万的客户的交易情况、诚实守信的情况,对第一百万零一位这样的借款人,就可以生成对他的信用的评估,我们称之为"信贷工厂模式"。

还有一种信贷技术是,我们的信贷员走到小微企业主的场所去,通过和他沟通交流两个小时,通过看他的进销存货情况和电表、水表等,帮助他生成三张财务报表,基于现金流分析做出信贷的决策,这叫做"信贷员模式"。

还有基于最贫困的农村富户的"五户联保模式",大家过去对格莱珉模式也比较熟悉了,这在我们的模式中也有所体现。

另外,我们在过去的两年时间里也创新推出了其他的信贷技术,比如说租赁,即以物融资。我们发觉在中国到处都有这种普惠金融、普惠信用的需求。但是很多有小额资金需求的客户、申请人,他们的信用情况还不能为我们所充分了解,并不是说他们自身一定没有信用,而是总得需要让一部分人能够先信起来。而我们的信贷技术,对于这个人群的了解,也是不断精进的一个过程,也不可能在短时间内对所有人都了解。那么,这些人的需求很难通过信用的方式完全得到满足,于是我们选择通过小微租赁的方式,以物融资。过去的租赁是大租赁,大飞机、大轮船等。我还记得我刚回国的时候,有一位租赁专家给我讲他们怎样做业务,他说:"我们的业务没有风险,租赁的一艘大轮船,一定是在长江上行驶,万一有风险的话,我在长江头和尾两头堵着,一定跑不了。"今天我们的小微租赁,小微到什么程度呢?我们在农村,大都是像农机具、烘干塔、收割机这样的10万元、15万元、20万元的小额资金需求。过去农户没有这样的选择,现在在农村产业化、集约化运作的大环境下,这种小微租赁非常受欢迎。

在城市，我们的很多小微企业主，开始越来越多地参与到特许加盟中去，有的开一个美容店，有的开一个洗车房，等等，这样5万元、10万元的小额资金需求，都可以通过以物融资的方式得到满足。

所以我们讲信贷技术这样的一种创新、高科技互联网这样的一种创新，以及我们的模式这样的一种创新，可以使得我们这些小微企业主群体，使得兼职创业的工薪阶层群体，使得经济上活跃的农户，能建立他们的信用，从多种渠道获取资金，既有个人的渠道，也有机构的渠道。这些渠道越多，对他们越好；现代技术越丰富，产品服务越丰富，对他们越好。

这样的一群人过去未被金融服务体系覆盖，现在多种产品、多种服务、多种资金来源可以覆盖他们。这就是我们过去几年在普惠金融方面的一些心得和体会。

最后，我也想和大家分享一下我们对互联网金融的一些认识。我们认为，互联网金融包括以互联网为代表的技术创新，对中国的金融改革、金融创新会起到巨大的推动作用，是重要的工具。但与此同时，由于我们的社会诚信体系相对来讲比较落后，金融环境中还有诸多缺失的方方面面，很难通过一种技术就补上过去欠了很多年的课。所以我们认为，通过高科技，通过互联网实现"弯道超车"的可能性是有的，但与此同时，该打基础的工作也一定要做。我感觉近期有关互联网金融方面的讨论，似乎让我回到了1998年第一拨互联网泡沫的时候。当时你是要站队的，把你公司的名字后面加上.Com，你就是新经济了，不然的话你就是大恐龙，就不知道明天在哪里了。但是大家当时不知道发生了什么，新旧经济拥抱了彼此，而且所谓的新旧也是打了引号的。所以我想互联网金融、新金融与既有的传统体系一定是融合的，一定是一种很好的补充关系。

我们讲大数据,大数据其实就是基于客户的这样一种精确定位,基于风险的评估,来做很多很多的事,可以通过大数据起到越来越多的作用。过去咱们的信贷信息只能在实体体系中,今天我们做信用评估的时候,可以用到网络上许许多多这样的信息。所以这是增信很好的一个来源。但与此同时,也不是所有的问题都能够通过网络解决,一些简单的、标准化的产品,像一些货币市场基金可能能够通过互联网渠道去卖,但是一些股票基金、一些寿险等比较复杂的产品怎么通过网络渠道去卖呢?这几乎是不可能的。所以我想一定要实体体系和虚拟体系、线上和线下相结合。

最后谈到监管,互联网金融前段时间也有非常重要的监管方面的里程碑式的事件。在央行的金融指导之下,中国清算协会成立了"互联网金融专业委员会"这样一个组织,是中国第一家在监管部门监督指导下的一个行业协会组织,一共有七十几家以银行、第三方支付、研究机构和企业为发起单位的互联网金融参与者发起的委员会,其中宜信公司也有幸被选为理事单位,并起到相应的作用。我们认为这也是通过行业自律去实现互联网金融行业的监管,能够使行业把握好发展与规范的平衡的重大举措。所以我们对未来,特别是新一年里面互联网金融行业的发展,也充满信心。最后再次感谢光华邀请我回到母校,与各位老师、各位同学、各位嘉宾汇报和交流,谢谢大家!

金李:刚才唐总在上面讲,我在下面想,我认识唐总很久了,每次都在思想上给我很多的启发。咱们现在说打造创新型经济,一般人说金融的支持可能就是说风投这种支持,但是今天唐总的演讲非常好地拓展了我的思路,现在大家说农民工用工难,但是大学生毕业以后很多人找不到好工作,或者说过剩,把他们这么多年的知识训练和创业热情结合起来,能够对打造新型经济有所帮助,唐总的想法是非常有意思的。通过灵活的、多变的融资手段,来支撑我们的创新型经济的发展。唐总有个非常有启发性的观点是,只要有需求,我们这么多有无穷智慧的企业家总能想出一些办法去解决。我们有那么多非常优秀的新机构和企业,它们是这些创新的先驱。对唐总谈的几个不同的业务板块我个人都拭目以待,希望它们能够引领中国的金融创新。

主题演讲三
地方政府金融

刘 俏

刘俏,北京大学光华管理学院金融系教授、嘉茂荣聘教授,北京大学光华管理学院院长助理

博士生导师,中国证监会及深圳证券交易所博士后站指导老师,深圳证券交易所专家评审委员会委员。获中国人民大学经济应用数学学士学位、中国人民银行金融研究所国际金融硕士学位和加州大学洛杉矶分校(UCLA)经济学博士学位。主要教授公司财务、收购与兼并和国际金融管理课程。在公司财务、实证资产定价、市场微观结构和中国经济等方面拥有众多著述。

曾任职于麦肯锡公司,负责麦肯锡在亚洲企业金融、战略策划方面的研究,并为大型亚洲公司和跨国公司提供咨询服务。加入北京大学前,任教于香港大学。曾多次获香港大学优秀教学奖,并在香港大学获终身教职。于2012年获北京大学中国工商银行优秀经济学者奖。

今天这个主题是"新金融",大家可能想得比较多的是互联网金融,我想讲的是在新时代、新经济下面特别需要我们去关注的一个新金融业态。这个金融业态可能还没有出现,但是我们光华管理学院有一个很大的研究团队在推动这个业态的出现,这个业态叫什么呢?叫做地方政府金融。

我先把这个概念引入一下,给大家简单讲一下我们做了些什么事情,最后会用一个小的案例,一个城市的例子给大家讲一下为什么我觉得地方政府金融是我们在新时代、新经济里需要去特别关注、特别发掘和特别发展的一种新的金融业态。这个问题的引入非常简单,大家可以想一下,中国经济里面最重要的一个参与者,其实是地方政府,地方政府是裁判,但很多情况下挽起袖子就上阵了。我们是投资拉动的经济体,固定资产投资占到GDP的50%左右,这里地方政府居功至伟。如果把政府理解成企业的话,中国的地方政府是特别不负责任的企业。这里,市长是CEO,市委书记是董事长,但是没有CFO。什么意思呢?地方政府借钱和投资,一般情况下不考虑还钱的事。这种情况下,这样一种经济行为的参与者在融资、投资行为上出现一些很扭曲的模式,而这些模式会对中国经济未来的发展带来很大的伤害。

我给大家简单说一下我们是什么思路。我们在这个过程中,就想把地方政府看成是一个企业,地方政府如果是企业的话,就需要有资产负债表,而且这种资产负债表本身需要去约束它的这种行为。所以从这个角度来讲,我们引入了地方政府金融这样一个概念。我刚才简单提了一下背景,中国地方政府做了很多的投资,投资本身的收益率是非常低的。这种情况导致的一个后果是地方政府的债务越滚越大,像滚雪球一样。大家知道2010年年底的时候审计署做了一个调查,当时公布的地方政府债务规模的数据是10.7万亿元。到2013年审计署又做这件事,具体的数字还没有出来。但是我们根据内部的消息或者是业内评估觉得这个数字直逼20万亿元(作者按:2013年12月30日,审计署公布普查数据,地方债的总规模接近18万亿元)。短短三年,地方的债务几乎翻了一番。未来五年,因为城镇化题材和各个地方不断有新项目涌现,地方债会出现一种什么样的情况可能是很让人担心的一件事。这样的一种背景下,我们要根本改变地方政府这种道德风险盛行、软预算约束盛行的行为模式,就需要引进地方政府金融这样一个新的金融业态。这一基本思路在十八届三中全会里面也反映出来了。

地方政府需要有一个资产负债表,这句话讲出来容易,但做起来很难。过去一年的时间,我们光华管理学院的几个教授加上研究人员花了很多的心血,做了很多的试点,基本上有一个成熟的框架可以给大家简单介绍一下。我们提出了一个叫做"中国地方政府经济财政金融动态综合一体化分析"的框架,这就是地方政府金融的核心。这个框架本身的出发点很简单,根据地方政府的经济发展规划,我们帮助其把过去以及未来的资产负债表和财政收入支出表绘制出来,根据表里面的信息,我们对其未来债务的动态演变情况和财政健康情况做出分析,对其未来的经济发展做出有没有持续发展可能的判断,并据此做出一个地方政府的信用评级,最终把这个信用评级反映到对地方政府业绩的考核中去。所以,这个框架本身应该在未来对地方政府的行为模式和投融资模式,甚至是对地方政府未来的经济规划产生比较大的影响。我想强调为什么地方政府资产负债表重要、信用评级重要。道理非常简单：我们都知道中国的地方政府有"以 GDP 论英雄"的倾向,比较关心 GDP 的成长,对债务或者是经济发展的持续性缺乏足够的理解和重视。这导致了什么后果呢？就是地方政府的债务规模的扩大,以及结构的恶化。

大家可以设想一下,比如说在地方政府金融的范畴里面,我们给地方政府一个资产负债表,很清晰地描绘出地方政府资产和负债过去的包括未来的动态演变,同时给出一个可信度极高的、公正客观的且以市场为基础的信用评级,并把这个信用评级反映到考核体系里面去,这会出现一种什么样的景象呢？比如,有一个地方政府 A,在主政的五年时间里地铁通车了,高速公路也通了,GDP 每年都增长 20%—30%。但我们再看信用评级,发现这个地方政府 A 的信用评级从任职初的 AAA 变成了任职结束时的 BB,这种情况下你对这个地方政府的评级是否还是那么正面的呢？

这里面具体的细节,讲起来可能比较枯燥,我给大家举一个小例子。这是我们在今年夏天做的某一个城市的试点,这个试点取得了不错的效果。我们用我前面讲的框架对这个城市的金融、财政、经济做了动态分析以后得出了很多的结论,同时也对地方政府改变行为模式提出了很多的建议,应该说取得了初步的成效。我讲的这个案例的背景和任何一个中国的地级市都很像,这是一个人口相对较多、经济发展水平在本省位于中下的城市,是一个小财政,第二产业比较发达,第三产业不发达。地方政府为了实现赶超,有很宏大的投资规划和许多很宏伟的投资项目。

这种情况下,他们对成立地方债务平台通过负债的方式发展经济充满着期许。我们去之后,基本上做的事情就是根据这个地方政府对未来五年的规划情况,把其过去和未来的资产负债表绘制出来。看起来似乎很简单,在企业里面一个会计师就能轻松做出来,却花了我们这个智商不低的团队整整半年时间,白头发都长出来很多。这个表有什么价值和意义? 我简单讲一下,首先,这个表本身是把地方政府作为一个考核单位,作为一个标的物,把它的资产情况和负债情况描绘出来。描绘出来之后,我们可以通过这个表对地方政府未来的举债能力做出一个量化的、精确的分析。告诉地方政府在资产负债表不恶化的情况下,如果要维持这样一种经济成长,未来会是什么样的情况,合理的融资规模是多大。这个城市的融资规模是几十亿元人民币的样子,但规划的投资有八百亿元人民币之多,这里面的缺口靠什么方式去补,地方政府可以思考。同时通过这个分析,我们还可以对地方政府资产负债表的质量,比如说相对财政收入而言,这个地方政府的债务和债务管理能力做出很多的量化评估。这有什么好处呢? 第一,给你提供一个预警系统,告诉你在这些重要指标上你处于一个什么样的位置,未来如果你要履行宏伟的发展规划,可能会触发临界点。同时也是一个监控指标体系,上级考核的时候,监控指标面临什么样的问题,未来有什么样的变化,这对地方政府行为也有好处。更主要的是我们给它一个信用评级。对这个城市我们做了一个综合评分,评分反映该城市的经济和金融、债务和未来的潜在风险因子。按照这个评分体系,我们基本上给了它一个 A+ 的信用评级,这个评级体系是与国际接轨的,参照了大量国外市政债的评级方法。这种情况下,一个相对而言比较干净、比较小的地方政府的信用评级也只是 A+ 而已。在这个基础上我们还做了一系列的分析,比如,我们告诉地方政府,你不信邪的话,非要增加债务规模,你的地方信用评级会降两级;告诉它未来的情况并不像其想象中的那么乐观,其官员告诉我他们认为当地未来的 GDP 应该是每年增长 22% 以上,非常高的一个速度,我告诉他们如果达不到 22%,只有 18%—19% 的话,信用评级还会往下调。

根据我们的分析,我想在地方政府金融这个范畴里面强调几件事:第一,我们可以通过这样的分析告诉地方政府它的融资规模;第二,我们还可以告诉地方政府它在重要的债务指标和债务管理体系上的表现如何;第三,透过资产负债表反馈出来的未来的资产和负债的动态演变,以及资产情况的恶化或改善,可以让地方政府反思当初的经济规划目标本身是否合理;第四,可能是未来最有意义的事情,可以把这个评级反映到地方政府的业绩考核里面去,不是作为唯一的指标,但可以是一个辅助性的指标,这种情况下地方政府会投鼠忌器,一旦有了这个评级,就会担心自己的评级下降,会对其行为模式产生很大的影响。

从这个角度来讲,我们觉得在这个时代,衡量是否是新经济并不是看有没有用互联网,而是看有没有新思想和理念。地方政府金融把地方政府这个经济生活最重要的参与者的投融资模式放入考虑和分析的范围,并提供一种新的服务,我觉得这也是新经济的一种表现形式。这个问题到目前应该说是到了一个非常紧迫的关键时刻了。中国早一辈的改革家有一个很有智慧的说法,就是说太棘手的问题解决不了的,留给下一代。现在已经到我们这一代了,我们再说这样的话就显得太没有智慧了。我们这一代不管是学界、商界还是政界,其实是有能力、有智慧去解决这些问题的,关键是看能不能转变自己的思路。

金李:感谢刘俏老师精彩的分享。我个人认为这是我们光华近来最重要的学术研究成果之一。其实,我想刘老师讲的和十八届三中全会的精神其实是一脉相通的。上午的论坛,也在不断地提,要提升作为一个国家的治理机制。其实刘老师刚才讲国家的治理或者地方政府、中央政府的治理和一个企业的治理是一脉相承的,在企业层面也有一个法人治理或者公司治理的问题。因为我研究公司治理,所以我觉得公司层面上的治理有两个非常重要的东西:一个是信息的及时披露,另外一个是制衡机制。那么刘老师提出的这种给地方政府编制资产负债表的做法是有非常重要的意义的。把我们以前政府习惯的所谓的软预算约束变成了一个实实在在硬的预算约束,你要借钱就要面临实在的成本,这是我个人觉得非常有启发意义的地方。

主题演讲四

传统银行业也有美好的明天
——以台州银行为例

施大龙

施大龙,台州银行执行董事

毕业于浙江大学,是国内最早从事银行小微企业金融服务的人员之一,在银行小微企业金融服务领域具有非常丰富的实践和管理经验。台州银行成为全国唯一一家连续五年被中国银监会授予"小企业金融服务先进机构"称号的银行机构。

在国内小微企业金融服务商业模式的总结和复制方面亦有重要建树。其主导的理论性总结项目——"商业银行小额信贷技术与管理能力建设"荣获第十四届国家级企业管理现代化创新成果一等奖;并且成功地将台州银行的小微金融服务商业模式在国内多个省份进行复制和输出,代表台州银行在浙江、北京、重庆、江西、深圳发起设立和管理了七家银座系列村镇银行,形成了独特的"银座现象"。

尊敬的各位领导、来宾,北大的老师和同学们:

下午好!本次论坛的主题是"新","新经济 新变革 新时代",下午分论坛的主题也是"新",新金融,但我却有些不合时宜,因为我与大家分享的主题是"传统银行业也有美好的明天"。

2013年资本市场与银行业相关的热点很多,民营银行、互联网金融、自贸区金融改革试点等精彩纷呈,新金融受到了市场的热烈追捧。但另一方面,利率市场化这匹狼终于来了,在互联网金融的汹涌夹击下,传统银行业的前景愈发黯淡,估值不断下降。但我还是认为,银行要回归银行业的本来,如果能把银行传统业务做精,一样会有美好的前景。我所服务的台州银行就是这样一家始终坚守传统业务的小银行。25年来,台州银行一直致力于与实体经济的良好互动发展,我们基本不参与平台贷款、长期性基建贷款、房地产金融,甚至消费信贷也很少涉及,贷款的80%以上都给了小微企业,户均贷款只有50万元左右。台州银行规模不大,但切切实实给当地的社会和经济带来了活力,并整体提升了所在地的小微金融服务水平,业界有"全国小微金融看浙江,浙江看台州"之说。这样一家很传统的银行,但它持续的经营绩效表现却是非常优秀和稳定的,预计到年底各项资产总额约为900亿元,存款720亿元,贷款530亿元,不良率0.43%,ROA 2.2%,ROE 25%。台州银行自2002年由城信社改组成城商行以来,资本金从3亿元增加到现在的近80亿元,期间没有向股东再融资,完全依靠历年的利润滚存补充资本,并且还具备较高比例的现金分红能力,没有大家通常在A股市场上常见的银行股"面多了加水,水多了加面"的现象,所以人们说台州银行的股东是最幸福的股东。

下面,我把台州银行的商业模式向大家做一下介绍,请大家指教。台州银行的商业模式概括起来说就是与小微客户做朋友的"社区银行模式",从成功商业模式的三要素来讲:

(一)第一个要素就是要能提供独特的价值主张

讲到提供价值主张,第一个问题就是为谁提供价值也就是服务对象的问题。台州银行的目标市场定位非常清晰,那就是小微企业。目前,我国中小微企业已经超过 5 600 万家,其中大部分为小微企业,它们创造了约占全国 50% 的税收、60% 的 GDP、70% 的创新项目和 80% 的就业机会。数据显示,小微企业当前的融资总量大约为 18 万亿元人民币,但其中只有一半是由银行类金融机构提供的,其获得的金融资源与其为社会创造的价值明显不匹配,因此小微企业金融服务市场潜力巨大。

第二个问题就是提供什么样的价值。这个价值就是为小微客户提供便利、高效的融资服务,提高小微企业贷款的可获得性。这种便利高效的融资服务体现在"简单、方便、快捷"的客户体验上。我们讲要为过去无法从银行获得正规金融服务但有劳动能力且肯劳动的人创造平等的融资机会。所以我行的企业使命是"要让小企业得到一流的金融服务"。

(二)第二个要素就是独擅的核心能力

台州银行独擅的核心能力就是以单户风险识别技术为基础的高效的整体风险管理能力。

要使小微客户享受到便利、高效的融资服务,首先要解决单户信贷风险控制技术的问题。台州银行对传统的信贷技术进行了大胆创新,以"下户调查、眼见为实、自编报表、交叉检验"这十六个字,有效破解了小微企业信息不对称难题。小微企业没有报表,我们信贷人员自己动手编制,对方说的话是真还是假,我们通过"交叉检验"来识别。交叉检验就是对同一财务数据采取多维度的不同方法来验证它的一致性,如果所有验证方法都得出一致的结果,说明这个数据是可信的,否则就是有问题的。数据准确了,我们就能确保单户信贷决策的正确性。

单户风险能识别了,就能为客户提供他所需要的价值主张了吗?不是的,更关键的是便利高效、可获得性。如果一笔贷款下来手续繁杂,耗时很长,那就没有价值了。怎么样能既快,又不出问题,而且还不会带来太高的成本?这就是我们独擅能力的关键所在。

在这方面我们建立了一套高效的风险管理体系,包括风险模型、问责体系、检辅制度、非现场检查系统、事后监督、服务跟踪反馈体系,等等,帮助我们实现了这个目标。

(三)第三个要素就是清晰的盈利模式

我们的盈利模式由两个部分组成:

一是高利差,创造高收入。从面上看这是因为小微企业融资难还将长期存在,市场供不应求,价格自然会高。此外国际上社区银行的收入结构还是以存贷利差为主,这也为我们提供了参照。

从业务本身来看:一是高风险必然要求银行用高定价去覆盖;二是高成本,由于单笔金额小,每单位贷款金额包含的作业成本肯定要高。

虽然小微贷款风险大、成本高,需要高定价覆盖,但如果只此一条路,也会推高融资成本,削弱我们的社会价值贡献。因此我们所采取的另外一个手段就是厉行节约、降低成本。可能大家觉得这算哪门子赚钱能力,可我们要想想,收取利息是从别人口袋里拿钱,利息高了对方总是不情愿的,而成本管理是自己的事,好办些,只要少花些,省下来的就是利润,所以我们有很多省钱的细致办法,我们的成本收入比一般不到25%。

我们说成功的商业模式三要素,主体的模式就是这样的,当然不是说这三个要素满足了就可以了,我们还需要背后一大套的支持体系,主要包括社区化经营、信贷审批的流程以及如何提高我们的规划能力,通过规划先行来减少我们运行中发生的错误或者降低错误所带来的成本。还要通过自己独特的培训来解决人力资源队伍能力提升的问题。当然作为企业还要讲究高效的执行,这里就不展开讲了。

以上是我就台州银行的情况向大家做的一个简要的介绍。下面,我想借这个机会就几个与小微金融相关的话题与大家共同探讨。

与小微金融有关的几个问题

(一)经济增长、企业发展不应太过依赖负债尤其是银行贷款

渣打银行提供了一个数据,表明我国的企业负债占 GDP 的比重已达到128%,已远高出80%—90%的平均水平,如果说债务问题在美国是个人债务过高,在欧洲是政府债务过高,那么在中国主要是

企业债务过高的问题。它的产生,与我国经济转型的历史有关,虽然到现在资本构成发生了很大变化,但政府领导的习惯思维还是很强,一遇到 GDP 掉速,就想着给银行下贷款指标,我国的 M2 已是全世界最大,它的增速也高于 GDP 增速与 CPI 之和,说明对经济的拉动日渐失效。我们要改变这一点,否则减产能、调结构就是一句空话。

(二)不应要求银行解决所有小微企业融资需求

银行业的经营模式是让渡资金的使用权,获取的对价是得到一定的利息收入,但利息收入毕竟是有限的,按照风险收益对等原则,不应承担过高的风险。但小微企业的风险确实比较大,因此不应鼓励所有小微企业都进银行的门,进入银行的客户必须是可预期、稳定、能持续经营的,但是实际上很多小微企业是不符合基本要求的,比方说有些客户连启动资金也没有,就来向银行申请贷款。再比方说,有很多科技创新型企业,好是好,当然要扶持发展,但其生产经营存在高度的不确定性,这些高知识产权的创新型企业应该由孵化机构和 VC、硅谷银行等去做,银行不应承担这样的高风险。但在其他机构眼里高风险的小生产、小作坊、小商户、小服务业、小种养殖业等,我们反而没觉得风险有多高,可以通过银行贷款解决。所以我认为不同的小微企业应有不同的融资渠道。

(三)不应要求所有银行都去做小微企业金融

近年来监管部门非常关注小微企业,一直在努力推动银行业机构去做小微企业金融。政府和监管部门强令要求所有银行都去做小微企业金融,会扭曲一些银行的经营行为,采取不合理的市场竞争措施,浪费银行业资源。市场经济正是因为参与主体的多样性选择,才促进了经济的整体发展,如果在"看得见的手"的指挥下使得市场主体的行为形成高度一致性,最后的结果可能事与愿违。所以应该鼓励每家银行去思考自己的市场定位和商业模式,让它们在银行业的激烈竞争中找到各自不同的位置。

(四)民营银行与小微企业金融没有必然联系,但更有可能专注于实体经济

没有必然联系是因为:第一,资本性质并不决定经营取向,民营银行中有些规模大的,会有更多的选择。第二,中国的银行业并没有经历过大的风险教育,重整后的银行没有破产过,银行的股东、董事会的风险意识还是不足。很多银行热衷于扩展表外业务、同业交易,有轻松赚快钱的机会,是不会去做小微企业金融这种辛苦活的。第三,民营资本为主并不等同于相应的治理结构,现在很多银行的资本构成其实早就是民营资本占绝对主导了,但高管人员照样由政府部门指派。

不过,民营银行也确实更有可能专注于实体经济,这是因为民营资本能更理性地关注风险,思考自己究竟能干什么,不能干什么,如果再经过惨痛的风险教育,加上监管部门对民营银行有限牌照、地域限制等措施,我想会有更多银行特别是民营小银行静下心来,认认真真地服务于实体经济特别是小微企业。

促进小微金融发展的几点建议

应该说政府和监管部门对如何提升小微金融服务是空前重视

的,政策宣示和监管导向是明确的,但问题是在执行层面,对机构而言具体的激励措施还不够到位。

第一,小银行的信贷资金来源问题。台州银行规模不大,其他服务于小微企业的银行,譬如村镇银行,规模则更小。它们面对的小微企业贷款需求量很大,但这些小银行在吸收存款的时候,经常遭遇身份质疑,信任度不足,这样就造成"巧妇难为无米之炊"。所以一是希望尽快出台存款保险制度(当然这已是近在眼前了)。二是政府要带头树立榜样,将部分公共资金存放在小微服务银行,但当前实际状况是不少地方政府恰恰都规定了财政性资金不能存在小银行。三是资产证券化和主动负债工具这样的机会往往大多都给了大银行(在此我要说明台州银行在本轮资产证券化试点中得到了银监会和央行的特别支持,是首批的三家城商行之一),而小银行即使有机会,发行成本也相当高。小银行整体上面临一个资金来源渠道少、成本高的困境。因此,建议政府和监管部门加大对小银行在资金来源方面的支持。

第二,以村镇银行为例,新创办银行取得牌照后,具体的业务准入需要申请行政许可的事项很多,等待审批的时间往往很长,等待的过程会影响客户的业务办理,也就影响了客户对小微银行的信任度。盼望相关部门能更体谅新银行机构的难处,放开大多数基本业务的准入和接入,对需要审批的事项,最好能一次性打包集中处理。

第三,进一步科学优化对银行业的评级方法。无论是现在的公开市场筹措资金还是将来存款保险制度的推行,它的成本总是与评级结果紧密相关的。但现在的评级模型都是侧重于银行的规模,像我们这样的银行从质地上讲是敢亮相、敢比较的,但因为规模小,评级结果不理想,没有反映出内在品质,这样我们是很吃亏的,也不公平,希望监管部门和学界重视这个问题,多加研究和引导。

谢谢大家!不当之处请大家批评指正!

金李:谢谢您的发言,既有台州银行相关情况的分享,给学界、政府监管部门也提出了很好的意见。像刚刚说的,这是非常不容易的,也不是谁随随便便地就可以做好这份工作的,这是辛苦活,要想好自己的比较优势。要有所为,有所不为,因为不是什么活都可以干的,承受风险的能力是有限的,比如说像互联网金融等,也应该量力而行,不要因为现在是政策推动,就去做自己并不擅长的事情,这是非常好的想法。

主题演讲五
金融服务于实体经济的思考

殷 勇

殷勇,国家外汇管理局中央外汇业务中心主任

很高兴有机会到北大的讲堂上,二十几年前我在马路对面那个学校读书,当时就特别羡慕北大的教室特别多,特别丰富。那个学校大概到了六点半以后想找一个自习的座位就很难,所以我就骑着我那个名牌的自行车——29式的"永久"从那个学校到这个学校来上自习。那时就特别期望有一天能够走上这么一个讲台,今天特别谢谢光华管理学院给我这么一个难得的机会!

中国对金融的态度实际上在过去十年里面经过了一个明显的变化。我的印象中美国爆发次贷危机之前,我们有一个提法是把金融称作"现代经济的核心和灵魂"。这个提法在什么时候不提了呢?

新经济　新变革　新时代

在美国次贷危机发生之后，我们对金融的提法是金融要为实体经济的发展服务，这反映了我们对金融和实体经济关系之间认识的一个变化。所以我今天发言的题目是"金融服务于实体经济的思考"。

我们注意到金融常常脱离实体经济，我们可以看股票市场，以美国2000年新经济泡沫为例。美国纳斯达克指数在1998年的时候，大概在1 600点，到2000年的时候最高冲到5 000点，14年以后的今天，纳斯达克还没有回到那个高位。我们回过头来想在1998年到2000年实体经济到底发生了什么，实际上没有发生什么，或者是没有发生什么大的事情，而股票市场自我繁荣，最后被格林斯潘用了一个词来形容，叫做"非理性的繁荣"。

我们再看债券市场，我们都记得2008年美国的次贷危机，当时是什么情况呢？实际上从2000年美国新经济泡沫破灭之后，美国政府为了抵消泡沫破灭对经济的影响，采取了比较宽松的货币政策。而到2008年长达六七年的时间里面货币政策过于宽松，导致信贷市场非理性的繁荣，尤其是从2003年开始美国的房贷市场发展特别迅速，最后导致次级房贷盛行，一直到2008年这么大的次级房贷泡沫的破裂。美国经历了2009年以来的行业危机，今天我们也感受到了危机的影响，也就是说，我们感受到了金融对实体经济发展的影响。

我们看看外汇市场，根据国际清算银行的最新统计，现在每一天的外汇交易量超过了5万亿美元，一年下来就是1 400万亿美元的交易量。实际上真正有贸易背景的不到1%。或者换句话说是为了服务贸易的外汇兑换需求，在外汇市场上除了询价以外，实际发生的买卖交易是真实背景的100倍，才有可能为真实背景的外汇交换提供一个可能接近公允价值的汇率，这样的市场合理吗？所以从外汇市场来看这样的一种发展可能和实体经济的发展是脱离的。

这是国际的情况。

国内呢？国内一直到2008年之前金融的发展和实体经济的发展都是大体匹配的。2008年受次贷危机的影响，我们也注意到中国金融的发展出现了明显背离实体经济发展的趋势，比如说银行资产从2008年开始增长的幅度大大超过了名义GDP增长的幅度。比如说保险业，保险业每年的资产量在不断地增长，但是保险的赔付率在不断地下降，这意味着什么？意味着保险公司变得越来越吝啬了，越来越不愿意给你们这些投保客户们真正的赔偿。那么它们在干什么？它们在追求自身利润的增长，所以它们也在脱离实体经济。

影子银行，现在已经成了一个非常时髦的词了。2007年至今，我国名义GDP增长了2倍，而理财产品规模增长了近14倍。很难说影子银行的这种增速匹配了我国实体经济发展的需要。有人估计，整体的债务规模可能占GDP的225%，包括政府、企业、个人债务。这样的债务水平的快速膨胀对我们将来经济的长期发展已经形成了比较大的隐患。这个水平相当于什么呢？相当于我们现在的债务水平已经接近世界各国的平均水平，但是在新兴市场里面我们已经大幅地领先了。从经济社会的发展来看，随着经济的逐步成熟，债务水平会逐步累积，所以相对而言，新兴经济体债务的负担会略轻一点，成熟经济体的负担会略重一点，而我们已经达到了成熟经济体的水平，也就是说我们未来发展的潜力已经被提前透支了。

外汇储备过度积累。过去20年我们的名义GDP增长率大概为13%—15%。现在最时髦的词是小微企业，互联网最流行的词汇里面估计也有"小微"一词。小微企业大概占到了上缴利润的40%，经济总量的 60%，就业人数的 75%。但是小微企业获得的贷款只占银行贷款体系的 18%，所以金融体系在服务于实体经济的时候，也没有照顾到实体经济的需要。

所以，我们说从中国来看，金融也出现了脱离实体经济运行的趋势。下面我们要问的问题是金融为什么容易脱离实体经济。我从几个方面试图做一个分析。总结起来，主要有以下五个方面的原因：

第一个原因是委托代理关系的问题。经济体系运行需要金融干什么？实际上是需要金融更有效地配置资本。而金融体系自己在运行的时候，它的指导目标是什么？包括在座的几位企业家他们的目标是什么，他们的目标里面当然可能有一个是很宏大的、很高尚的，但是日常的经营管理活动，大家的目标是很明显的，就是自身利润的最大化。这两个目标并不总是匹配的，而且可能经常不匹配，这样一种不匹配就会导致与行为的错配，这就是为什么金融体系经常会给实体经济制造麻烦。

第二个原因是外部性的问题。金融体系的活动对实体经济有太大的影响，我们国家产能过剩，高耗能、高污染的产业为什么能发展起来，是因为得到了金融体系的资金支持。而造成的污染和资源的浪费，并没有纳入金融体系的考核。此外，本来为社会产生很大效益的小微企业应该获得更多的金融贷款，但是由于成本信息不对称等各个方面的原因，这些社会效益也不可能纳入对金融体系的利润考核。所以这样一种外部性的存在，不管是正外部性，还是负外部性，都使得金融自身的发展不会顾及实体经济的需要。

第三个原因是所谓的信息不对称问题。对于实体经济的情况，金融行业实际上并不十分了解，也很难了解，所以前面几位演讲嘉宾讲的不管是做互联网的平台,还是做小贷的平台,抑或是做区域银行的平台,其实都是想挖掘实体经济的信息。但实际上是很难的。而从实体经济来讲,也常常弄不懂金融体系到底在干什么。比如说我们还记得几年前我们有一个香港上市的著名企业叫做中新泰富,最后却垮在了一种外汇衍生产品上,这个企业最后濒临破产,而这些外汇衍生产品是我们的投资银行卖给它的。这样一种信息不对称也使得金融业在发展的时候难以顾及实体经济真正的需要。

第四个原因是不完全竞争。所谓不完全竞争在金融市场里面有两个原因,第一个原因是有一些因素会形成一些自然的垄断,比如说先进入产生的网络效益,比如说需要有巨大的投入,包括基础设施的投入,都使得一些企业通过竞争树立优势以后形成一种垄断的地位。第二个原因是政府的管制,因为金融太敏感了,所以政府做了很多的管制,尤其是在进入的门槛上,刚才台州银行的老总也讲了这样一个问题。而这样一种管制实际上也会造成垄断。而从垄断来讲,金融行业如果自己垄断了这个体系,那么其经营管理的目标是自身利益最大化,一定会牺牲社会的效益。这是微观经济学里面的一个基本原理,所以说金融就会为自己的运转去负责得更多,而离实体经济的需求就会越来越远。

第五个原因是格林斯潘提出的,也就是说金融市场的参与者常常是非理性的。市场在资源配置中起决定性作用的一个重要假设是市场有效,市场有效的基础是参与者要理性,但实际情况并非如此。金融体系和其他的要素市场——劳动力市场、土地市场、商品市场相比有一个不同的特征,其他的三个市场交换的标的都是要素,比如说劳动力或者商品、土地。但是金融体系需要的媒介是货币,所以它在交易的过程中会受制于媒介的可获取性。金融的特点,交易的是资本或者说是货币,交易的媒介也是货币,使得这样一种交易活动成本极低。通过银行转账几秒钟可以来来回回转很多次,就是所谓的高频交易,导致金融交易可以不断地增长。极低的成本使得金融行业自我发展的规模迅速膨胀,一直膨胀到不可持续的程度,最后对实体经济造成冲击。

这五个方面实际上也是任何市场都可能存在的导致市场失灵的一些原因。金融脱离实体经济运行我觉得就是这五个原因的具体表现。

下面一个问题是:我们有什么样的方法去解决市场失灵的问题?我自己提出了五个方面的措施,是我个人的一点看法。

针对第一个方面,为了解决委托代理的问题,我觉得应该像监管公用事业一样对金融行业进行监管。金融行业太重要了,就像水和电、煤气一样,政府对这个行业始终要加强监管。

第二个方面是对金融机构的考核,不能以利润率作为标准。这是解决它的外部性问题。金融行业实际上是要素市场的一个平台,这个过程中原理上是不创造价值的。所以在金融市场上,我们很多人都愿意接受的一个理念是:一天5万亿美元的外汇交易实际上是一个"零和游戏",如果金融企业创造利润,一定是从实体经济的口袋里把钱放进自己的口袋里。所以如果以利润率考核金融机构,一定会造成金融机构的自我繁荣和发展。

第三个方面,为了解决信息不对称的问题,我们要对互联网金融和大数据这些新生事物持一个开放的态度。金融体系正常运转的前提是正确识别市场参与者信用,互联网在这个方面能起到作用。由于互联网和IT的发展,我们的每一个活动都会留下很多的印记,这些印记可以通过综合搜集和整理,很好地辨识出这个人的行为特征,从而对其信用状况合理评估,这就是辨识作用。另外,互联网还有助于借贷双方利益捆绑。比如说淘宝网,由淘宝提供贷款的小微企业大多都是依赖淘宝的卖家,其实这是一种信用质押,有了信用质押就可以贷款。所以它们是通过这种技术模式让利益捆绑得到非常自然的实现。它们在做的还有什么事情呢?信息匹配。有人要借款,有人要放款,让这个信息更流畅地匹配起来。所以这样的新技术的发展都有可能推动信息不对称的问题得到更好的解决。

第四个方面是打破垄断,积极发展"中小微"金融机构。因为其实从企业发展的规模效应来讲,那些垄断的大规模企业的确从经济上没有任何的动力去做中小微的融资和服务,为什么?我们很多人做股票,或者在座的各位学金融的人都知道,沪深股市可能有3000只股票,你真正跟踪指数的话,可能随机挑出30只股票就可以大概复制出这个指数90%左右的风险和收益的特征。所以大型金融机构做中小微企业的贷款和金融服务,对大型金融机构的边际效用有限,还会增加运营成本,大型金融机构从经济上没有动力为中小微企业提供融资和服务。所以从资源配置的角度,我们要鼓励中小金融机构的发展,鼓励它们为中小微企业提供更多的金融服务。

第五个方面是要增加金融交易的摩擦成本。金融交易的成本太低导致了非理性的繁荣和膨胀,应该增大这个成本,让它降下来,速度慢下来。我猜测如果把现在的日均外汇市场5万亿美元的交易量降到1万亿美元,丝毫不会牺牲外汇市场对实体经济服务的效益。这个过程中会解放出不少宝贵的劳动力,金融市场有很多聪明的头脑,这些聪明的头脑有学物理的,有学化学的,有学数学的,最后选择玩金融这个"零和游戏",是人力资源的最大浪费。如果把这些头脑用在化学、物理、数学领域的研究上,会对我们的社会做出更大的贡献,这是我个人的一点看法。因为我是做金融的,所以我想我对金融的批判应该算是自我批判,希望大家能够接受,谢谢大家。

金李:非常感谢殷勇主任的精彩发言。他对金融监管有非常深刻的思考和研究。

我个人刚才非常受益,我觉得他讲到了中国和世界金融市场发展中存在着的很多不完美的地方,委托代理的问题,信息不对称的问题,不完全竞争导致的一些缺陷,以及金融市场本身和参与者不理性的问题。我感觉,殷勇主任对国内非常熟悉,同时又对国际资本市场非常熟悉。中国的情况和国际的情况也有各自的问题。我以前在哈佛商学院任教多年,现在在牛津大学商学院兼职,我感觉欧美,特别是美国的金融市场,在2008年金融危机之后面临的一个需要深刻反思的问题就是刚才殷主任提到的,在金融行业有一个过度膨胀的问题,即金融创新的过度。我们国家当然现在也可能有这种问题,但是另外还面临着一个很严重的问题,某一些领域、某一些方面金融创新不足,所以我想可能这两边的问题都要兼顾。

殷主任提出了针对金融体系的非常好的政策建议,我个人都非常支持。其中的第二个建议,对金融机构的考核不能以利润率为标准,一会儿会有一个圆桌讨论,我想各位嘉宾说不定愿意对这个话题畅所欲言。

就我个人对这个问题的看法,我基本上同意他的意见,因为他讲的是金融机构存在的外生性,对社会存在着巨大的外生性影响,其实这是用利润率反映不出来的。但是我可能会加上两个定语,我会讲成是"对金融机构的考核,不能千篇一律地以利润率为唯一的标准"。金融机构应该多种多样,目的和性质也是多种多样,民营、国营为各种不同的客户服务,银行、PE等金融机构各有自己的想法。

圆桌论坛

金李：我们想请每一位嘉宾，花两三分钟时间给大家做一个总结分享，甚至是另起一个新话题都没有关系。剩下的时间大家做一些讨论，最后留一点时间给同学和听众提问。我们现在就开始吧。从刘俏老师开始。

刘俏：非常感谢大家，我就不客气地抢话筒了。刚才我讲了一下"地方政府金融"，现在我想还是应该回归一下主流，给大家说说对互联网金融的体会，因为这也是我关心的一个话题。其实我觉得互联网金融基本上是基于互联网思想的分享，而不是说技术，换句话说，线下的P2P也可以说是互联网金融。我自己有一个比较夸张的说法，毛泽东思想就是互联网思想——关键是大众，关键是个性化、零碎化的需求，通过互联网的这个思想来提供金融服务，这就是我所理解的互联网金融。从这个角度来讲，刚才有一些嘉宾也提到了，在国内已经有一点泡沫的感觉了。我想提一点想法，严重滞后于实体经济发展的金融体系最大的缺陷有三个方面：覆盖面非常窄、效率低下、结构不合理。我想互联网金融的涌现本身就是针对这三个结构性的问题做出的回答。从这个角度来讲，为碎片化、个性化和"屌丝"需求提供了融资上的满足。整个经济生活中对金融服务确实有这样的需求。

最后我想简单说一下,这里面的互联网思想到金融终结模式应该说有无穷的可能性,我们并不应该只把这个局限性放在用互联网来做金融服务这件事上来。给大家举一个例子,我非常尊重的一位学者做了一件事,他是美国的一个金融学教授,我给大家讲讲他在推进一个什么样的工作,就是"金融从出生开始"。他想呼吁什么呢?每一个小孩出生的时候,就由一个金融机构开一个账户,账户放的钱并不多,100美金,到18岁的时候,成人了,把账户的所有权、使用权还给这个小孩。在很多发展中国家因为种种原因,很多的人口被"黑"下来了,"黑"下来之后因为社会边缘化的背景变成了最底层的人群。如果遇到天灾人祸需要发放救济品的话就不知道发给谁。这个账户有两个好处:第一,有一个账户在手上,他们的父母可能更有意愿专门到政府所在机关报备身份。第二,比如像孟加拉国这样的国家,大金融机构离百姓很远。如果一个小孩出生之后就告诉他,你有一个账户,是银行尊贵的客人,到18岁的话,有将近一千美金的一笔财富,虽然可能干不了什么,但是你有一个账户,金融机构就会为你服务,你就在它的服务范围之内。从这种角度来看,这种运动本身也是一种互联网思想,也是一种互联网金融,社会意义甚至经济意义都非常大。把人口中不同年龄段的人变成忠诚的客户群,让他们知道这个机构给我这样一个账户,给我一个身份的认同,我长大以后就会成为忠实的客户,具有黏性,带来的商业机会其实是无穷的。我们可以把思路放宽一些,不管是作为商业活动还是社会活动来理解,这里面的机会、存在的模式可能是无穷无尽的。我先说这么一点。谢谢!

施大龙：大家下午好，刚才刘教授开了一个头，提到互联网金融，我也想附和一下，就这个话题说我自己感兴趣的一些观点。

现在大家对互联网金融都讨论得非常激烈。大家也谈到互联网金融对传统金融的影响。关于这个方面，我的看法是，当前的这种阶段，互联网金融更多的是一种渠道。现在在市场竞争中已经体现出来的，是它们在付账端和理财业务上有一些作为。但是我认为金融真正的本质是去管理风险，互联网将来能够走得长远的关键是风险管理能力的提升。这需要具备很强大的管理能力，所有的金融服务最终能不能持续经营和发展壮大，最终的关键是看资产管理的能力是不是足够强大。所以我认为现在互联网金融表现出来的，在这个方面还是有欠缺的：第一个是整体的资产组合的管理，这需要一个长期的过程，并不是一蹴而就的；第二个就是从互联网现在已经涉猎的小额贷款的单个风险的控制技术来看，我也不认为现在的大数据就能够完全代替线下的这种眼见为实。毕竟这种覆盖率对某一个经济活动的主体覆盖率还不是很充分——我想这是我对当前互联网热的看法，就是说现在的银行也不需要那么悲观，但是传统的银行必须要积极地行动起来，要给自己传统的业务里面加注互联网的思维。我觉得传统银行还是有很大的机会的。

对于互联网的结构，我也有几句话想说：第一，由于监管的隔离，监管的政策并不是一致的。我举一个例子来讲，银行对理财是有门槛的，但互联网渠道没有管理规则，所以这样来看起步就不一样。第二，利率市场化开放的步骤，导致了我们竞争的不公平。比如说现在我们利率市场化先开放的是同业，同业开放了之后，货币市场基金就能筹集到资金，筹集到了之后，存放就过来了，但是银行的存款率只能往下走，不能往高走，所以这就造成了目前像余额宝之类的互联网理财产品的出现,说穿了无非就是一个团购的存款产品,因为它筹集到的大多数资金最终都配置到银行的同业里面去了,而不是直接投到某一个债券或者别的什么地方去。银行没有直接给客户利率上浮的权利,我觉得这造成了不公平竞争,这是传统银行和互联网理财的业务不公平竞争的一个地方;还有,我觉得也要关注互联网理财对我们整个社会融资和为实体经济提供支持方面的影响。据相关材料,大多数的货币市场基金,筹集到的资金80%左右都转成了各个银行的同业存款。这部分的钱听说大多数都被配置到非标准产品里面去了,根本没有流到实体经济中。另外就是根据一些数据的表现来看,这样的一个行为,也造成了我们暂时的"失血",所以现在无风险的收益率水平,半年来有很大的提高。其实也就造成了整个社会融资成本的提升,这是有害于实体经济的。

最后我还想说,现在互联网金融的风险问题没有引起足够的重视。这种互联网的理财产品都是通过货币市场资金流通的,这种形式是有风险的,它不是存款,也没有提供存款保险制度,而且你投的资金可能是要损失掉的。现在市面上很热闹,看上去像银行存款一样可靠,便利性那么强,收益又那么高,实则并非如此。所以我觉得我们业界对货币市场资金风险的教育问题要加以重视,不然对投资人是不负责任的。

刘雁南:非常感谢今天有这个机会和在座的专家、学者一起讨论。刚才的嘉宾是从银行家的角度跟大家分享了看法,下面我以从业者的视角来谈谈这个行业。我先说说对 P2P 这个行业的业务本质的看法。P2P 是什么呢?实际上是个人对个人的直接借贷行为。相对于传统,P2P 的直接借贷行为理论意义上是摆脱了传统的资金借贷媒介，是资金脱媒，是有别于银行现金模式之下的另外一种直接融资模式。

为什么我们说P2P这种业务对现行中国的金融结构有一些补充作用呢？我个人的看法是这样的，理论意义上，P2P业务能够比较好地回答刚才殷勇老师报告里面提出的问题，比如信息不对称问题，因为我们知道P2P也是直接发生借贷交易的行为。除了可以把上述几个问题回答得不错之外，我觉得P2P还对另外两点有比较大的意义。第一点，它是一种市场化配制金融资源的模式。首先就是利率，大家知道在过去的十几二十年里，利率涨了那么多倍，GDP完全没有跟上，实际利率依然是负的。产能的过剩是不是和负利率有关系，社会融资成本的上升是不是在某种意义上可以减少国有企业、地方政府融资平台的借贷需求，让渡一部分给我们小微企业，或者是个人借贷？这是利率方面做了市场化的工作。

第二点是资金流向，我们知道之前一直在说银行的资金没有进入到实体经济，没有服务于我们的实体经济，其实P2P业务直接使资金流向了实体经济。可以给大家谈谈我们有利网这几年的情况，我们有利网大多数的投资人来自一、二线城市，北、上、广、深为主，借款的小微企业、个人在二、三、四线城市。通过这样的P2P模式，资金有效地从富裕的人群流动到需要资金的借款人手里。但是还是要指出，P2P处在行业萌芽的时候，也是有风险的。风险控制，对于任何一家金融机构来说都是安身立命之本。如果说P2P有很大困难的话，困难在哪？困难在于我们要进一步实现去中介化。去中介化是困难的，之所以这么说，是因为小微企业和个人风险控制需要艰苦的努力。刚才台州银行的老总在PPT里面已经介绍了，很多的征信和调研需要大量的人力、物力，需要我们的信贷员去亲自跑客户才能搜集到结构化的信息。

在这样的基础上直接一步去中介化是无法做到的,可以做到的是什么?这就牵扯到了我们有利网和其他P2P不同的商业模式,我们采取中介升级的办法。我们说的贷款中介是什么,是遍及全国的小额贷款机构。我们知道,全国有7 800多家贷款机构,贷款余额不到8 000亿元。小额贷款背后的资产类型,在目前来看其实是非常有吸引力的。收益可以覆盖风险,风险很好分散,杠杆被人为地低估了。通过与我们网站的合作,线下的小贷机构向我们推荐它们在线下实际征信和考察之后的客户,由它们或者是合作的担保机构提供一个本金的连带责任担保,然后把这个客户推荐给我们,经过审核以后再给投资人,这种模式应该说非常好地做到了风险控制。

正因为如此,我们网站在2013年3月份建立后得到了飞速发展,目前每个月完成的交易额为1.5亿—2亿元。三个月以前我们实现了1亿元的交易规模,到目前为止我们的贷款交易规模接近5亿元,累计服务超过15万的投资用户、超过9 000家的小微企业。有利网在今年11月份获得了软银集团领头的千万美元级别的A轮投资,目前获得了比较好的发展。我的发言就到这,谢谢。

金李:非常感谢!

孙立文:谢谢各位嘉宾,谢谢各位老师和同学!就刚才前三位嘉宾提到的互联网金融我想开几炮,当然不是向三位嘉宾开炮,而是为互联网金融开炮,开几个法律问题的炮。

第一,先从线下讲,刚才刘俏教授讲了线下的P2P,我叫做C2C。里边有几个法律问题。利用自己的钱放款,诸如小额贷款公司,钱放完了怎么办?再放的款从哪里来?我在去年1月6号的光华新年论坛上讲过,中国的一些条例,比黄灯还厉害。刚才雁南老总讲小额贷款公司有7 800多家,上一年是5 900家,不到11个月就增加了那么多。中国的小额贷款公司是要遵守条例及法规的。第一条,注册资金的一半用于放款。现在7 800多家公司,有多少是严格按照注册资金的一半进行放款的?

第二,小额贷款公司的经营范围不得超出注册地,在北京朝阳区注册的小额贷款公司,业务范围不能出朝阳区,现在有多少的小额贷款公司的业务范围出了自己的注册区?

第三,小额贷款公司的每笔业务都需要到当地指定的部门政府去报备,但都报备了吗?

第四,为了支持"三农"——农业、农村、农民,小额贷款公司五万块钱以下的贷款需要占有一定的比例,究竟占了多少比例?

第五,条例明确指出小额贷款公司资金不足时,允许向两个不同的银行去融资。请问,现在7 800多家小额贷款公司,如果把注册资金全都放出去,而且一放就是一年两年的,钱从哪里来?是银行给你融资吗?银行凭什么给你贷款?比如台州银行凭什么给小额贷款公司贷款,小额贷款公司的利息比台州银行高,把钱放出来跟台州银行竞争吗?这个条例出的就是有问题。我当时考虑中国会不会出现很多的政策性银行给小额贷款公司贷款。没有出现啊!第五条规定,当小额贷款公司资金不足的时候,可以向银行融资,却没有说明资金用途。

第六,所有的小额贷款公司、所有的股东和法人,希望做小额贷款公司的唯一动力。条例规定小额贷款公司经营三年以上,正规合法,可以转为村镇银行。2008年、2009年包括2010年上半年,那3 000家小额贷款公司的法人与主要股东有一个憧憬,希望自己的公司正规合法,转为村镇银行的银行身份,但是2010年中旬,村镇银行又出规定了,出了什么规定呢？商业银行必须控股。所以,我们看到小额贷款公司,干了两年半、三年,不赚钱,想当村镇银行,但是自己说了不算。说了不算就没有动力了,是吧？

金李:鼓掌吧,北大的好处就是这样,是一个兼收并蓄的地方,可以让大家畅所欲言。孙总讲了很多自己的体会,甚至有感觉很悲愤的时候,恰恰是给大家的诤言忠告。我觉得很多话题可以事后再更多地交流。下面请殷勇来做一个总结发言。

殷勇:刚才孙总讲了很多我们实际做金融的在经营活动中遇到的问题。其实我也注意到了,中国任何时候谈论的问题,都认为未来前景美好得多。我也注意到了,其实外面的人往往比我们内部的人要更乐观。

在我的演讲里面我也讲了金融业的各种弊端,这里补充一下,其实我想讲往前看我们整个金融行业的发展还是面临不少重大的挑战。一个方面是我们国家所谓的"三元悖论"现在还没有解决完,也就是货币的独立性,资本账户与它的配合往前看还是很复杂的工程。

第二个方面,中国的货币政策面临着比较大的挑战,过去是中央银行以传统信贷为模式的货币传导机制,下一个货币传导的机制是什么,我们还在探索和摸索的过程中。目前银行贷款以外的社会融资总规模里面一半以上已经不再是银行的贷款了,所以货币政策下一步的发展和完善也面临着很多挑战。

第三个方面是我们国家的杠杆率比较高的问题的确也已经比较突出了。我们未来要保持宏观经济的稳定增长,但同时又面临比较大的去杠杆化的压力。不管是债务的去杠杆化,还是生产能力的去杠杆化,都需要货币政策、财政政策和其他的行业管理政策比较好地配合。让这个去杠杆化或者是平稳发展的消化过程能够使经济保持一定的增长，能够在发展过程中把这些问题逐步消化掉。这是很重大的挑战，我就补充这么多，谢谢大家。

金李：我们还有几分钟的时间，不知道在座的嘉宾就各自的发言有什么想要补充或者说明的。我特别想听听刘总对孙总的观点有没有什么想要回应的。

刘雁南：我觉得孙总的发言非常精彩，也很有说服力，我对孙总说的现实问题有很深的感触，这就是为什么我们有利网立志做一个线上和线下相结合的模式，通过和线下小贷做一个深入的合作，很好地解决这个问题。刚才提到了几个问题，第一个问题是法律法规，无外乎是关于非法集资的潜在风险，关于是不是作为一个撮合的中介机构，能不能从中间赚取利差，能不能以自己的收益或者是资本金给大家提供一个显性的或隐性的担保等种种问题，这些问题都需要模式的创新来解决。

有利网的模式里面首先提供一个连带责任担保的，是线下的担保机构和小贷机构，小贷机构是经营范围内的，如果没有就要和信贷合作。贷后管理的风险很大的一块是这样，你的公司在北京做一个P2P的平台，给青海的农户借款，但几个月以后谁去催收这笔钱？线下必须有很多的人力做这种艰苦的催收工作，这一块的工作要有人做，而依托互联网是满足不了需要的，所以我们要和线下进行深入的合作。

另外我再补充一点，现在对互联网金融这么多的讨论和关注，提到的风险点有很多，比如说提到的非法集资和非法吸收公众存款这样或者是那样的法律问题，现在的行业讨论的声音似乎有一点不够。回到金融本质上来看的话，P2P的交易模式那么多，变异了那么多,是道德风险吗? 不是,因为所有的关系都存在风险。相对于 P2P 来说,稍微悲观一点,最大的风险在于杠杆的比例,因为像孙总说的,很多的机构已经具有所有吸收存款的机构的特征,这些钱拿的是利差,提供的担保是依靠自己的注册资本金,包括自己的收益,这样的话左手拿投资人的钱,右手给借款人,中间的杠杆比例无限大。

当然和银行比,和小贷机构比,我知道我们存在着限制,知道有存款准备金的控制,金融的本质就在于风险的控制。现在很多的 P2P 完全逾越了这个限制,一旦实体经济出现了一点波动,一旦周期出现任何的波动,拿什么偿付投资人给你的钱? 我们知道中国过去没有真正经历过一个周期,所以我觉得杠杆是一个很严重的问题。

孙立文:刚才说的我非常赞同,不过我还是觉得应该补充两句话。刚才说到融资性担保公司的问题,我以一个过来人的身份告诉各位我的想法:中介加担保等于死亡。河南省,整个省 2012 年以前六年的时间,做的商业模式就是中介加担保。大家去看看安阳是怎样崩盘的。中国的融资性担保公司,本身就是一个错误。等到你让它担保完了,真的还不上钱了,90% 会告诉你"对不起,我也没有钱,你爱咋的咋的"——这就是结果。

所以,在设计商业模式的时候,尽量只做中介不要做担保,包括外包的担保,实收资本 1 亿元以上的担保公司可以,不要相信融资型担保公司。那本身就是一个错误,错误加错误,永远是错误的。偶然加偶然,永远是偶然。必然加必然才是必然。我就说这一点,谢谢。

金李:谢谢! 我们给两位听众提问的机会。

现场提问:我这个问题想问一下孙总,我是来自法学院的学生,我的专业是金融法,现在也在银监会关于互联网的监管部门实习,就您刚才对法律问题开炮挺有兴趣的。互联网监管有两个词汇,一个是原则性监管,一个是规则性监管。现在行业包括监管部门的内部态度是说想对互联网金融进行一下原则性监管尝试。因为像您所说的,规则性监管是一个严格的、根据法律以及部门规章和行政法规进行的监管。您认为在这个新兴的行业会产生一种原则性监管的趋势,使得您所说的法律问题得到相应的解决吗?因为在一些地方,可以出台一些新的条例,把一些看似非法的事情通过地方性的一步步的变革,变成合法的,您怎样看这个现状?

孙立文:我们中国人,特别是中国的经商者有一个大原则——"希望不要让人管,又怕没有人管"。现在互联网金融的这种趋势不是希望有人管,而是希望尽量不要乱管。做一个原则性的监管就可以了。这是我就第一个问题的回答。为什么这么说?这个时代不一样了。以前在传统的金融中,很多人出台了法律或者法规,只要出台了,就是约束性的东西。现在有一点对于互联网金融很重要:一定要定位对了,它到底是互联网还是互联网金融。

不管是阿里巴巴、淘宝、天猫,还是阿里金融,抑或是跟天宏基金合作,都要分析透,哪一块是互联网金融。跟天宏基金合作,另外一方就变成一个中介机构了,不能把它看成是一个金融机构,只是一个中介罢了。

所以我认为这一次对互联网金融应该有原则性的监管。但是我认为一定要分清了,到底是互联网,还是互联网金融。至于O2O,到底是互联网信息技术的O2O,还是线下金融的O2O。这一点一定要分析透。我觉得还是应该有原则性的监管,谢谢!

现场提问:您好!我来自政华投资有限公司,我们也有涉及互联网的问题,对于互联网金融我想问一下殷勇先生:国外互联网金融发展到一定程度以后是不是就已经到了天花板,基本上上不了台面了?比如说我们的银行贷款是120万亿元,其中有40%可能就是放给互联网的,它做不了,不愿意做,也没必要做。那么40%是否就是我们所有互联网加金融、加信用传递系统的天花板?谢谢。

殷勇:我原来学的专业是自动控制。当时我们做通信的时候,还在讨论技术的单工和双工,现在的互联网发展已经很快了。所以这一点我已经是门外汉了,已经不能回答你互联网金融发展潜力的问题了。

最近我们做了一个比较研究,就是中国互联网模式和美国互联网模式的比较。有一篇文章发在《第一财经日报》上。大家有兴趣可以去看看。

实际上目前为止我们互联网金融领域里面每一个业务模块在美国都可以找到一个对应的先驱。同时我们也注意到了,在美国这已经是比较成熟的金融体系和互联网应用的市场,互联网金融并没有产生实质性的冲击。

还有一个现象是传统的金融机构也在大量地应用互联网技术,进一步地提高其金融服务的能力和竞争性。所以我们在这里讨论互联网金融的时候,可能有一个假设的案例就是一定是指像刘总(刘雁南)那样的新兴创业型的企业,或者是像淘宝那样的传统的门外企业。现在要敲金融这扇门,我们是这么特指的。所以如果我们把综合的因素考虑到一起,可能互联网最后会成为提高金融竞争力的一个重要的工具,谁把这个工具应用得好,谁可能就有这样一个先发的优势,就会为未来的竞争创造一个更有利的地位,这个有利的地位有可能形成垄断,也有可能成为后续发展的一个障碍。希望这些能够解答您的问题,谢谢!

金李：套用施总前面的话，传统金融机构也有美好的明天，互联网可能会给你带来更加美好的明天。

今天下午的论坛就到这，再次感谢嘉宾与听众之间的精彩分享和互动，感谢各位。

嘉宾介绍

刘雁南　有利网联合创始人兼CEO

于2012年5月联合创建有利网。在创建有利网之前，曾于2007—2010年供职于全球最大的投资银行之一的美林证券位于伦敦及香港的投行部，并于2010—2012年供职于全球最大的私募股权基金TPG，参与过超过30亿美金的直接投资、并购、上市及融资项目。是英国华威大学经济系的最高荣誉学士。

分论坛二总结

围绕本届论坛"新经济 新变革 新时代"的主旋律,分论坛以"变革下的中国新金融——助推中国经济,释放改革红利"为题,着重解读十八届三中全会全面深化改革的精神,前瞻中国金融改革图景。

分论坛由北京大学光华管理学院金融系联合系主任、金融学讲席教授金李主持,北京大学光华管理学院副院长、应用经济学系教授龚六堂致欢迎辞。青岛福元运通投资管理有限公司董事长孙立文先生,台州银行执行董事施大龙先生,宜信集团创始人、CEO唐宁先生,国家外汇管理局中央外汇业务中心主任殷勇先生,有利网CEO刘雁南先生,北京大学光华管理学院院长助理、金融系教授刘俏等作为论坛嘉宾,共同探讨全面深化改革下的金融业产业升级、扩大金融业对内对外开放的机遇和挑战,以及市场化条件下金融创新的意义与风险等问题。

龚六堂:扩大中国金融业对内和对外的开放

北京大学光华管理学院副院长龚六堂教授首先为分论坛开幕致

辞,对"助推中国经济,释放改革红利"进行破题,分析十八届三中全会的《决定》中关于完善金融市场的重要内容。

龚六堂教授指出,关于中国金融业的发展,十八届三中全会的《决定》中最重要的一句话是"扩大中国金融业对内对外开放"。对内的开放是利率市场化和金融机构对于民营经济的开放;对外的开放是鼓励国民经济中的金融行业走出去。十八届三中全会的《决定》中指出市场在配置资源时起决定性的作用。但回顾过去十多年的利率市场化进程,特别是存款利率市场化,推进得比较缓慢。我们从这次十八届三中全会的《决定》和中央经济工作会议中看到了利率市场化的重要性。

龚六堂教授表示,分论坛各位嘉宾的演讲和讨论能够更为深入地诠释十八届三中全会关于金融方面的决定,共同探讨中国企业和中国金融市场未来发展的道路。

刘俏:政府需要有资产负债表

刘俏教授认为,对于新金融我们应该关注新经济中金融业态的发展。作为投资拉动的经济体,地方政府是中国经济中非常重要的参与者。如果将地方政府看作一个企业,市长就好比CEO,市委书记好比董事长,但是没有CFO。一般情况下地方政府存在借钱投资,却不考虑还钱的融资投资模式,这对中国经济未来的发展会带来伤害。因此,政府需要有资产负债表约束其融资投资的行为。光华管理学院的教授和研究人员花了很多的心血,做了很多的试点,提出"中国地方政府经济财政金融动态综合一体化分析"的框架:根据地方政府的经济发展规划,把过去以及未来的资产负债表和财政收入支出表绘制出来。根据表里面的信息对未来债务的演变情况和财政健康情况、未来的经济发展有没有可能持续做出判断,并据此做出信用评级。这个信用评级应该反映到地方政府业绩考核中去。

孙立文:不做银行与投资,坚守C2C中介服务

青岛福元运通投资管理有限公司坚守C2C中介服务,并成为商务部第一个备案的金融中介。董事长孙立文先生以自身企业历经九年快速发展的经验,对中国未来的金融模式进行了预测。金融服务及类金融服务的互联网金融,五年以内,线下赢;线下的O2O和线上一起合作,五年以后,线上赢。不仅如此,20年以后中国的互联网金融一定会为中国需要融资的中小企业提供优质服务,做出重大贡献。

唐宁:模式创新推动普惠金融发展

宜信创始人、CEO唐宁先生认为,模式创新,辅以移动互联网、大数据等技术创新,尤其是信贷技术的创新,能大大推动普惠金融的发展。

普惠金融的服务对象是几千万小微企业主和更多的兼职创业的工薪阶层,以及农村经济中活跃的农户,甚至是一些贫困的农户。过去金融服务与金融体系主要是为大机构办大事所设计的,不是很适合经济转型中以小和灵活为特点的中小微企业。普惠金融旨在解决小微企业融资难的问题。普惠金融的基础在于信贷技术的创

新。依托高科技互联网的创新,可以使得这些目标用户建立他们的信用,从多种渠道筹措资金,既有个人的渠道,也有机构的渠道,多渠道促进其发展。

施大龙:采用与小微客户做朋友的社区银行模式

台州银行执行董事施大龙先生依据台州银行与小微客户做朋友的社区银行商业模式,归纳了成功商业模式的三个要素:为客户提供独特的价值主张、独擅的核心能力、清晰的盈利模式。中国现有小微企业5 600多万家,创造了全国50%的税收、60%的GDP、70%的创新项目和80%的就业机会。施大龙先生据此估计,全国小微企业的融资需求量约18万亿元人民币,市场潜力巨大。因此,台州银行的目标市场定位于小微客户,且在社区化经营中优化信贷审批的流程、重视整体规划以及创建独特的培训体系。

殷勇:中国金融需要为实体经济配置有效资源

国家外汇管理局中央外汇业务中心主任殷勇先生认为,金融是用来更有效地配置资本的,但中国金融容易脱离实体经济。

目前,金融脱离实体经济运行的趋势缘于五个原因:委托代理关系的问题;外在性的问题,无论是正面的还是负面的,都使得金融自身的发展可能会忽略实体经济的需要;信息不对称,对于实体经济的情况,金融业实际上并不十分了解,也很难了解,而从实体经济来讲,也常常弄不懂金融体系产品的实质是什么;不完全竞争,一来某些因素会形成自然垄断,二来政府有所管制;最后,正如格林斯潘所说,金融市场的参与者常常是不理性的。面对这样的问题,我们应该努力实现信息对称,增进金融资本和实体经济的相互了解,打破垄断,实现金融对于资源的有效配置。

刘雁南:P2P模式可让资金实现有效的流动

在互联网金融兴起的时代,从事P2P互联网金融的有利网CEO刘雁南认为,通过P2P模式可以让资金实现有效的流动,从富裕人群流动到需要资金的借款人手里。P2P实际上是个人对个人的直接融资模式。相对于传统的银行现金融资模式,P2P的竞争力不同,理论上可以脱离金融机构媒介,是一种市场化的配置金融资源的新模式,直接把资金用到实体经济中。通过这样的P2P模式,资金有效地从富裕的人群流动到需要资金的借款人手里。但是处在行业萌芽期的P2P也有风险。严格甚或残酷的风险控制,对于任何一家金融机构来说都是安身立命之本。

分论坛三

新文化运动在今天
——变革中的文化产业

时　间：2013年12月21日14:00
地　点：北京光华管理学院2号楼阿里巴巴报告厅
主持人：翟昕，北京大学光华管理学院蓝天环保讲席教授、管理科学与信息系统系副教授

　　文化产业作为一个多元化产业，涵盖了包括影视传媒、新闻出版、演艺娱乐、会展旅游等多方面产业形态，伴随着现今高新技术的不断发展和海外思潮的不断涌入，文化产业在形态、规模等方面产生的新变化呼唤着其在产业结构方面的进一步升级。蓬勃发展的同时应如何驾驭几何级数般产生的如侵犯知识产权、市场不规范等问题，又应如何通过投资管理等新兴手段进一步将文化产业推向新高度，12月21日，学界与业界精英齐聚一堂，共同畅谈"新文化运动在今天"。

圆桌论坛一
社会发展中现代与传统的关系

主持人：翟昕　北京大学光华管理学院蓝天环保讲席教授、管理科学与信息系统系副教授

嘉　宾：赖声川　著名舞台剧、电视、电影导演

　　　　　蒋琼耳　「上下」品牌艺术总监

　　　　　张　影　北京大学光华管理学院市场营销系教授

翟昕：亲爱的各位来宾，大家下午好！首先欢迎各位光临我们的新文化论坛，大家看到今天的论坛题目是"新文化运动在今天"，从我个人来讲，对今天的论坛题目既期待又害怕，为什么呢？因为我心里一直充满了困惑，尤其是这几年越来越困惑，我上学的时候，一直觉得自己是一个文化人，或者说一直在向着成为有文化的人的目标奋斗，我曾经觉得自己既能读书又认字，偶尔还能吟一两句歪诗，应该还算得上是一个文化人。但是这两年我突然发现，文化产业的内涵已经越来越丰富了，于是也很困惑，新文化到底是什么？传统到底是什么？现代到底是什么？而今天我们有了这样一个机

会,请到业界和学界的精英在此相聚,大家一同来聊一聊新文化这个话题。

今天的论坛分为两个半场,上半场的主题围绕"社会发展中现代与传统的关系"展开,我们请到三位嘉宾,第一位嘉宾是蒋琼耳女士,蒋女士是「上下」品牌的艺术总监。第二位嘉宾是赖声川老师,著名的舞台剧、电视、电影导演。第三位嘉宾是张影老师,张影老师是我们光华管理学院市场营销系的教授,芝加哥大学的博士。张影老师有个非常可爱的称呼,我们都叫他"影帝"。我们很高兴有琼耳、赖老师,还有"影帝"在场上和我们分享今天的话题。

我们先来谈谈社会发展中现代与传统的关系,我相信我们的嘉宾对传统和现代都有着很深刻的体会。那么作为主持人,借着主持人的便利条件,我先问一个问题。前一阵,我在装修房子的时候,因为楼梯的拐弯处有一大片空白的墙,就想着装饰一点什么呢?是不是应该买一幅画?我去各大卖场看,发现油画其实挺适合的,但是又挺贵的,花那么多钱买一幅油画,又是别人的画,还是仿品,似乎不是特别划算。我想不如我去找一个人,给我自己画一幅巨大的油画,挂在我们家楼梯转弯处的地方,多酷的事儿。我沿着京通快速路,一路向东,到了一个小村落,那里面有好多的艺术家,我拿着我的一张照片去询价,主要是想让画家把我画得美一点(笑),当然最后的结果是很好的,在那里既画了一幅很美的油画,还定做了一些家具。小村庄给我的印象非常好,好像就是所谓的文化产业的群落。那么今天借着这个机会,我也向赖老师请教一下,您是如何看待文化产业作为一个群落或者作为一个生态区域出现的问题的?

赖声川:首先我非常感谢北京大学光华管理学院,让我今天有机会跟大家见面。主持人提到的这个问题是很好的,但另一方面我又有点忧心:如果文化创意产业变成一种奢侈品,比如在我们的生活中,当你需要一幅画的时候才去买,那么它就不是生活的一部分了。换句话说,这些创意园区其实就跟生活脱节了,脱节了以后就违反了它原来的意义。原来的意义应该是让全民都了解到文化和创意的重要性,让他们可以参与其中,这才是一个重点。忧心的就是,当文化艺术变成你生活的装饰品的时候,那么这个社会还没有到一种我们真正应该到的境界,因为文化艺术本应该是我们生活的一部分才对。

翟昕:是,文化应该作为日常生活的一部分。琼耳你是怎么看待这个问题的?

蒋琼耳:我们还算是年轻的一代,也是从校园里走出来的,时间不算短也不算长。我大学毕业是2000年,现在和当年相比创意产业或者文化产业在中国有非常大的变化。2000年时可以说这里是小草生长的地方,现在应该说是一个百草园,各种风格的花草树木在创意产业的花园里虽然还没有非常完整的体系和规律,但是至少有一片土壤,让我们发展和尝试。用不同的方式尝试文化,用不同的方式尝试创意产业,用不同的方式表达我们对创意的渴望和追求。我觉得这是一个时间的问题,设计也好,创意产业也好,文化的兴起也好,文化的回归也好,在中国才刚刚开始,就是最近这五到十年的事情。我觉得一切的发展都是需要时间的,西方国家到今天有这么完整发达,有体系的,艺术、文化、社会的一个系统,也是花了50年、100年的时间,因此这是一个时间的问题。现在正处于说什么都有可能的状态,但是随着时间的推移,经典的、永恒的、美丽的、真实的都将会随着时间而留存下来,时间会告诉我们一切,会告诉我们用什么样的方式把文化结合到生活里面,把艺术设计结合到生活里面是最合适的。所以我觉得要多给大家一些时间，多给设计师一些时间，多给文化人一些时间，多给我们自己一些时间，去寻找适合自己的方式，没有对错之分。

翟昕：好的，谢谢琼耳。今天这两位重量级的嘉宾，非常重视我们的论坛，在来之前，都做了精心的准备，比如说赖老师就对文化创意产业、产业生态园的概念有自己独到的想法和见解，琼耳对文化的传承有独到的理解。我们请两位嘉宾分享一下他们在这个领域内的想法。

蒋琼耳：我们也准备了一些内容，不知道大家有没有听说过「上下」？「上下」是我们六年前开始准备的一个平台、一个项目，来自中国的品牌。「上下」顾名思义是承上启下，我们的使命是如何把中国传统的手工业，如何把中国传统的雅致生活传承下来，通过创新，通过设计和现代人联结起来，在情感上、美学上、功能上联结起来。「上下」最大的挑战，以及最核心的价值观，其实就是两个词：传承与创新。光传承不够，而只有创新没有文化基础我们也是飘在空中的。

传承在「上下」有三个方面的体现：中国传统的手工艺，中国传统的美学，中国的传统文化、生活哲学以及雅致的生活方式。大家都知道，中国有丰富、精湛的手工艺历史，在过去的朝代里最精湛的工艺品会在向帝皇进贡的物品中体现，例如瓷器、家具、毡子，等等，但是，今天手工艺老师们在干什么？90％—95％的老师们都是用传统的手工艺在做装饰品，可观而不可用，可以挂在墙上欣赏，放在博物馆的架子上，但是和我们每天的日常生活没有直接的关系。中国在过去丰富的历史文明里，也有很多美学的灵感来源是可以传承的。汉代的服饰、宋朝的器皿，以及明代的家具，这三者是「上下」所着重选择的，因为那三个朝代所表达的传统美学经过了时间的考验，今天再去审视它们，几百年、上千年的历史没有在它们身上留下任何的印迹，并没有过时，而是永恒的。

"上"和"下"看似是对立的两面，而生活中其实正是时时刻刻存在这样看似对立的两面，如何找到平衡点，如何找到合适共存的方式，是我们非常"东方"的想法。我们知道英文里危机就是crisis，法语里面是crise，危机就是风险，是不太好的意思，但中国会将危机翻译成危险加机会、机遇，是非常"东方"的思维方式，在任何情况下都是对立的两极共处的。那么，在中国，「上下」希望传承的生活方式、生活哲学就是绚烂而平淡的，可以是绚烂和平淡共存的。

创新在「上下」体现为三个方面，第一个就是如何赋予中国传统手工艺一个实用的功能。第二个就是如何使中国传统美学在21世纪通过当代设计，重新焕发出一种时尚感和时代感，带来一种文化的惊喜感。第三个就是如何创造中国传统文化的新的情感价值。

我通过三种手工艺和大家分享一下。第一种手工艺是竹丝扣瓷，0.3毫米的竹丝，来自四川，都是手工艺老师做的，有特别仿真的动物，还有非常具象的器物，这头大象（现场大屏幕显示）做出来比真人还大。用0.3毫米的竹丝做巨大的动物，是对极致工艺的展现和挑战。「上下」为这种工艺所惊叹，我们把这个工艺运用在了茶具里面，在这个系列的设计中，比如茶壶，需要十天的时间用手工慢慢地制作，没有机器可以替代。整个竹丝工艺在这里的运用不仅是美学上纯粹的美，还有功能性，喝茶的时候手不会烫，起到了隔热的作用。

下面放30秒的短片，这是工人制作的原型。

（播放视频短片）

刚才说到如何能够使中国传统的美学在21世纪焕发出新的时尚的光芒，这里可以看到传统器物家具和「上下」作品的对比，右边就是明代的一件古董的家具。「上下」所传承的也是中国传统美学的精神气质，不是从形式和元素上的传承，而是取之神，弃之形，将其气质传承下来。下面让大家看看中国传统紫檀家具的一些制作工艺。

（播放视频短片）

大家刚刚看到的是大天地系列的一把紫檀座椅，这把座椅看起来特别简单，但是整个制作过程非常繁复，需要6—9个月的时间。举一个例子和大家分享，为什么这把紫檀的椅子抚摸起来比女性的肌肤还要光滑，是因为经过几十次的打磨，最后一次打磨所用的水沙皮的细腻程度比刷牙的牙膏还要细腻。因此用这样的肌理打磨，最后木材的表面比皮肤还要光滑。

刚才讲的第三个是如何创造中国传统文化的新的情感价值，用羊绒毡子的例子和大家分享一下。游牧民族用羊毛做很多毡子的器物，为生活服务，但在城市生活中，羊毛太沉，太扎，太重。我们通过几年的研究，保留了毡子的工艺，但是把羊毛替换成羊绒，只是原材料上面的替代，研制工程需要两到三年的时间。整个毡子的制作工艺非常有意思，整件大衣，包括佩戴的围巾都不用任何的裁剪，不需要缝纫机、针和线，而是把羊绒这个原材料通过梳绒和整理，用两只手通过各种各样的动作，搓、揉、拽、拉、拖，像做雕塑一样做出来，这样一件作品需要两个有十年以上经验的手工艺者通过合作，花费两到三个星期的时间做出来。一件衣服并不是一个简单的时尚消耗品，它是可以承载情感的。我等待了两三个月以后，得到羊绒毡子大衣的时候，心中有一种感动，而且这样的服装，与所谓的潮流没有直接的关系，它是当代的，但它也是可以传承下去的，我们对它有一个情感上的寄托。

（播放视频短片）

在「上下」，情感的创造不仅仅通过作品还通过空间，这是上海的零售空间（大屏幕显示），整个空间用高科技的材料编织，采取传统竹编的三种编织方式，经过高科技处理以后可以满足所有防火的要求，整个设计就像轻轻的祥云托起中国厚重的文化。在北京我们有个小小的零售空间，这里的设计灵感和北京城市文化有个对话，灵感来自古城墙，我们用了15 000多片定制的白色的小铝片，手工安装，把传统的城墙打破打穿，使其变得通透，创造了一种还是传统城墙的意境。整个空间的感觉像时光隧道一样把我们带到了今天甚至明天，我们希望创造的是一种纯净、祥和的感觉。

今年9月份「上下」刚刚在巴黎开设了第三个零售空间，巴黎零售空间的设计运用了17 000多片手工定制瓷片。因为在中欧的贸易历史上，瓷器是最有代表性的贸易商品之一，因此在巴黎，我们选择了瓷器来进行材质和空间的演绎。对「上下」来说，最重要的是时间与情感的演绎，每一件器物、每一个空间用我们的情感寄情于物，去制作、去完成、去分享。我们的客人在使用和沟通的过程中情由物生，这样的器物和市场价格没有直接关系，只和情感价值有直接关系。所以「上下」希望创造的是充满情感价值的器物。

最后用两张小照片做一个结束，这张照片上有四位年轻的高中生，是69年前拍摄的照片，右边穿红色旗袍的美丽的姑娘是我的外婆，今年94岁，这是她三位最好的高中同学，一直到现在她们还经常见面，一块聚会。另外那张照片，后排右上角的这位姓郑，郑阿婆，她们聚会的时候，她还写了一首诗，我看了以后流泪了，因为我觉得时光所留下来的、所传承的情感不用任何词汇就可以打动我们。两年前，六一儿童节的时候，我们把这四位阿婆重新请到了一起，她们过了一个儿童节，很遗憾的是，这位郑阿婆去年去世了，这是她们最后的一张合影。

用外婆给我讲的一段话分享「上下」的意义,外婆知道我做「上下」的时候,对我说:"「上下」是很长的路,你要准备好,但是「上下」是一件非常有意义的事情,对外婆非常有意义,对你爸爸妈妈这代人有意义,对你也有意义,但你知道对谁最有意义吗?是对你们的儿女辈、孙子辈……这条路很长,不知道能不能看到你们成功的那一天,但是不管你们在哪里,我都会用我的心永远祝福你们,希望你们上下求索而成功!"

「上下」不属于任何一个人,不属于我,不属于任何一个集团,「上下」属于所有的中国人,属于全世界。「上下」真正成功的标志是过了30年、50年,当我们的生命停止的时候,「上下」还继续在我们子孙辈的手里成长。手工艺老师们今年六七十岁,当他们不在的时候,如果他们的手工艺作坊,在他们的土地和他们的子孙们的手里继续成长、发展,那「上下」就算成功了。我也邀请在座的各位加入到手工艺的复兴,以及中国传统文化承上启下的行动中来,让我们一起期待梦想实现的一天。谢谢大家!

翟昕:谢谢琼耳的分享,我们看到「上下」对文化的理解,看到时光沉淀下来的美丽,也看到了「上下」对于传承的执着,接下来的时间里我们有请赖声川老师跟我们分享他心目中的文化产业园。

赖声川:什么叫文化创意产业?有一次,我在类似的场合见到了发明"文化创意产业"(Cultural and Creative Industries)这个词的英国学者 John Hawkins。我问他这个词到底是什么意思,他说说真的,他也不知道,这个词是他当年申请英国国家项目时,要拍电影,所以发明了这个词,而现在这个词变成了最重要、最时髦的名词。很遗憾的是,大部分的人只管后面两个字,在座的各位如果没有深入思考,也会只管后面两个字,因为"产业"这两个字比较好理解。但是,如果你过度重视产业这块,你就会意识到,其实你的选择非常有限。像琼耳这样的文化创意产业的创作人非常少,他们的执着、他们的视野都并不多见。大部分的人有一点资金,就在想该怎么做,因为现在文化创意产业似乎可以赚钱。那么就拿一些古人的东西来做一个景点之类的,但是到最后比较悲哀的是,我们看到文化创意产业园往往到最后都变成一堆餐厅之类的,这些餐厅仅仅就是吃饭的地方而已。

如何深入理解文化和创意这两个词的意义,是今天我们要讲的重点。我们的课题是如何创造创意,如何创造文化。因此我觉得文化创意产业如果真正要实践下去,是要创造创意和创造文化,这两点没有做到的话,讲什么产业都没有用,最后就是建造了一个漂亮的空间,开了一个餐厅,等等,这是我目前的观察。什么是文化?我觉得我们要重新审视这个词,大家其实没有好好想过,文化是个名词,但是我们应当把其中的"化"字视为一个动词,像化学、转化中的"化"字,都是类似的情况,这样你就了解它的意思了,它是要转化人心、转化社会,当然具体要转化成什么,就要看每个人的理解了。

什么是创意?我写过一本书,叫做《创意学》。在书中,我用了创意学者的定义将创意定义为生产作品的能力,这些作品既新颖(也就是具有原创性,不可预期),又适当(符合用途,适合目标所给予的限制),创意不是天马行空的,背后是有一个题目的。我自己对这个问题也想了很多年,我自己做创意,教书也教了二十多年,在台北艺术大学教编剧和导演。我常常想,教别人如何去"创意"这件事情是很困难的,因为我自己也不是被老师教出来的,而是通过自己摸索才学会的。但是后来有一天我想通了,"创意"其实是两个不同的任务,我们的教育只管了其中一项。我认为创意应该是出题和解题,出题有出题的智慧,解题有解题的技巧。是谁给爱因斯坦出的题目?这个题目有多难——只能为宇宙写一个方程式,这是他自己给自己出的题目,在这个意义上,他也是位艺术家。一个艺术家给自己出的题目越难,选择的可能性越小,但是他解出来以后,可能得到的收获就越大。我的《宝岛一村》应该怎么做?应该怎样让台湾的眷村历史艺术性地表现出来,或者说在戏剧里面能够留下些什么,这是我的题目,这是我的解题。这些是各位了解创意、学习创意所需要的。因此,出题有出题所需要的智慧,解题有解题的技巧。

我从佛法里面抓到一个灵感,佛法讲的是,任何一种修行都需要两种东西,一种是智慧的能力,一种是方法的能力。换句话说,一个和尚念经,虽然方法很好,但如果没有理解自己在念什么,成就也是有限的。这个道理是非常简单的。一个 CEO 手下可能有 MBA,有很多人才、很多实际的数字可以来让他判断一些事情,可是整个企业的方向是什么?还是要看他自己的智慧,而不是他的方法。这两个东西放在一起的时候天下无敌。但我很可惜地发现,在学校里面到处学的都是方法,没有人教智慧这件事情。我写《创意学》这本书的时候,正好在斯坦福大学教书,所以我利用图书馆到处找智慧的定义。在美国最权威的《韦氏大词典》中,智慧即"wisdom"的定义是:The quality of being wise,智慧者就是具智慧特质者。这里的问题就是,怎么能用同一个字来解释它自己呢?在这里就看出一个很吊诡的现象,那就是现代人不知道什么是智慧,或者说不愿意去讲什么是智慧,或者是让你们自己去想。我做了很多研究之后,其实能够理解,在现在的社会里面,尤其在西方民主里面是不可能解释什么叫智慧的,因为它必须让这个东西是开放的。各位可以想象一下,如果奥巴马说:"各位请每天早晨 7 点起床,而且必须吃早饭!"那这就不是民主社会了。所以这个东西必须是开放的,必须自己定义。

因此问题由此而来,北大有智慧本科吗?"我是北大毕业的,本科学的是智慧。"有这样的人吗?没有。奇不奇怪?奇怪。为什么没有?全世界都没有,我在很多学校教书都没有这个东西,那么智慧到哪儿去了?哪一环在教智慧,小学、中学吗?家里吗?这就碰到一个严重的问题,那就是一切的教育,如果说有中心跟周围的概念,那么我们一切的学习都是在周围,在周边,我们学习的是周边的技巧,而不是中心所谓的智慧。我在斯坦福大学教书的时候,我的学生跟北大的学生一样很聪明,我问他们接不接受这句话,他们说接受,从小他们学的都是边缘的而不是中心的东西。"那你来斯坦福干什么?"我问他们。有一位学生立刻回答说:"因为我从斯坦福毕业后我的薪水就能很高。"所以我跟他说:"你知道就好,所以不要以为在大学里面可以得到智慧两个字。"他也说他很清楚这一点,我觉得这个学生很聪明,但是也很可悲,他其实也不知道这东西要去哪里学,也没有发现这个东西的重要性。不过我现在告诉你们,如果你要从事这个行业,"智慧"这东西至少占50%的重要性。

古人愿意一辈子跟随圣贤,学的是什么?苏格拉底、孔夫子、释迦牟尼,他们教的其实只有一个科目,就是智慧。而我们现在不会开这个课,因为这个课开出来总觉得是不是会有一些奇怪的现象产生,因为我们可以开门课叫做世界的智慧系统,但不能开一门课说我告诉你什么叫智慧,这并不是现在的教育该做的事情。所以,我在书里面讲得很简单,创意是与生俱来的,只不过被遮挡起来了。我认为每个人都有创意,只不过被不同的层次遮起来了,这个程度有先天和后天的,后天的比较严重。我常常讲一个例子,我在街上看着妈妈带着她的儿子,儿子说天上那只狗很可爱,妈妈打他,"什么狗,那就是云,不要胡言乱语"。我很悲哀,心里想说,又一个有创意者,就这样没了,他人一句无心的话,就没了。我们要怎样去除那个遮挡我们创意的屏障？就是要让我们的创意能够发挥出来,要重新去学会怎么样看这个世界,要用一种创意的眼光看这个世界。我们做创意产业的人跟不做创意事业的人是不太一样的,有人觉得我们很疯狂,但有一些想法。必须要用一种方式来看这个世界,这个方式就是我们要去掉很多标签。因为这个世界上有很多标签,它们禁锢了我们的思维。我有一个标签是赖声川,这个标签上标着导演、大师……其实那些都不是我。那么真正的我是什么样的,你们都不知道,这就是一个问题。

我自己是做戏剧的,我们这个东西如何产业化？30年来,从两个人一直说话(指赖声川早期作品《那一夜,我们说相声》)到八个小时的演出(指赖声川近期作品《如梦之梦》),到《宝岛一村》,到拍电影,到与美国等国外其他团队进行一些合作,我最常被问到的问题就是:我是如何准确预测市场的？因为在很多人的心目中我是个有很好市场的导演,但对我来讲,这句话就是一个最大的陷阱。有一天我跟一个电影制作人聊天,他跟我杠上了,他说他的公司百分之百地知道听众要看什么,以及百分之百地知道他要拍什么电影让听众愿意看,票房一定好。

我看过一篇报道,斯皮尔伯格有一部新电影上映的时候,作为好莱坞有史以来票房最好的导演,他却躲起来了,躲到山上的一个小屋子里,没有电话,没有网络,因为他不敢面对第一周票房的压力。全世界有史以来票房最好的导演,却不敢去面对市场是怎样的。这一点就是一个陷阱,你一直猜市场,猜各位要看什么,其实我认为这实在不是很聪明的一种做法。因为我要去想,你要看什么,那真的还不如去想自己要看什么,这才是比较合理的方式。我们最后就像乔布斯讲的,不需要事先知道消费者要的是什么。这句话对创意人来讲太重要了,iPad出来,iPod出来,大家都说这是什么东西,我为什么需要这个东西,后来就会想,嗯,是的,我需要这个东西。我看过一个报道,当时iPad做过多少市场调查?答案是没有,一个都没有,这东西是直接上市的,不需要做任何调研,就卖到今天。因为调研没有意义,你让人家看的是一个根本没办法想象的东西。我的《如梦之梦》怎么调研?八个小时的戏,每个人都说不要去看,你坐到中间,戏绕着你演八个小时,怎么可能有人要看,但是它就演出了,居然能够靠票房生存下去,这就可以证明,我们到最后要相信,我们所关怀的,就是我们的听众会关怀的。这句话看起来简单,其实一点都不简单,因为关键是你关心什么,关怀的又是什么。

回到之前主持人提到的那面墙壁,刚刚本来想跟你说,这是非常好的经验,因为你最终得到了你想要的。可是当你面对那面墙壁的时候,真正的问题是你到底喜欢什么。现在很多人其实不知道自己喜欢什么,而是一窝蜂地跟随潮流。我们应该慢慢培养出一些有一定品位的人,能知道自己喜欢谁的作品,不喜欢谁的作品。我就先说到这里,谢谢!

翟昕: 谢谢赖老师的分享,也谢谢琼耳的分享,赖老师的这一席话有很多值得我们思考的地方。接下来请光华比较有智慧的人——"影帝"来给我们分享一下他的感想。

张影: 其实刚刚听琼耳和赖老师讲的时候,我有很多收获。今天我也是带着学习的态度过来的。长期以来我对于文化的定义,也一直心存困惑。尤其这其中有一个问题,一直困扰着我,那就是,文化到底在什么地方?智慧到底活在什么样的地方?是不是只有老的、旧的才有文化？而在刚刚他们两位的一番对话之中，我似乎找到了一点点答案。从我自己的角度看，时间不应该有界限，不应该人为地将时间分割为过去、现在和将来，因为这样简单的分法会人为地造成一种隔阂，从而将过去和现在对立起来，也将现在和将来对立起来。因为时间是延续的，现在也会马上成为过去，而过去实际上也就是某一个时间点的将来。从这个意义上来说，如果文化是延续的，那我们就不能简单地说，这个是传统文化，而那个不是。简单地给文化加一个时间轴，其实是违背文化本来的意义的，因为时间本来就是文化的一部分，而不是独立的。

那到底什么是文化？在我们经常的判断当中，我们会用带有时间的表象来判断，茶的喝法应该是怎么样的，饭应不应该是这样吃的，它是不是符合传统的标准，这个标准在我看来是有点问题的。在我的理解当中，如果对象和方法能够反映当时当下，做的是这个人心目中所想的东西，就是文化的表现。我们今天效仿的古人，他们在做事情的时候，必定是遵从于自己的内心的。有一天我们也会变成古人，所有我们的做法，也是遵从于我们当下的内心。换句话说，文化是活在现在的，也是活在每一个人做的每一件事情当中的。我们相信，我们以前和以后所需要的东西不一样，但是只要在每个时间点的人们跟着自己的心灵往前走，那么文化是不是就完成了传承和发展？

赖声川：什么叫文化？这个红色的地毯就叫文化，为什么这个空间里面有红色的地毯，而且是这个色彩的红？我们呼应张教授，在这个时间点上的一个星期六的下午，冬天，在北京，在一个教室里这么多人挤到这里，很辛苦地站着，这也是文化，这就是文化。文化不一定在很高雅的空间里面发生，它就是随时出现在我们的身边，而且这个东西是动态的，一直在变，或许我说完这句话这个地毯就变成很正常的颜色,或者请琼耳设计一下其他什么颜色,这就是说文化跟我们的生活都是在变化的。

翟昕:刚才听赖老师讲,我觉得他的文化定义很有意思。赖老师说文化不是名词,而是一个动词,赖老师举例说这个地毯过一阵子就会回归比较正常的颜色,言外之意,现在这个颜色不太正常是不是?正好借着这个机会,请教赖老师一个问题,我今天拿不准到底应该坐着还是站着,站着有点累,坐着怕走光(笑),您能从坐着和站着的过程中发散出一点文化的意味吗?

赖声川:你的犹豫就是文化的表现,因为你今天选择穿的衣服决定了你今天会犹豫是否坐在高的椅子上。我并不是拿主持人开玩笑,我们对每一件事情做的决定都受文化的影响。我们今天来这个场合,穿什么衣服,都是文化,穿了一种类型的衣服以后造成的难题,包括这里为什么有一张高椅,就是文化上的东西。

翟昕:再次感谢赖老师。虽然我和琼耳是第一次见面,但我很喜欢你的设计,不过坦率地讲,觉得它其实还是挺小众的,如果把文化的传承的概念推出去,被普通大众接受,你怎么跟他们发生广泛的联系呢?

蒋琼耳:谢谢你。我觉得第一是时间的概念,大家在做任何事情的时候都千万不要把时间这个概念忘记了,文化也好、设计也好、文化的推广也好,都是需要时间的。我们也看到,在日常生活中,传统的雅致生活方式一点点地回归,也就是这几年的事儿,大家对茶、对香、对古代哲学思想和古代文学,有一种新的追求。我们可以看到,中国过去30年,因为经济的快速发展,把对文化、品质、品位的追求,都放在了第二位,第一位是经济发展的需求,但是现在有一小部分的人开始有文化回归的需求，是小众，但是我觉得我们要给予任何事情一个时间的概念，要有耐心，因为我们不可能用一个月或一年的时间，让全国的人和全世界的人都来关注中国传统文化的复兴或者一种新的演绎，还是要靠细水长流，要付出时间和耐心。

今天这个社会，许多都跟商业、市场有关系。但是[上下]今天是用一种不太一样的方式在做，也就是说，很多人并不是真正理解[上下]到底是用什么样的方式在做市场。其实真正做市场有两种方式，一种是从市场入手，就像赖老师讲的市场需要什么，你就做，那是消费品；另外一种是以分享作为切入点的方式，[上下]选择的是这个。我们也没有去问，你们需要什么样的方式来满足自己对东方雅致生活现代演绎的需求，你想穿什么样的衣服，因为回答起来会很难。比如说服装，中国传统美学服装在今天的生活中都是被稀释、被掩盖的，没有人在日常生活中的穿着是带有东方气韵的。这其中没有东西可以去调查，只能创造，分享的过程比起市场有目的性地做，所需要的时间要长，过程也要长，但是整个的规划战略是长期的。

比如说，[上下]给予的培养时间是 10 年，15 年，20 年，这个过程是需要的。我周边的一些朋友们，他们都是非常优秀的企业家，他们曾说，如果不从第二年或者第三年开始引领一个项目，那么这个项目就不要做了，没有人会投资这个项目。我觉得和文化有关的、和品位有关的这样一些产业或者项目需要时间，大家要耐心一点，要耐得住寂寞，耐得住这份时间所给予你的静谧的思考时间，给自己自我否定的时间，这样也许可以找到一点点智慧的痕迹，因为有了智慧才可以走得远，才能随着时间留存下来，而不是被流逝掉。

翟昕：其实时间自然会产生它美丽的沉淀。

赖声川：我听爵士乐听了几十年，我非常喜欢的钢琴家叫 Bill Evans，是1980年过世的。前段时间看到他在网络上的一段访问，他讲得很有意思，记者问的基本上和刚刚讨论的差不多，问的是："你做爵士乐，很小众，你怎么看？"他说这有什么关系，大众跟小众有那么大差别吗。他认为，在任何一个社会里，15%的人会比其他人有更多的需求跟向往，这15%的人会欣赏所谓艺术领域内的东西。他是美国人，这样看待这个世界的爵士乐，让我们一点都不感到孤独了。如果[上下]能够为15%的人服务，那就是不得了的事情，15%的人会影响更多的人。我们俩一样，我的作品其实是小众的，但是偶尔可以跑到大众的意识里，但事实上怎么看都还是小众的东西。对我来讲，无所谓，我们只能做我们所做的，我们相信什么，就摆出来，我们相信会有知音，对自己要有起码的自信，如果有15%的人会欣赏的话，太够了。我觉得我们应该以这个方式来理解。

翟昕：对。所以刚才两位提到了一个共同点，相信我们所关怀的就是听众所关怀的。我想请问"影帝"一个问题，你是不是也在想："我所传授的就是学生所关怀的，而且有15%的人非常关心我所讲授的内容。"

张影：回到刚刚赖老师讲的问题，在座的有我的学生，我经常跟他们讲一句话，说大多数时候上课我真不太在乎你想听什么，我更在乎我想讲什么。因为如果每个人都要去猜大多数听众要什么，从而被动地根据他们要的来向他们提供，这个世界就有点问题了。为什么呢？因为如果供给都是对大多数需求的被动反应，那么我们可以想象我们做出来的衣服、盖的房子、创作出的音乐可能都是一样的；而如果我们只选择我们的知音，从营销的角度来说是选择一个目标市场，将创作的目的定在让这部分人高兴，那么每一位创作者就可以面对着不一样的群体,与他们沟通,与他们互动,然后更关心自己想表达什么,用自己的方式去满足他们的需求,那众多这样的群体的叠加就会成全一个百花齐放的世界,就是文化的繁荣。这时,我们的文化以及所谓的文化产业才能发展。也就是说,文化产业不是一百个人做一样的事情,而是一百个人对不同的群体用不同的方式做不一样的事情,我们需要的是选择沟通的内容和方法,同时也选择我们所要面对的群体和与他们对话的方式,之后就是用我们认为正确的方式做我们认为应该做的事情来实现这些选择,这样文化才能往前走,才能有发展,才能有对话。

翟昕:谢谢"影帝"。接下来的时间给在座的更广泛的主角们,下面是听众互动时间,大家有任何问题都可以向我们台上的三位嘉宾提问。

现场提问:请赖老师把智慧产业的下半部分讲一下。

赖声川:关于一个理想的创意园区,这几年也有很多人找我规划,我的想法很简单,现在不管剧场也好还是创意园区也好,并不是在遥远的地方,而是在都市的中心。它其实涵盖了很多,包括[上下]的衣服跟家具,甚至麦当劳汉堡,其实是一个把整个生活引到一起的空间。以我的行业——剧场来讲,中国盖了这么多剧场,都是用19世纪的模式在盖,大家脑子里还是一个概念,艺术是殿堂,所以我们要爬这个楼才能进到艰难的、伟大的、神圣的殿堂里。但我们要看到剧场其实是非常平民化的东西,让很多人都很开心地进一个剧场,花很低的价钱看一个戏,这是我自己的理想。未来应该是这样的,一切都是聚合在一起的,这就是21世纪的创意产业园区。

现场提问:嘉宾说到美学,美学是非常重要的,美学的承载者是人,那么如何找到承载美学的人?您说到宋朝的茶、明清时期的家具,但现在的中国大家都喝王老吉和可乐,文化和环境已经不再了,那么如何面对这个"危"抓住这个"机"?第二个问题,文化产业园,我觉得你们刚刚说的小众的东西,在现有的信息框架下,文化已经离我们远去了,而且是加速远去了,你们现在在做的这个东西根本就是个影响力很小的东西,已经不是主流了。

蒋琼耳:你提到的这个问题是这样,刚才我和大家分享过,我们的传承不是传承这些元素,而是取之神、弃之形,你刚刚所提到的都是形的问题。我们的作品中不是去传承这些表面的元素,这些花饰、装饰,而是传承中国美学的气质,精神、情怀、诗意,这些词在西方美学里面非常少,中国的美学充满想象力,充满人与自然的对话,你担心的问题我们也一直在担心,创建每一件作品的过程当中以人为本,让今天的人用得舒服,穿得舒服,愿意接受它,要不然我们的承上启下是做不成的,不仅仅是设计,各种方面的文化传承都是取之神、弃之形。这是非常难的,就得慢慢做。

赖声川:我的影响力可能真的非常小,但是我不想做麦当劳汉堡。

现场提问:其实由于工作的原因,之前接触到特别多的明星,早已经过了追星的年纪,但是对于赖老师的喜爱,却一直连绵不绝。现在有很多的同学对于文化产业或者文化产业投资很感兴趣,我的问题很简单,想问一下赖老师,您觉得文化产业或者细化到剧场文化,作为文化投资者应当从怎样的切入点去做?怎样带着梦想和情怀把剧场文化做好做强?

赖声川:首先我真的觉得商业跟艺术之间的区分是假的,其实这种区分是不存在的,应该说你的动机是什么决定了你在做什么,如果你的动机只是赚钱,会归类于商业,如果你不在乎票房,你做的就是艺术,你反而会做得更开心,更了解我投资的是谁,投资的是好作品还是赚钱的作品。好的作品可不可以赚钱?你自己去看这些年的这些电影,哪一个不是有强烈的商业算盘,他认为自己可以取得市场,但每个都赢了吗?10部里面只有1部会赢,有史以来都是这样的规律。为什么最精明的商人算不出哪部电影一定会赚钱,很简单的道理,简单回答你,你们要做就是要做好的,其他的不管,它叫商业,或者叫艺术都不重要,关键是把它做好。

现场提问:我工作的内容是跟电影相关的,我在工作实践中的疑惑就是,国内的项目和好莱坞的项目,对国内的品牌认知度,还有合作的想法是不一样的。我想问赖老师,我们从事艺术和商业相结合的工作时,怎样去平衡企业家、企业品牌的塑造以及电影的艺术之间的关系?

赖声川:我觉得回答这个问题非常难,这个就是硬碰硬,只有一个方式可以缓和,那就是使双方彼此更理解,做商业的人要更理解艺术,了解艺术这边在做什么;做艺术的人更要理解,你们没有这些资金,这个电影就拍不出来,你接不接受?接受什么样的赞助?条件是什么?最棒的是什么条件都没有。在欧美、中国台湾都是这样,一个企业赞助你,不会想在你的舞台上放一瓶酒或者规定你的演员一定要用哪瓶酒或者哪个品牌的什么东西,都没有,什么要求都没有,只要在你的海报上放个Logo。这就是非常进步的社会的象征,企业不一定大,但人要够大气,大到说我愿意这样,你做的工作比较辛苦,我欣赏你,而纯粹的利益交换或者说商业上的东西,我不是太懂。

主持人:再次以热烈的掌声谢谢三位嘉宾的光临,谢谢琼耳,谢谢赖老师,谢谢张影。

圆桌论坛二
文化与市场的关系

主持人：翟昕　北京大学光华管理学院蓝天环保讲席教授、管理科学与信息系统系副教授

嘉　宾：马艳丽　著名模特、服装设计师

　　　　　马岩松　著名建筑设计师

　　　　　任小珑　国家大剧院演出部常务副部长兼管弦乐团董事长

　　　　　蒋琼耳　「上下」品牌艺术总监

　　　　　赵龙凯　北京大学光华管理学院金融系副教授

翟昕：论坛的下半场现在开始，主题是"文化与市场的关系"，同样请到了重量级的嘉宾，第一位嘉宾是马艳丽女士，著名服装设计师、著名模特；第二位嘉宾是马岩松先生，著名建筑设计师；第三位嘉宾是任小珑先生，国家大剧院演出部常务副部长，兼任国家大剧院管弦乐团董事长；第四位嘉宾是赵龙凯老师，北京大学光华管理学院副教授；第五位嘉宾是蒋琼耳女士，「上下」品牌艺术总监。今天论坛的题目是"文化与市场的关系"，在这之前，各位嘉宾其实也都

做了作业,他们心目中对于文化市场都有自己的看法,接下来是交作业的时间,有请各位嘉宾分享他们关于文化和市场的看法。

任小珑:首先非常高兴来到北京大学光华管理学院,我坐在这儿和他们三位比起来有点另类,为什么呢?其实大家会问,交响乐是干什么的?交响乐团是干什么的?赚了多少钱?创造了多大的商业价值?或者说交响乐的社会意义何在呢?不就是一百来个人给你拉拉琴、敲敲鼓、吹吹号吗?另外,虽然我们也知道,我所在的这个包括交响乐在内的表演艺术行业,经常被大家同建筑设计、时装设计和印刷、影视等十几个行业一起归类为文化创意产业,但在将这十几个细分行业笼统地归纳为文化创意产业的时候,我们有没有仔细思考过这些细分行业之间的共性与差异呢?今天,我正是希望从我的视角,通过我对上述这些问题的观察,来同大家探讨一下"文化与市场的关系"。

我想先从两个维度来讲讲我的行业与文化创意产业其他行业之间的共性和差异,也由此引发大家对文化和市场关系的思考。

首先,我想说,我与在座的各位,都做着同样一件事情:创造!具体地说,就是把人们精神世界中存在的一些东西,创造为我们可以看得见、摸得着、听得到的一个相对物质化了的产品的过程。不管是建筑设计,还是时装设计,抑或是影视创作,甚至是文艺晚会,等等,文化创意产业从业者们都在做着同样一件事情,其核心就是从精神到物质创造的一个过程,也是一个将精神和理念进行艺术化的物质创造的过程。这是整个文化创意产业的共性,离开了这个创造,我们所谓的文化产品或者说艺术作品都将像失去了心脏和血液一样变得冷冰冰的,既不能创造经济财富,也不可能打动人心。这是我的第一个看法和维度。

其次，我们所做的表演艺术行业和其他的更加商业化或者更具有盈利性的行业之间的区分又在哪儿呢？我比较钦佩和认同的学术观点是，把体系庞杂但运营模式、盈利能力都不同的十几个创意文化行业分成三个同心圆去看：在最内核的同心圆中，应该把音乐、舞蹈、美术、诗歌、文学这些东西放进去，这些东西或许可以被看作是最纯粹的、最原教旨式的艺术形式。在这个圈子里，是直接把大家头脑中的印象或理念变成可以看得见、摸得着、听得到的艺术作品，这里的关键词应当是：思想自由、个人创造、政府支持、少商业化。在它外面一层的同心圆中，可以把电影、电视、影像、设计放进去，在这个范围内，大家仍然在做一种看得见、摸得着、听得到的作品，但这些作品在创作形态上已经较前者综合多了，其商业化程度已经上了一个大的台阶，或者说它已经完全具有面向市场，通过由创作者和消费者之间的沟通，进行自负盈亏、自我循环的能力，已经不需要也不应该有更多的政府干预了。第三个同心圆，是广告、公关、传媒、出版等，这个范围是更大的，甚至包括现在的网络科技、网络时代的一些东西，这个行业当中大家更在乎的是商业模式和盈利能力，在乎的是对各种文化产品、艺术产品的整合。而且在第三个同心圆中，商业模式的作用和力量，已经远远超出了个人创作、个人创造的力量。但是这三个同心圆之间到底是什么关系？不管是赖老师所做的戏剧，还是我所在的国家大剧院所经营的大家称之为古典艺术或者高雅艺术的，都属于大文化创意产业中最内核的一些行业：它们自己的商业盈利能力真的不强，但它们的社会价值远远大于经济价值，而且，如果把整个大文化创意产业比作一棵大树、一个人的话，这些纯粹的艺术创作行业，其实更像一棵大树的树根，像一个人的血液、心脏和灵魂。

大家可以想象一下，一个人如果没有心脏、没有灵魂，一棵树如果没有树根是什么样的。大家都吃过西红柿，任何植物都是在阳光雨露的滋润下长大的，其实这只是大家的一种说法，大家吃到嘴里的时候，看不见阳光和雨露，不过这些东西正是让一颗来自地中海南岸的西红柿和其他西红柿不同的真正的原因。因此我想，我们的文化创意产业，要想在将来可持续地繁荣发展，要想真正赶上或超过我们的国际同行，如果没有灵魂，没有强壮的树根，肯定是不行的。我想不管是政府，还是我们从业者，都应该回头想一想，作为政府，对于灵魂和心脏、树根，责任是否尽到了？作为从业者，在我们的产品中，我们的这些心脏和灵魂强不强大？所以，在今天这个很大的题目下，我更愿意从文化创意产业的内核是什么开始谈起。谢谢各位。

翟昕：谢谢小珑，小珑提到了三个同心圆，好像也把我们今天的"两美一酷"（指马艳丽、蒋琼耳、马岩松）进行了一下划分，不知道其他几位怎么看待？

马艳丽：其实不管是什么艺术门类，我觉得最终的目标都应该是一样的，我特别欣赏小珑刚刚讲到的一个词——灵魂，我相信任何一个品牌，如果说没有灵魂的话，是坚持不了几天的，如果整个企业或者品牌没有灵魂，那么这种企业的传承一定是没有生命力的。我前段时间曾经参加过央视二套的《对话》节目，当时讲到类似"时尚产业"这样的话题，意大利时尚联合会的主席讲到一句话，就是为什么有的品牌能成为百年品牌，有些品牌三五年的时间就在消费者心目中消失了，答案就是因为灵魂，因为灵魂起到的作用。一个品牌有灵魂，是因为它影响到很多很多人，这些人在我们大众的视线当中，影响力还是很大的。回过头说到我自己，做一个品牌这么多年,一直在坚守灵魂所赋予的品牌的理念,坚守自己的理念和自己的风格,才能够起到传承的作用,从而通过影响小部分的人群,慢慢延伸到更多的消费者。最终,这种灵魂的东西真正影响到每一个消费者,使他慢慢觉得这个品牌、这种文化已经直接影响到自己的生活,提升了自己的生活品质。所以我觉得有些东西应该是没有那么冲突的。

翟昕:谢谢。所以说灵魂其实就是品牌,品牌就是灵魂的一种体现。说到品牌这个问题,不由地想到建筑的事情,北京有很多很有特色的建筑,岩松,你的建筑师事务所叫做MAD,你想把MAD作为一个品牌还是更关注每个建筑独特的个性和特色呢?

马岩松:我更关心以后怎么走,其实品牌都是一种附着,我可以明天把公司关了再开一个,谁把我的公司买了也无所谓,反正我可以自己再开一个别的。因为作品跟人是密切相关的,设计师跟品牌也是密切相关的,你想的是什么,你的认识是什么样子的,你的经历如何,你的生活是怎样的,你的作品就是怎样的,作品全都反映出来了。我关心的是一个人的成长所需要的时间,20年以后我是什么样子,会怎么看待社会和城市,作品怎么能起到我让它起的作用,这是我所关心的。品牌不是最重要的。

翟昕:我理解你的意思,品牌可能是太具象的东西,只要你的灵魂在,精髓就在。

马岩松:是这样的,比如我有好几个公司名,工商注册的时候常常要起很多奇怪的名字,比如我的公司还可以叫艾姆艾迪,其实就是MAD,所以品牌名称本身是无所谓的。

翟昕:表现形式可以多样化,精神、灵魂其实才是支撑这个形式的精髓和核心,像琼耳分享的,沉淀下来的东西才是最美丽的。

蒋琼耳:马岩松作为建筑师,从事的是服务型行业,而马艳丽和我们在做的是品牌,是文化商业的一个项目,一个平台,从本质上还是不太一样的,也就是说,可能对马艳丽和[上下]这样的性质的项目或者企业品牌来说,品牌的灵魂和价值观是很重要的,是我们的根基。作为马岩松建筑事务所,最重要的是背后的创作人,也就是他的人和他的灵魂。我记得小时候学国画和书法,遇到两位特别好的老师,他们一直给我们讲很多道理。那时候的我太小,经常听不懂,所以一个耳朵进,一个耳朵出。但是现在我明白了,比如讲"画如其人",那时候我6岁,我哥哥8岁,那么小的时候老师用讲故事的方式讲了很多做人的道理,一直说"要画画,先要把人做好"!我特别同意这一点,每个品牌背后的灵魂人物也好,以后的品牌也好,建筑师也好,不管是什么,只要是我们在做艺术,做文化,包括做任何的企业,其实都是在做人,我们的人格力量,我们的为人方式,我们的世界观,我们的生活哲学,影响了我们所做的所有的事情。所以我个人认为,文化和市场其实是没有界限的,不用把它们分开,可以让文化和市场跨越界限的就是我们心中的爱,以及我们对美的追求。如果我们一直坚持这两个方面,不管我们从事什么行业,终究可以达到同样的目的。

瞿昕:刚才三位嘉宾讲的,我并不是特别同意,因为作为商学院的老师,我们一直在强调市场和消费者的需求,我们特别关注的是这两件事,所以我特别想请教我的同事龙凯一个问题,设计师肯定会对市场起到一定的引导作用,但是在市场和文化这两个范畴里面,设计师到底起什么样的作用呢?

赵龙凯:我不同意把市场和文化分开来,大家一提到市场似乎就想到一个没有人性、冷血的、只考虑钱的事物,但请不要忘记,市场是由人构成的,市场只不过是人和人之间经济和交往的整体的有机体而已。举个例子,我是教金融的,也就是大家常常说的铜臭味最浓的,在大家眼中我们一般考虑的都是回报率、净现值。但我给我们本科生开的公选课上,曾经布置了一个作业,就是让他们首先给自己的人生算一个价钱,估算出一个数字来。然后想办法把自己的人生"卖出去",变成一个真正的经营产品。结果有一个同学给我的答案是"卖不了",原因在于他是学艺术的,而人是无价的,于是我给了他满分。所以大家要记住的是,即便我是学金融的,我也依然是文化的消费者。

市场本身更重要的是人和人之间的关系,是经济上的关系,但我们来看中国的社会,从人和人之间不需要很亲密地接触的鸡犬不相闻的农业社会,转换到现在必须通过某种关系才能够相互交往的工业社会,这才造成了市场。文化在某种程度上并不是说怎么去引导市场或者市场引导文化,而是两者本身就是一体的。

我虽然做金融,但我的研究题目是文化,最近发的论文都是有关文化对企业的影响的。有一个经济学家说过,"我做了一辈子的研究,最后唯一的结论是,我们试了所有的东西,但是如果要从历史层面解释各个国家之间的区别,那么唯一的解释就是文化",这证明文化本身就是和市场联系在一起的。所以就如同赖老师上半场提到的,我们现在面临的一个问题,就是要去掉标签,要把市场的这个标签去掉,不要单一地把它定位为一个钱的标签。接着我们再去想,要怎样用我们喜欢的方式、擅长的方式去影响别人,使得我们所谓的市场或者人和人之间的关系以及中国现在的新的社会能够蓬勃发展,对我来说这次的论坛就是很好的机会。大家注意到没有,这是 MBA 同学倡议提出的论坛，是商业最强的商学院举行的新文化的论坛，这难道不就是我们的未来吗？

马岩松：我也有同感，在光华这样一个商学院今天却有这么多人来参与这个谈话，我也深有体会。我去年参加达沃斯论坛，之前达沃斯全部都是经济论坛，去年开始有文化论坛。我觉得这非常重要，是应该有这种直接对话的机会。但那天我们举办文化论坛的同时正好碰到隔壁来了索罗斯。我还没进会场，就发现外面排着长长的队，我以为都是来听我们的讨论的，结果进去发现都是去隔壁的，到我们会场的听众寥寥无几。所以假如要说中国是文化沙漠的话，那么现在一定是最渴的时候。但是我相信，现在就算在国外的商学院，也同样不会有很好的文化环境。

翟昕：你今天在来我们会场的路上，有没有觉得，哼，去一个铜臭味最浓的商学院谈文化？

马岩松：我们一直觉得北大还是有一股精神在的，不管现在看起来是什么（听众笑）。我觉得文化人很少有把自己当成中心的，因为文化不是一个必需品，不能跟大众消费品去比较，因为有很多必需品关系到生活的基本。反过来，所谓做文化的人，也没必要太把自己当回事儿。而灵魂，每个人都需要，可以从各个角度涉及，谈政治也可以谈到灵魂，谈艺术也可以谈到灵魂，灵魂是每个人所需要的。一个城市也有灵魂，老北京是非常伟大的城市，世界上没有哪个城市是跟它类似的。老北京核心的地方，非常美，非常经典，它确实也是人创造的，但是是有灵魂的人创造的。祖祖辈辈历经了那么长的时间，却不是每一代的人都能创造经典，我们关注的则是能否在我们这代创造经典。其实文化产业是谈这个的，而不是谈我们生活得好不好，是不是有文化就能让我们生活得更好了，不是在谈这个问题。

翟昕：岩松说的我都表示同意，你可能没注意到，当你提起灵魂这个词的时候，艳丽笑了，你们是很好的朋友，刚才岩松提起灵魂的时候，Mary（马艳丽）为什么笑了？

马艳丽：（笑）我觉得他在偷我的词。其实从事设计这么多年，大家之前对我了解比较多的是在T台上，再之前是在运动场上，对我来说，我自己生活的经历还是挺丰富的，这个过程就是我整个人生特别好的积累、积淀。在这个过程中积淀出来的东西，对于你今天做一个品牌，做你喜欢的一件事情，是很有帮助的，这可能就是形成这个品牌的最核心的东西，也就是灵魂。

只有当你知道了灵魂在平台中的威慑力有多大时，才会很好地维护它，不停地给它增加能量，使它能够走得更远。这个过程中会碰到市场的变化、大环境的变化，包括像现在很多都是高科技、网络，势必造成品牌和产品面临来自四面八方更多的冲击、各种诱惑，等等，但是我想在这个时候，最主要的是需要执着，坚守灵魂，很好地去呵护它，坚持自己好的东西及其价值。刚刚笑的原因是听岩松讲，文化有的时候不一定需要市场，我就想到上半场的时候，第一次在这样的场合听琼耳讲很多理念，真的特别棒。刚刚在下面跟琼耳交流了几句，我觉得中国特别缺少像她这样能够坚持自己的设计理念，传承固有文化的人。就像我现在采取的模式，2003年做零售，2005年做高级定制，明年下半年，在高级定制平台上延伸出我的产品项目另外的一个产业链：针对大众市场的牛仔品牌。

由于高级定制所定位的人群比较高端，因此我觉得最大的收获来自他们，因为他们有自己的视野，生活的阅历相对来讲更加丰富，有一定的厚度。我从他们的身上当然首先收获的是挣到了钱，但更重要的是他们的精神层面的内容也给我很大的影响,从他们身上学到了很多东西。这个过程当中,定位人群的平台是相对稳定的,它的影响力、它无形的价值能对我们的品牌产生附加值。在这个基础上,我希望我能从另外一个角度去影响或者去满足大众市场在审美上面的需求。商业和文化之间有时可以有一个平衡点,这个永远不让步的点就是要把衣服做成质量最好的产品,甚至做成一件艺术品,这也就是为什么有的时候说这件衣服太贵了,或者做得太精美了不舍得卖,我觉得这是一种精神。但对于另外的一些人,我相信他们也需要有人去引导。也就是我刚刚一直很想说的,有的时候市场真的需要像琼耳的「上下」这样的设计理念去引导。

举一个最简单的例子,我们出门时总觉得怎么穿都不对,怎么穿都觉得和场合不太吻合,自己觉得很别扭。如果要用另外一种方式满足你对生活、对高品质生活的需求,那么我觉得就应该或者说非常强烈地需要有这样的品牌、这样的设计师来引导这个市场,让他们来告诉你应该怎么穿。正如赖老师讲过的,有的时候不需要知道消费者具体的想法,而重要的是"这是我给的"。在目前的大环境下,真的需要一个创造者,一个设计师,一个品牌,把一个东西摆在你面前,然后你突然发现这就是你所需要的。一定要有这种魄力,甚至有的时候要有坚强的财团在后面支撑你做这样一些事情。不管怎么样,如果找对合适的时机和方式,我相信它一定会提升审美的高度,提升大家生活的质量。

翟昕:谈到了"市场需要引领者"这样的话题。像小珑的管弦乐也是高雅艺术的一部分。假设我们已经是好朋友了,根据内部消息,高雅艺术演出市场不是那么景气,但是国家大剧院管弦乐团非常景气,这是你谈到的三个同心圆里的第二个圆,即政府所起到的作用吗？

任小珑：我澄清一下，我们并没有赚到很多的钱，国家大剧院作为表演艺术机构也好，还是国家大剧院管弦乐团作为一支传统意义上的交响乐团也好，赚钱从来都不是它的主要目的，从本质上来讲，剧院和交响乐团都是公共文化产品。我们同时谈到"政府"和"文化"这两个词汇时，就不可避免地要围绕"文化政策"这个词扯上几句了。关于"文化政策"这个概念，我们首先要提及的一个观点就是：在不同的国家和社会中，"文化"这个词到底会被怎样定义？不同的意识形态决定了文化政策或者文化行业的生存状况是不同的。

如果从这样一个角度来看的话，我们可以先看看欧洲特别是英国的情况：英国学者马修·阿诺德写过一本书——《文化与无政府主义》，他在书中对"文化"一词下了很好的定义。大家可以想想，150年前，"文化"这个词在英文中也是新词，首先有一个英文词"cultivate"，它的中文直译是"塑造"或"教化"的意思，这个词在词尾加上"ed"后的被动格也正是"被塑造""被教化"的意思，很大程度上也是中文中"文化"这个词中"化"的字面意思，英语中的"文化"这个词正是那个年代在"cultivate"这个词的基础上引申发展出来的。而在阿诺德的书里，"文化"被他定义为一种"光明和甜美"，是"人类有史以来所思所言过的最好的东西"，也是"人们通向自我完善"的必由之路。尽管这样的定义还是非常抽象的，但它已经决定了欧洲建立在精英主义意识形态基础上的一种"文化政策"，把"文化"当成一种光明和甜美，饱含着阳光和雨露，而且应当被撒播到全社会。如果用文化市场的观点去看，这样一个滋育在光明和甜美中的社会形态一旦能够实现，作为生产者的文化产品的创造者们，创造能力一定非常强，文化产品一定是比较丰富多彩和高品质的，而作为文化产品的消费者们,同样会具有非常高的鉴赏能力和非常高的需求,当二者相逢的时候,文化产业则可能建立起一个更好的良性循环。

然后,我们可以再看看我们国家。要讲到中国的文化政策,不可避免地就要讲到20世纪40年代著名的《在延安文艺座谈会上的讲话》,在那篇讲话中,"文化"被界定为革命机器的一个部分,不存在超越阶级的艺术,也不存在跨越政治的文艺。今天,我们可以用上述中西文化政策溯源比较的语境和观点,去审视我们文化行业的生存现状及其面临的各种困境和挑战。这样,我们就可以基本解释清楚一些问题,比如:我们的一个交响乐团或剧院,为什么没有得到政府足够的支持,为什么被要求去独自面向市场。其实,我必须要说,不管我们如何谈论文化市场的运营,交响乐、话剧这些行业都很难在市场中以独立的力量获得良好的生存,也不应该被要求这样去生存,如果这样要求,那它们就不会经常上演贝多芬、莫扎特、马勒、易卜生、莎士比亚,而是可能会天天给大家演《红旗颂》。从这个范畴来讲,作为国家大剧院这样的表演艺术机构,我们的任务不该是赚钱,而应该是去呵护过去四五百年来延续并且积淀下来的、跨越国界的、整个人类的一些精神财富,这些精神财富有义务、有理由被今天的人们不断地介绍,重新去演绎,重新被认识,重新挖掘出之前没有挖掘出来的价值。而且,一代又一代的人来到世界上之后,他们也应该重新去认识自己祖先所创造的东西。

这在很大程度上与蒋琼耳女士「上下」品牌的精神也是暗合的:"上"和"下"这两个字真是非常奇妙的字眼,其实也是一种辩证统一,"上"可以想到精神世界,"下"可以想到物质世界;"上"可以想到过去,想到历史,"下"可以想到当下,想到今天;"上"可以想到品牌精神，"下"可以想到品牌的实在。而且，在「上下」这个品牌的精神当中，"上"与"下"应当是相互打通和连贯起来的，而不是彼此割裂的。也正像我刚才所讲的，真正致力于将精神和理念实现为物质外在的"文化"，才是文化创意产业的核心。无论对一个设计品牌来说，还是对整个文创产业来说，只有有了灵魂和血液，它们才能真正可持续地发展。

翟昕：谢谢小珑。其实从刚才各位嘉宾的分享中，大家都体会到这样一个东西，那就是文化需要时间，时间能够提炼出最清澈、最美好的东西，时间也能把这些东西传承下去。文化也需要灵魂，因为灵魂承载着我们几千年以来最精髓的东西，今天在座的各位其实都是文化的品鉴者。接下来我们不如把时间交给今天在座的各位听众，我们做一个互动，今天我们台上的嘉宾都是很好玩儿的嘉宾，而且也都是我的好朋友，大家有什么问题尽管问，我们玩起来好不好？

现场提问：我有一个问题是提给马先生的，你说你注册了好多公司，也不把建筑师事务所当回事，但作为投资者这是非常危险的，这个品牌绑定到你的身上，我给你投资就会有很大的危险。投资者能约束你，才能在平等的框架下给你投资。

马岩松：我不需要投资，每个人都在享受一定的自由，也在社会里受到约束，每个人都面对怎么平衡这个问题。比如说我设计建筑，肯定建筑得有用，很多人认为做建筑的就是在盖房子，我们平时大街上见到的都是这样。很多人会想：建筑为什么要谈文化呢？建筑不就是房地产吗？中国首富不就是做房地产的吗？这还不能说明我们现在残酷的现实吗？所有的城市都是千篇一律的大的房地产，所有的城市都变成一样的，以前谈的城市的美，那种灵魂都去哪儿了？盖完了全都毁了，有的人成了首富，有的人升了官。所有的房子都是一样的，大批量地生产，现在城市可以说是用公式算出来的，你的建筑多高，面积多大，楼与楼的间距多少，整个讨论没有关于你生活细节的讨论，比如你想要个院落，院里有棵树，树下有你的家庭，有感情，有爱……所有这些东西都没有谈到，谈到的只是生存的问题。

翟昕：狗和孩子满院跑的状态，还不太可能实现。

马岩松：我们现在是在大的经济机器中生存，你最理想的生活状态是什么，每个人都要回答这个问题。你可能有很多自己的很好的想法，在现实里却实现不了，我认为文化人，在这个层面都有自己的抱负，我们（文化人）不把自己当作中心，也确实不是中心，我们想的是能影响小于15%的人。我们要给社会带来自由，这个自由就是思想的自由、选择的自由，这是一个社会抱负，甚至是一个政治抱负。一个只是从经济、管理出发建造的城市，是不可能建造出什么生活和灵魂的，没有生活就没有灵魂，所以怎么生活其实是跟每个人相关的问题，确实很残酷。

翟昕：岩松是很理性的人，虽然说话很酷，很幽默。接下来我们把时间交给岩松，让他跟我们分享一下他的想法。

马岩松：（播放视频）这是我们今年年初做的山水城市的展览，很小的展览，把建筑的模型放到了园林里面。园林是很有意思的一种生活，在里面有自然、有空间。今天我们的城市是在这个院墙之外的，最大的一个城墙是新中国成立以后北京的城墙，这个城墙被拆了，当时梁思成反对，但最后的结果依然是拆了。我认为拆的理由也是成立的，老城墙会阻碍交通，不好进城、出城，但我觉得当时拆了的其实也包括无形的墙,这个墙就是我们对传统的、对城市的爱护和保护。因为拆了(实体的墙)以后并不是说这个墙不在还爱护它,而是慢慢地开始蚕食它,这就是城市和建筑作为商业的开始。所以商业时代就有这样残酷的历史,因为我们缺少文化。我们所谈的山水城市,就是有一个想法,在现代化的高密度的城市里面怎么能把自然和人的情感作为一个最核心的东西,我所说的核心就是所有商业的东西都要排在第二位,我们不是服务于商业的。要谈建城市,就要谈理想的城市是什么样的,我们不要建一个城市,结果几百年以后所有人都恨这个城市,即便里面有再高明的商业模式又能怎么样呢?

建设山水城市,不是说我们又回到田园,又回到四合院了,如果每个人都有一座四合院,北京就扑到渤海里去了。在我看来,创新就是一种反叛性的实验,就是对现实问题的一种反叛,没有这种反叛精神就谈不了创新。实验就没有对错,有可能失败,有可能成功,甚至无法定义成功和失败。比如说前两年我们做了一个叫做"北京2050"的设想,其中有一个想法就是把天安门广场变成森林公园,很多人觉得你这个设计图可能连发表都发表不了,其实不是这样的,所有的主流媒体都来采访了。甚至北京一些搞规划的人都觉得是很好的想法,那里确实需要树和荫凉。但是它是现在不能实现的好想法,种那些树,对我们中国人来说,一晚上就种完了,但它的难度在哪里呢?其实即使种满了树,也没有纽约的中央公园大,所以它的阻力、它不能实现的原因,没有人能说清楚,这就是刚才所说的文化形态,我们生活的环境,选择穿的衣服,选择住的房子,选择的生活方式,都被这个氛围笼罩着。

我提出这个提案做什么?没有地产商找我做这个,也没有政府找我做这个,这个设想也肯定不会引来投资。但是我想着如果2050年这件事儿成了,那时广场变成了公园,变成了市民开放的空间,那么可能全国的这些城市,都没有了市民的市民广场,中轴线、大台阶,所有这些象征权威的东西都不存在了,那个时候再回过头来看,现在有人提出这样的设想,到底是有用还是没用的,再去衡量这个所谓文化和设计的价值。很多东西不是当时就可以变现的,这是我觉得要谈梦想,谈灵魂,谈这些不着边际、不现实的东西的重要性。

翟昕:岩松说创新,创新就是反叛,实验没有对错。刚才岩松提到把天安门广场变成森林公园,目前不太可能实施,天安门广场也是我们文化的一部分,它在那里已经是一个符号,是一个象征了。

马岩松:但广场之前那块地方其实也是一块绿地。

翟昕:所以这就是一个文化的交替问题,新的文化以什么样的方式代替以前旧有的文化,各位对这个问题怎么看?

马岩松:设计师到底是个人的文化,个人的野心,个人的品位,还是代表未来社会的期望?我们对社会未来的期望是什么,不是所有人都能够说清楚的,但是为什么把这个重任交给政治家、哲学家、思想家,交给设计师,为什么尊重设计,就是因为他们在这个层面是有思考的。

现场提问:今天之所以要说新文化运动,是因为现在的文化无法解决今天的生活问题,所以要创造新的文化,当年新文化运动也是这么来的。问一下各位嘉宾,在你们的行业当中哪个地方是令人不满意的,是要批判的?如果批判这些东西,能创造什么样的新的东西来适应今天的社会?

马岩松:大家如果关注当代艺术就会发现,整个当代艺术全是建立在对时代的批判上面的,只不过设计师还有一个重任,他本身还应该是一个积极的人,不能说批判之后就结束了,他还得创造出一个更好的未来,或者他头脑中美好的东西,也许很多东西出来会让人认为滑稽或者不着边际,但他还是必须冒这个险做这件事。

任小珑:所谓的"新文化",其实是社会集体意识形态的结果,它的发展方式和方向,是很难像机器操纵盘、汽车方向盘一样被我们完全控制的。但是,具体到社会中的每一个个体,特别是作为艺术家,作为设计师,我们却都在这个过程中承担着一份责任,不管是琼耳女士[上下]品牌中"由上及下"的精神,还是岩松说的让山水进入城市,其实二者之间都是相通的,都是把作为艺术家意念中非常美好的东西,或者是艺术家意念中无比执迷的东西,真正塑造为人们看得见、摸得着、听得到的东西。从这个意义来讲,他们二位,一位是建筑设计师,一位是时尚设计师,从本质来看,都是真正的艺术家。所以,从这个角度来讲,作为艺术家,其实最核心的一个词就是"创造",不仅是去创造一种艺术家自己认为非常美好的东西,而且这种创造一定要坚持"以自我为主"的准则。否则,如果一个艺术家自己内心没有一些偏执,没有一些执迷,他就不可能是一个好的艺术家。如果你的这种偏执和执迷创造出来了,被认可了,就会自然而然、蔚然成风地变成一种被更多人接受、认可和参与的生活方式、思维方式。我想,所谓的"新文化""新生活",正是这样被创造出来的,而艺术家在此过程中担当着重要的角色。

说到艺术家应当坚持"以我为主"的创作原则的问题,我想再做一个重要的观点表述,那就是:艺术家似乎应该对商业有那么一点点警惕,我不想用"抗拒商业"这种说法,但是我觉得一点点警惕真的应该是一种正确的态度。就像刚才岩松回答那位同学的方式:艺术家面对投资人的投资意向时,有时应当学会说"我不需要投资"。这又让我想起,19世纪初的时候,在英国有一个运动,由一帮艺术家发起,叫做"Arts and Crafts Movement",即"艺术与工艺美术运动",这和琼耳通过短片向大家展示的情景有相通之处:19世纪初,工业革命已经开始了,农民从土地上通过圈地运动被清出来,大规模地进入到城市当中。进入城市以后,他们不再拥有田园牧歌式的生活,而是沦落为庞大工厂生产线上的螺丝钉。工业革命的另一个结果就是一切生产形式都要按照大工业化的原则去组织。在那些艺术家和学者眼中,大工业化的原则就是将一切建立在"计算"的基础上,由此也导致之前的很多艺术创作,也被建立在了"计算"的基础上,一方面残酷地控制成本,一方面拼命地扩大产出,以面向更多和海量的顾客进行销售。

而在大机器式的工业革命兴起之前,手工艺人在欧洲是可以被称作艺术家的,他们做的事情,就像在座的琼耳和岩松所做的事情一样,都是由心到脑再到手,都是要把心中和头脑中的一个意念最终做出来,无论是一个漂亮的煤铲子,还是类似于我们在琼耳的视频中看到的各种杯子,在那个年代完全通过手工制作。在这个创造的过程中,一个作为艺术家的手工艺人,他的心中首先要有一个关于杯子的意念,然后手上还要有足够好的技术,这个杯子才能从一个意念变成一个实物。对这样的艺术家来说,他一年可能只能做十个杯子,而这十个杯子真的是无价的。而在工业革命的大机器生产兴起之后,这些手工艺人就很难作为艺术家而存在了,因为他们作为艺术家的生计会逐渐失去:原来你一年只能做十个杯子,现在一年可以做出上万个杯子;原来你可以"以我为主"地创造,现在则是顾客想要什么你就要生产什么。那时,有那么一帮学者和艺术家,他们在诗情画意的英国湖区边上盖了一栋房子,房子里面所有的一切都是手工的:瓷砖,地板,杯子,桌子,甚至壁炉边上的煤铲、煤桶……当你走进那栋房子,目睹人类那些充满智慧和想象的创造,再抬眼看看窗外美丽迷人的湖区风光,你会真心为人类创造美的能力而深深折服,你也会为人类自身的创造力、想象力而感到自豪,但是,人类的这些创造力、想象力和智慧,可能往往就会在商业化的大潮中慢慢被扼杀。

所以那个地方、那段历史给我的一个启发就是:艺术家应该对商业有一份起码的警惕,商业和艺术中间的黄金分割及完美平衡,或许很难实现,但应该是大家永恒的目标,我认为再难也不应该放弃这种追求。实际上,作为社会主义国家,马克思主义是我们在很多领域的基础理论。而马克思在为数不多的关于文化的论述中,也讲到了商业对文化的一种扼杀效果。所以,今天在大谈"文化产业"的时候,不该忘记早先还有一种关于"文化工业"的提法,法兰克福学派的学者们在20世纪上半叶的时候对"文化工业"的概念已经进行了非常深入的探讨,他们也很清楚地谈到了商业对艺术的侵蚀和扼杀作用,即艺术家以我为主的小批量创造,一旦沦为只为压低成本和扩大产量而进行的大规模商业活动,艺术中永不枯竭的想象力、创造力和智慧的光芒就会逐渐遭到扼杀和大大削弱。就整个文化创意产业来讲,如果让商业过度地侵蚀了艺术的核心层面,让艺术家变成纯粹为了商业利益而创造产品的机器,那么我们未来的文化产业或者创意产业就会失去它可持续发展的动力。

现场提问:我们今天的话题是新文化运动在今天,以此作为标题,是不是意味着文化在我们这个国度已经非常稀有了,是不是因为我们今天快要失去文化了,所以才要强调文化?

翟昕：所以你的问题是到现在为止到底还存不存在文化这个东西？

蒋琼耳：我觉得文化活在每个人的心中，只是在过去的30年、50年、100年的历史中有很多原因阻碍了文化的发展，近年来国家非常大步伐的建设使我们没有把文化放在一个中心的位置上，也没有作为我们追求的一个方向，甚至我们在某种程度上牺牲了文化，然而只要条件符合了，在满足了我们的基本生活之后，我们就会寻找一种愉悦感，寻找一种舒适度，寻找一种美，寻找一种幸福感，所有这些都是文化的一种体现。文化不是特别抽象的，其实在我们生活中都点点滴滴地存在着。

现场提问：文化和商业是一体的，但我们应该回归我们的人性和自信，才能将文化与商业发展得更好。我的问题是我们应该怎样回归生命本身，怎样恢复我们作为人的自信？

蒋琼耳：大家都在寻找对文化的自信心，对中国文化的自信心，对中国美学的自信心，30年前为什么不可以？50年前，当年我妈的工资是每个月15块钱，处于这样的一种生活环境中的人，怎样寻找今天在谈的品质、设计、创新、诗意？社会的发展在每个阶段都有必经的规律。2014年马上就到来了，这个时候谈文化，就是因为在社会进步的过程中到了适合的时候，今天谈到时间的问题非常重要，如果一定要把我国的文化现状和发达国家去比，其实是没有可比性的，甚至设计也没有可比性。我们起步得晚，走到今天已经很不容易了。对于新文化运动，不是这样在历史中批判或者抛弃，新文化运动也是积极的，我们寻找有价值的点和灵感，寻找一些认为可以随着时间被留存下来的美，在这个基础上使它绽放，使它与更多的人分享。所以对于新文化运动不一定是去批判、去抛弃，也可以用积极乐观的方式去传承、去创新,去延续历史。

翟昕:所以我们要用积极乐观的方式去传承。我看出龙凯有话要说。

赵龙凯:因为谈到商业了,所以我就有话说了(笑)。我们为什么要商业,商业和技术、文化不是对立的,都是为了大家的幸福。什么是幸福?商业在某种程度上物化了幸福的含义,幸福就变成金钱了。但我今天早上正好看到一个调查报告,调查了20个国家的人,问他们觉得成功是怎样来判定的,其中一个判定标准是因为拥有了某些东西,我们可以理解为主要是金钱。在中国的调查中71%的人选择了这一项,而世界平均水平只有百分之三十几。这些人为什么幸福,是因为拥有了这些物质,在中国这个数字达到71%。为什么叫新文化,是因为商业社会现在已经进展到忘了最开始为什么要经营商业社会的时候了。你发现自己过得并不幸福,所有的东西都是用金钱来衡量、用物质来代替的,而人是有灵性的,当商业达到这种不恰当的程度,无法满足人最终需求的时候,商业就该改变了,因此我们需要新的文化,这是我的理解。

现场提问:刚刚听了在座的嘉宾关于文化艺术创意的一些想法,你们提到了很多关于灵魂、关于历史、关于传承、关于创意的话题,在座的各位听众也会在脑海里面描绘出这样一幅很美好的愿景,小桥流水,亭台楼阁,里面有交响乐,有艺术设计,有服装,有舞台剧……但在中国这样一个已经算是比较商业化的社会,文化与商业如何实现上下的贯通,如何以一种更好的方式、更新的节奏实现文化跟商业的结合?所以我想请教各位关于二者之间完美的黄金分割和具体的融合之道。

翟昕：关于理想和现实结合的问题。

蒋琼耳：文化与商业、理想与现实没有黄金分割，任何一个品牌，任何一个项目，其中的平衡时时刻刻都在变，必须不断地用一种流动的状态去创造，这不是数学，我们不能说有这样一个公式，这样一个黄金分割比。每一个项目，每一个品牌，对理想的每一种追寻，必须用一种动态的方式去创造。比如说在「上下」，「上下」今天算逆流而上的，是以文化为导向的商业模式，不是一个文化基金，也不是给手工艺老师资助，让他们去发展，这不是我们的经营模式，而是政府应该做。手工业要复兴，是要创造一个市场，让今天的年轻人，对手工艺，在生活中有需求，这样手工艺才能被传承下来。手工艺老师的孩子们为什么不愿意学手工艺，是因为没市场，他们看不到未来。为什么「上下」在高端品牌行业引起关注，因为我们在尝试走一条新的路，怎样进行中国传统美的传承，怎样通过当代设计方式赋予 21 世纪的文化惊喜感。

翟昕：虽然我跟 Mary 是很好的朋友，但不是特别了解她的商业模式，刚刚她分享的时候，我感觉她的品牌，从阳春白雪到下里巴人，基本上已经能够全线覆盖了，Mary 一定很有想法。

马艳丽：我特别想跟大家分享一下，我这段时间正在做的事情，正好也可以回答你的问题，我从 2003 年做服装品牌、做零售，2005 年做高级定制，明年下半年另外一条线——牛仔系列将会上线。这对我来说是一个新的商业模式，因为大家都知道，高级定制是面向比较高端的人群，是一个小众人群，这个小众人群对于我这个品牌来讲，给予了我很多附加值。大家都知道，高级定制在规模上不太容易能够做得很大，但是它的附加值、它的影响力，在这个领域里可以达到一定的程度。而对我个人来讲，我最大的优势是我的经历比较丰富,有比较多的资源,与不管是商界的还是艺术界的人士距离都很近,跟他们之间有很多的交流。

很简单的一句话,我可以很轻松地拥有一些高级定制的客户,他们对我的品牌来说是很好的传播者,有一定的价值存在。在这个基础上,我的另外一个商业链条,要去满足不是高级定制的人群的需要。也正因为如此,今年一年的时间,我正式开始启动关于这个牛仔的系列。我也特别想现场做一个调整,在座的同学们还有老师,哪位是穿牛仔裤的?有超过两条以上的?(大家纷纷举手)其实这就可以看出大家对牛仔裤的热爱,我是牛仔控。今天来的时候,我还在想是穿礼服还是穿正装、套装呢。

翟昕:我很喜欢你身上的那条裤子。

马艳丽:是的,我也很喜欢。我1999年做第一场发布会,2000年做第二场发布会,第二场发布会所有的面料都是牛仔布。相信大家对牛仔的理解大多停留在"牛仔很休闲,是周末或者度假的时候穿的"这样的想法上。但我一直在想,难道牛仔不可以有另外一种生命、另外一种形象吗?所以我在2000年做牛仔发布的时候,尝试用牛仔做礼服。因为礼服在很多人的观念当中,是很奢侈的手工,各种水晶,很奢华的装饰,包括柔美的面料,等等。但是我在想,如果用牛仔的面料做成非常优美的、很大气的礼服,是不是更容易在其他极其奢华的礼服当中脱颖而出,更容易显示出穿衣者的风格?这种风格可能和我内心想要的是一样的,比如说我自己平时就是特别中性的风格。我就是这样,正在做新的创造,新的文化创造,我希望我对牛仔这么多年的喜爱,对它的痴迷和疯狂,可以从美学以及自己对设计的理解的角度,对其进行很好的延伸。我的最终目的是希望有一天,不管在中国还是在美国的好莱坞,抑或是在另外一个很隆重的颁奖舞台上，走上红地毯的某一个明星或者很多个明星，能够穿着我的品牌的牛仔礼服，这是我的一个梦想。

所以我目前的商业模式会分几个不同的系列，在牛仔的大的框架里面的不同系列，其中一个可能会和很多在业内非常有影响力的明星，像夏雨、胡军（他们对牛仔的痴迷和我不相上下），有商业上的合作，可能我们之间会达成新的系列，我相信他们自己也会很喜欢，他们也会用自己的方式来传播牛仔新的理念。同时，喜欢他们的粉丝们，我相信也会对他们设计出的产品有所了解，被产品打动。我们为不同的人设计不同的系列，每个系列一定有一个元素是和这个人融为一体的，这样的话就是发射性的方向，可以针对不同的人群。最重要的是，我们的牛仔系列希望走的是非常优雅的、非常自信的、非常独立的一条产品路线。另外，我们也会出一个系列来满足更多的像在座很多喜欢牛仔的朋友们的需求，不但是休闲的时候穿，在某一天出去会谈，参加小型的聚会的时候，同样可以穿。这个时候的牛仔肯定会加一些装饰性的元素，或者是很漂亮的牛仔裤，或者是很漂亮的被时装化了的牛仔背心，等等。可以以这样的形象去参加聚会，去非常时尚的地方，也可以在休闲的周末或者很个性化的场合表现自己。

就像赖老师讲的一样，时尚和创意要从内心出发，正是因为我自己太喜欢牛仔了，所以我对牛仔的改造，对它的新的生命点怀着积极强烈的欲望，想赋予其更多的元素，这个元素也是为了丰富牛仔另外的生命，赋予穿衣者不同的风采。也希望到时候大家多关注我的品牌牛仔系列。

现场提问：文化应该是与时俱进的，"文化大革命"是去除旧文化，现在则是在提文化运动，我有点担心。

翟昕：这个问题是对文化运动的担心。

马艳丽：我突然想起自己的一个经历，我相信大家对国际上的一线、二线品牌比较熟悉，迪奥、LV 没有人不知道的，大概在六七年前的时候，我第一次看到迪奥在中国的高级定制的展览，给我的印象非常深刻。当然首先是因为那个展厅设计得非常漂亮，很现代。在那时，我看到的第一件衣服是一件黑色的裙子，我看见它的工艺，觉得对我来说没有太大的触动，触动我的是旁边的小牌子上面写着的产品生产的时间，是 1947 年，当时给我的触动非常大，我就在想，1947 年在欧洲这样的一件衣服已经出现在市场上，已经代表当时在欧洲的一些人的生活水准。于是我就在想：1947 年的时候，我们在做什么？我们在穿什么样的衣服？我讲这个例子的意思是，1947 年的时候他们的衣服就已经做得很漂亮了，而中国还处在非常特殊的时期。直到今天，中国有很多新的设计师品牌，它们慢慢体现出自身的价值，有一些其实已经非常优秀了。我突然想起前面有一位嘉宾问的"批判"的问题，我就在想，我们可能欠缺的就是心态。我们有不足，但我们一定也有优势，最重要的是需要一个周期，需要一个过程。这个时候，不管媒体还是政府，抑或是在座的每一位消费者都要能够给予包容和鼓励，你的抱怨或许能够让品牌做得更好，然而不能仅仅只有抱怨，而是要看到最理想的和最理智的东西，在了解自己不足的同时也要看到做得最好的东西，并在这个过程当中以最好的方式、最理智的方式让自己进步得更快、技术做得更好，而不是以消极的态度面对现在的环境，这是我认为的对于我们中国很多设计师的成功来说的关键因素。

蒋琼耳：这都是第三方加的帽子，今天开这样的论坛需要有题目，你开任何会议都需要把这个帽子拿掉，看看背后在谈什么，并不是追究这几个字,更多的是在谈这个标题的背后面对的市场也好,文化也好,心态也好,对时间的理解也好,以及我们对文化历史的看法,对未来的看法,没有必要太在意背后的这些字,关键是要注重我们到底在做什么,在追求什么,如果较劲较在这些字上面,其实并没有多大的意义,而且要想做新文化运动也没有那么容易。

翟昕:没错,文化才是我们今天讨论的精髓所在。

现场提问:我本人因为读书的原因到过几个国家,以前常常会觉得,自己国家这样不好,那样不好;但到过几个国家之后,发现最好的国家还是中国,中国有更好的发展机会,就像您说拆城墙其实也有积极的意义。

马岩松:因为墙是一种隔离,也是一种保护,前面提到过拆墙有它的进步意义,比如为了方便交通,让城市开放共享。但是问题在于,我们心中对传统、对城市进行保护的墙,根本不存在,所以"墙"本身是有象征意义的。像巴黎也没有城墙,但是老城市却被很好地保护住了,新的城市可以到外面再去盖,没有城墙,在我看来是没有关系的。

现场提问:在中央公园歇会儿的感觉非常好,能谈谈类似这样的城市建设吗?

马岩松:我想说的是,老北京的建城,我们觉得它美,有人性,有自然,一些山水在里面,是有原因的,我认为这跟未来的生活和现在的城市生活没有冲突。比如北海公园、什刹海,那都是北京最美的地方,什刹海非常美,生活就在山水之间,每个人在这里面生活感觉会非常好。

现场提问:我和四位嘉宾都认识,琼耳在上海见过,你的作品是未来要消费的,因为刚出来没多少年。岩松的作品还没有消费过,我对 Mary 的衣服爱得不得了,但最经常消费的是什么?我想还是国家大剧院的门票。我在想,你们比别人更幸运,因为你们叫"国家"大剧院,你们的黄金分割点也做得最成功,既演《洪湖赤卫队》,又演《天鹅湖》,但作为管理者,在做选择的时候,其中的平衡点在哪里?

任小珑:无论是国家大剧院,还是全世界任何的表演机构,其实都要依靠政府的财政补贴,自身都不具备依靠商业去自负盈亏的能力。而且,这根本也不是表演艺术机构应该承担的责任。实际上,在国家大剧院,政府只能补贴到我们年度运营经费的 25% 左右,而大家知道,我们欧洲的同行大概都是 70%、80%。这可能在很大程度上又会让我们想到不同国家在文化政策中的不同理念和不同伦理。也就是说:当你把"文化"和"艺术"界定为一种"光明和甜美",认为它有必要被散播到全社会的时候,政府也就可能自然而然地会试图更多地承担起这份责任来。但当你仅仅是把文化看成一种政府治理工具的话,那么,当政治形势暂时没那么需要你这个"工具"的时候,政府很可能就会在给予艺术机构大力支持这个问题上大幅收缩。

其实,国家大剧院已经是国内同行中比较幸运的一个机构了。广州大剧院是政府投资建设的,也成立了一个事业单位负责落成之后的运营,还委托了大型国有文化企业组建了运营团队,但是财政上却对剧院的日常运营实行零拨款。天津大剧院则是政府建设完成以后,把它委托给民营公司进行运营。我们这些同属一个领域的机构,却在运营模式上有着非常不同的表现,这可能真的是我们的国家在文化政策的意识伦理上尚未高度一致的表现。

所以,我们今天还是应该不断追问:文化到底是什么?政府该怎样支持文化？实际上，国家大剧院在拥有25%的政府补贴的基础上，能够做到自负盈亏或略有盈余，已经是相当不容易了。而25%或75%的真正区别，对大家、对听众来讲，其实是意义重大的。这就是欧洲文化政策中常常提到的一个词——"access"，也就是我们大家常常说到的艺术的"门槛"。同一场演出，政府补贴到75%的时候，你可以花75块钱去看；政府补贴到25%的时候，你可能就需要花300块钱才能看了；政府如果一分钱都不给的话，你可能就需要花1 000块钱去看这场演出了。虽然刚才那位同学讲到对"运动"这个词的负面印象，但我觉得"运动"这个词不是一个贬义词，而是一个非常中性的词汇。我们其实每天都处在不同的"运动"形式之中，无论是社会学语境下的政治运动，还是物理学语境下的布朗运动，或者说今天我们大家坐在一起交流，我来发言，大家来听，我们之间产生的思想碰撞也是一种"运动"形式，它是一个特定的观点在不同的人的心灵和思想之间进行移动，并且可能产生扩大、嬗变等各种结果，并最终塑造一个人群甚至一个社会的思想意识和行为方式的过程。而人们前往剧院去观看一场音乐会或者戏剧，其实也是这样一个由"文化"和"艺术"所承载的特定思想在社会中传播和运动的过程，这在很大程度上会将社会向着一个更加美好与和谐的方向去塑造，而这也正是剧院、艺术中心存在的意义，更是政府全力支持剧院和艺术中心的意义所在。所以，我更希望政府能通过恰当的方式，为社会大众进入丰富多彩的艺术世界创造更低的门槛，让社会大众享受到更多、更好、更便宜的公共文化产品。这样，不仅我们社会中那些核心层的艺术形式会发展得更好，而且还会给大的文化创意产业打造一个更好的基础。

谈到艺术和市场的黄金分割，或许更多的责任确实不在于艺术家，而在于艺术管理者，比如剧院经营者。对于艺术管理者、文化创意产业经营者而言,他们更多的责任就在于这个"将艺术和市场去黄金分割"的任务。艺术家总是该保有以我为主的态度,保有对商业和市场起码的、适度的警惕。但是作为艺术管理者来讲,一方面需要去了解市场,了解什么是工商管理,什么是市场营销,另一方面更重要的是,要充分意识到自己不同于其他商业管理者的一个地方,那就是要真正发自内心地懂得艺术,热爱艺术,尊重艺术。如果不喜爱它,不知道自己在为什么而工作,那你进行艺术管理的过程,就可能是在一个错误的认识论之下,沿着错误的道路越走越远!同样,也不要以为你不是艺术管理者,而是一个纯粹的商业领域的管理者,就和艺术没有关系了。实际上,如果你缺乏恰当的艺术素养的话,无论你是银行的管理者,还是哪怕一个普通制造企业的管理者,你审核的用于公司公关宣传的那些 PPT、视频短片、视觉设计、产品的审美素养,在总体品位上都好不到哪儿去。但如果你作为一名公司管理者,在这些方面都无所作为的话,我就会怀疑,不管是生产汽车,还是发展地产,抑或是做时装销售,你的产品在市场上,到底能够吸引多少顾客,最终又能够走多远、走多好。刚才赖声川老师讲到:文化无处不在。的确,文化的"光明与甜美""阳光和雨露"就应该滋润到每个人心中。我觉得,只有多一些阳光雨露的社会,多一些被阳光雨露滋润过的公民,这个社会才似乎是一个相对理想的社会,也才可能为文化创业产业的可持续发展提供一个健康和理想的环境。

赵龙凯:最后加一句,也做一个广告(笑)。大家提出的希望,希望工商管理对艺术是有区别的,在这里我也想宣布一件事情,光华管理学院明年将开始设立艺术管理的 MBA 专业,这批人是特殊的商业从业人员,他们尊重艺术、喜爱艺术、推动艺术,同时也拥有敏锐的管理意识。所以我也想邀请今天的各位嘉宾未来成为我们的客座教授,回到我们的课堂中来。

翟昕:非常感谢今天各位嘉宾的精彩分享,今天的机会特别难得,对于我来说是圆了我小时候的一个梦,今天在座的嘉宾有建筑设计师、服装设计师、高雅艺术的经理人,我在很小的时候就希望有一天能够行走在山水城市间,穿着优雅的时装去欣赏很高雅的交响乐,今天其实在我的脑海里,已经把这个梦实现了。最后再次感谢各位来宾的支持,也希望有志于推动发展新文化运动的同学,来年在光华重聚,谢谢大家。

嘉宾介绍

赖声川　著名舞台剧、电视、电影导演

台湾表演工作坊艺术总监。美国加州大学伯克利分校戏剧博士,台北艺术大学戏剧学院前院长,美国斯坦福大学客座教授暨驻校艺术家。"现今华人世界最顶尖的剧作家"(BBC),"亚洲剧场导演之翘楚"(《亚洲周刊》),其导演的三十多部原创舞台剧包括:台湾现代剧场开拓作品《那一夜,我们说相声》,被《中国日报》称为"有史以来最伟大的华语戏剧"的《如梦之梦》,被评为"这个时代话剧舞台上的巅峰之作"(《新京报》)的《宝岛一村》等,从20世纪80年代开始在华人世界产生深度影响力。其著作《赖声川的创意学》是创意论述中的新贡献。

蒋琼耳　新锐艺术品设计师,「上下」首席执行官及艺术总监

中国当代为数不多的拥有国际声誉的青年艺术家、设计师之一。出生于艺术世家,家学渊源,有深厚的东方文化的底蕴。多年在欧洲游学和创作的经历赋予她国际的视野和开放的思维。双重文化的背景让她的创作自由舒展,既葆有对传统的尊敬,又海纳百川、兼容并蓄。在「上下」,她和她的设计团队创作了一系列作品,在传承中国传统文化和手工艺的同时,运用21世纪现代美学简约、优雅的理念,将传承、文化、创新和对话融为一体。

张影　北京大学光华管理学院市场营销系教授

北京大学光华管理学院市场营销及行为科学嘉茂荣聘教授。于芝加哥大学布斯商学院获 MBA 以及博士学位。研究兴趣包括消费者行为、品牌管理以及客户关系维护等。多篇研究成果发表在营销学和心理学学术期刊上,包括 *Journal of Consumer Research*,*Journal of Marketing Research*,*Journal of Personality and Social Psychology* 等。在光华管理学院讲授营销战略、消费者行为等课程。

马艳丽 Maryma 品牌创始人,马艳丽高级时装有限公司董事长兼艺术总监

被媒体誉为中国首席明星设计师和最受世界关注的集才华和美貌于一身的华人女性之一,是大众关注的时尚偶像。2005 年,成立马艳丽高级时装定制中心(Maryma Haute Couture)。同时还担负了重要的社会责任,作为中国"幸福工程——救助贫困母亲行动"的形象大使,长期持续关注并帮助贫困母亲等弱势群体,深受社会各界的尊重与信任。在过去的 15 年中,其聪慧、美丽、健康的形象深入人心,成为中国最具高端消费引导力的时尚明星以及当今中国成功女性的代表。

马岩松 著名建筑设计师,MAD 创立者

新一代建筑师中最重要的代表。自 2004 年回国成立 MAD 建筑事务所以来,其作品已在世界各地的媒体上广泛刊登和展出。曾就读于北京建筑工程学院,后毕业于美国耶鲁大学并获硕士学位。曾在中央美术学院任教。

2001 年,获得美国建筑师学会(AIA)建筑研究奖金,并于 2006 年获得纽约建筑联盟青年建筑师奖。2008 年,被 *ICON* 杂志评选为

全世界20位最具影响力的青年设计师之一。2009年,被Fast Company评为世界十大最具创作才华的建筑师之一。2010年,被英国皇家建筑师协会(RIBA)聘任为RIBA国际名誉会员。

任小珑 国家大剧院演出部常务副部长,国家大剧院管弦乐团董事长、总经理

自2008年加入国家大剧院以来,一直专注于古典音乐演出项目的艺术规划及运营推广。通过与海内外众多优秀的音乐家、交响乐团、音乐节及艺术中心、表演艺术经营及管理机构的密切合作,他在国家大剧院崛起为全球古典音乐领域重要一极的过程中贡献良多。同时,他率领的国家大剧院管弦乐团,也正在以其精湛的演奏技艺、全新的音乐理念、现代的运营模式成长为新时代中国交响乐团的优秀典范。

在加入国家大剧院之前,曾于2004—2008年服务于北京奥组委,并担任文化活动部城市文化处副处长、奥运村文化活动与仪式运行团队副总经理等职务,是北京奥运会口号创意、音乐创作、火炬接力、宣传推广及大型奥运文化活动等事务的重要参与者,也是《北京欢迎你》等一系列北京奥运会重要音乐作品计划的主要创意者和实施者之一。此外,曾于1998—2004年就职于中华人民共和国文化部,并于此期间派驻中国驻叙利亚大使馆文化处工作。

在大型活动管理、商业演出运营、文化机构管理等领域富有经验,并广泛涉猎中西文化政策比较、文化创意产业理论、文创企业管

理实践、欧洲艺术及音乐史等学术研究领域。2011—2012 年,受英国联邦事务与外交部之资助,作为英国政府志奋领学者前往英国华威大学学习,并以优异成绩获得创意与传媒企业管理硕士学位。1994—1998 年,在山东大学大众传播与信息管理学院学习,并获得文学学士学位。

赵龙凯 北京大学光华管理学院副教授、院长助理、MBA 项目执行主任、金融硕士项目执行主任

本科就读于清华大学经济系,后分别在新加坡国立大学和加拿大英属哥伦比亚大学获得金融硕士和博士学位。在国内外的学术期刊上发表了多篇学术论文。研究兴趣主要在于公司财务、投资、资产评估、金融衍生品。

分论坛三总结

文化产业是一个国家软实力的集中体现,在中国经济高速腾飞的今天,伴随着现今高新技术的不断发展和海外思潮的不断涌入,文化产业在形态、规模等方面产生的新变化呼唤着其在产业结构方面的进一步升级,本次论坛集结了戏剧、设计、音乐演出以及学界等多方嘉宾,旨在通过深度剖析,为中国文化产业的变革进程添砖加瓦。

论坛上半场,张影教授、赖声川先生与蒋琼耳女士进行了一场传统与现代的对话。下半场,赵龙凯教授、马艳丽女士、马岩松先生、任小珑先生以及蒋琼耳女士为现场听众精彩诠释了文化与市场的关系。论坛进行过程中,嘉宾们妙语连珠,高潮迭起,且看论坛中嘉宾们的精彩观点。

赖声川:创造创意和文化才是文化创意产业

赖声川先生所带领的表演工作坊在过去30年为广大戏剧听众贡献了《暗恋桃花源》《乱民全讲》《宝岛一村》等经典戏剧。在论坛中赖声川先生首先发表演讲,他强调,如果文化创意产业变成一种奢侈品,就跟生活脱节了,但事实上它应该成为生活的一部分。赖声川先生还分享了近年来他对于文化创意园的关注,他表示,如今许多文化创意园的结果就是产生了一群拥有漂亮空间的餐厅,这些餐厅与文化本身其实关联并不大。"文化创意产业就是要创造创意和创造文化。"赖声川先生如是说。同时,赖声川先生表示尽管自己是许多人眼中票房很好的导演,但对于艺术创作来讲,猜想市场想要看什么不如去想想自己想要做什么,否则市场就会成为艺术创作的陷阱。

蒋琼耳:要创造中国传统文化新的情感价值

蒋琼耳女士则在设计领域别出心裁,创新性地将传统手工艺与当代设计元素结合,创立了风格独具的「上下」品牌。她表示随着生活水平的不断提高,在日常生活中,中国的传统雅致生活方式在一点点地回归,大家对茶、对香、对古代哲学思想,都有了进一步的追求。因此她的设计理念便是承上启下,传承古代传统,融合现代元素,为中国的传统文化赋予新的情感价值。由此,蒋琼耳也分享了她的设计作品,包括:结合了明代特点的家居作品,继承了古老的羊毛毡手艺进行再次创新的羊绒毡服饰,等等。

张影:文化的表现就是引领你往什么地方走

张影教授对两位嘉宾的发言进行了总结提炼,他表示,人为的因素,造成了传统和现在的对立,其实文化本身是无处不在的,文化所能反映的即是心中所想,当文化以某种形式被表达出来之后,便能引领你往前走。"从前和未来所需要的东西不同,但当每个时间点的人们都遵循着自己的心灵往前走,就完成了文化和发展。"张影教授如此总结。

马艳丽:品牌要有灵魂才能传承

马艳丽女士从模特出身到如今成为知名服装设计师,对品牌有着自己的见解。她强调许多百年品牌,正是因为拥有了品牌的灵魂,才能广泛进入大众视野,影响大众理念。因此坚守品牌的灵魂,才会进一步传承品牌,使其在更大范围内影响消费者的生活,带动审美高度,而设计师在其中所应承担的就是具有这种坚守的魄力。

马岩松:创新是一种反叛性的实验

以"梦露大厦"蜚声国际的著名建筑设计师马岩松先生分享了他的创新心得。谈到城市设计,他分享了自己的山水城市设计理念,让城市融入山水,在现代化高密度的城市中坚持把自然和情感作为一个最核心的东西来进行创作,在设计时更多的是以理想的城市为目标,而不是只局限于当前。"在创作时需要面对挑战,但创新本身即是一种反叛性的实验。实验没有对错,有可能失败,有可能成功,甚至无法定义成功和失败。"马岩松在表达自己的同时也鼓励更多的设计者去尝试。

任小珑:人类的精神财富需要不断地去介绍和演绎

作为国家大剧院管弦乐团董事长,任小珑先生常常面对市场票房的问题,他坦承,交响乐团是很难在市场中以独立的力量去生存的,对类似于交响乐团这样的管理者来讲,赚钱是次要的,更重要的是去呵护千百年来延续并积淀下来的跨越国界的人类精神财富。任小珑强调,这些精神财富有理由在今天重新去介绍、去演绎、去被认识和挖掘出从前没有显现的价值,这样一来,创意产业才会真正成为可持续的文化产业。

赵龙凯:培养热爱艺术的人去管理艺术

来自光华管理学院金融系的赵龙凯教授在讨论时从市场的角度出发,他强调,市场是人与人之间经济和交往的有机体,市场需要去掉金钱的标签,文化艺术工作者则应通过自己擅长的方式建立人与人之间的关系。同时赵龙凯教授表示,2014年北大光华将开设艺术品管理方向的 MBA 课程,培养真正热爱艺术的人去管理艺术。

一年一度的北大光华新年论坛是光华管理学院的年度盛事,今年以"新经济 新变革 新时代"为主题,关注在经济发展中的具有新变化、新气象的产业,其中"新文化运动在今天"论坛由于文化产业在近年来凸显出的勃勃生机而引来了社会各界的广泛关注。论坛已经圆满落幕,变革中的中国文化产业将如何进一步升级,我们拭目以待。

分论坛四

城镇化再破题

时　间:2013年12月21日 14:00—17:00
地　点:北京大学光华管理学院1号楼202室
主持人:刘珊,中央电视台综合频道导演

　　新一届政府领导上任以来,城镇化备受瞩目,希望通过推动城镇化进程促进城市和城镇的协调发展,实现中国经济与社会的可持续发展。中国地域广博,其经济具有东中西部发展不平衡、城乡二元结构体制等特点,这也让土地制度改革、户籍制度改革、社会保障制度改革等问题显得更加微妙棘手,使得中国城镇化既要有顶层设计,又需要因地制宜。应当如何破解城镇化迷局?在实践城镇化过程中又有哪些经验可以借鉴?企业在城镇化过程中应当如何起到更加积极的作用?12月21日,学界与业界人士共聚北大光华新年论坛,就城镇化破题之议题开启思想碰撞之旅。

主题演讲一
改变城乡二元体制,实现城乡一体化发展

朱善利

朱善利,北京大学光华管理学院教授

北京大学光华管理学院学术委员会主任,应用经济学系教授。北京大学贫困地区发展研究院院长,北京大学管理科学中心副主任,北京大学中国中小企业促进中心主任,北京大学21世纪创业投资中心主任,北京大学管理科学中心常务副主任,北京市自然科学界与哲学社会科学界两界联席会议专家顾问委员会顾问委员,中国林业经济学会副理事长,中国投资协会理事,中国企业投资协会常务理事。

女士们、先生们,大家下午好!很高兴有这个机会跟大家一起交流关于中国城镇化的问题。我今天发言的题目是"改变城乡二元体制,实现城乡一体化发展"。

为什么要谈城乡一体化发展呢？因为今天这个论坛的主题是关于城镇化的。大家知道,城镇化的问题是近两年中国从高层到基层群众都比较关心的问题,前不久中央刚开了一个关于城镇化工作的会议,这是中国改革开放以来首次由中央高层召开的关于城镇化工作的会议。大家知道,以前在每年的年底,或者第二年的年初,中央召开的都是关于农村工作的会议。关于城镇化的问题,这个会议是第一次,而且这个会议的级别比中央历年的农村工作会议的级别都要高。大概在去年12月下旬,中央召开了农村工作会议,而今年则是关于城镇化的工作会议,并且中央七个常委都参加了,讲话的是总书记和总理,从这里可以看出中央对于城镇化问题的重视。

为什么今年对城镇化那么重视？我们不能说中央对农业问题不重视。我们不知道今年年底或者下一年的年初,中央还会不会再召开关于农业的会议。但是,我们看到今年的城镇化工作会议是跟中央经济工作会议一起开的。如果大家留意就会发现,召开中央经济工作会议的日期是12月10号到13号,但是接下来的中央城镇化工作会议是在12号、13号,也就是中央经济工作会议连续四天中有两天是关于城镇化问题的。而且中央经济工作会议关于未来任务的第一项就是关于农业的,即确保粮食安全,因此中央对农业还是比较重视的。但是,我们过去是就农业谈农业,永远走不出农业这个圈子。大家知道我们谈中国的"三农"问题,即农业问题、农村问题、农民问题谈了很久了。农民收入低,农业发展落后,农村贫穷。这是中国的"三农"问题,一直没有得到解决。但是现在我们要破题,跳出农业谈农业,通过发展城镇化解决农村问题,解决农业问题,解决农民问题。所以,这就是我理解的中央召开关于城镇化问题的工作会议,并且把它放在这么重要的地位上的原因所在。

十八届三中全会的《决定》中谈到,现在中国城乡一体化的主要障碍是城乡的二元结构。由于城乡的二元结构,中国农村和城市发展的差距在拉大。所以,要走城乡一体化道路,缩小这个差距。大家知道,在改革开放之初的1978年,从人均收入来讲(城市叫人均可支配收入,农村叫农村人均纯收入),城市和农村的差距比现在还小,当时在收入上城市大概是农村的2.5倍。而现在大家知道,从去年的统计数据看,这个差距城市是农村的3.1倍,因此差距扩大了。当然我们不可否认,随着中国经济的发展,中国农村面貌改变了,人民的绝对收入也提高了,但是相对的差距在拉大。刚刚我们仅仅是说人均收入,如果考虑到无形的收入,包括社会保障、社会福利、公共产品,等等,农村跟城市的差距就更大了。中国经济在发展,但是城乡差距在拉大,显然对于整个社会来说,这对于社会的稳定是不利的,而且也有碍公平原则。所以,我们要通过城镇化来缩小这个差距。

我们刚刚谈到在十八届三中全会的《决定》里面说,城镇化差距的原因在于二元结构,那么有哪些方面的二元结构呢?大家知道户籍制度、土地制度、社会保障制度、管理体制在城乡都是不一样的,我们国家在以上这些方面是城乡分治的。所以,要实现城乡统筹、城乡一体化,就必须要加快这些方面的改革。我接下来准备就户籍制度、土地制度、社会保障制度、财税制度和管理制度这几个方面来谈一下怎样通过这些方面的改革来实现城乡一体化。

第一点,关于户籍制度。我们国家从1958年开始实行城市和农村户口的分别登记,严格管理城市的户口,农村人如果不通过当兵、考大学，通常情况下是没有办法进入到城市里的。这个体制延续到今天有所放松，现在在中国的小城镇里入户要容易一些，但是在大城市还是不容易。这个户籍制度是跟许多社会福利、社会保障联系在一起的，是跟公共产品联系在一起的，所以这个户口是有含金量的。北京的户口值多少钱？有人说北京的户口值上百万，也许有人愿意拿一百万来买，不过你想买还买不到，因为这是不合法的，但是黑市上确实有人在卖。为什么户口这么值钱？如果有一个北京户口，子女的教育，就可以少交钱，现在很多小学收费很高，一些名牌的小学比我们MBA收费还高，收几十万元的赞助费，还不叫学费。有了北京户口，你的孩子就近入学可以少交钱。有了户口以后，你才有资格申请保障房。过去的经济适用房以后可能没有了，但是申请保障房还是需要有当地户口的。有了北京户口以后，你可以参加北京的高考，没有北京户口，即使在北京读完高中，还要回到原户籍地高考。在北京的高考比外地的高考要容易多了，同样的分数，在北京可以进一所重点大学，但是在某些省里面，你连读大学的权利都没有。这就是北京户口的含金量。大家都是中华人民共和国的公民，为什么会这样？为什么不给常住在北京却没有北京户口的人同等的权利？他们也为北京做出了贡献，他们在北京纳税，创造GDP，却没有享受这样的待遇。

当然，中央会逐步采取改革措施，前两天公安部的一个副部长在中央电视台说了，会拿出一个时间表，这个时间表是什么？到2020年中国将实现以合法稳定居所和合法稳定职业为户口迁移的基本条件。这个图景描绘得相当好，如果真是这样，可以说是一大进步。但是真正做起来是不容易的，尤其对于像北京这样的特大城市来说。

中央关于城镇化问题的工作会议大家都看到了,中央的改革是分步骤实施、分类实施,首先是放开中小城镇,那些建制镇和小城镇的户口,全面放开;然后是有序地放开中等城市入户条件;合理确定大城市的入户条件;严格控制特大城市的人口规模。这叫分类实施。小城镇实际上无所谓,现在还是有人不愿意到小城镇去,其实你要是想和农民换户口,他还不愿意呢。所以,我们国家的这个体制,不光是农村人进城市不容易,城市人进农村也不容易,许多城市人还想弄农村户口呢。因为在那些经济发达地区,农村户口的含金量更高。我到中山考察的时候,他们说他们那里是乡城差别。我们在座的嘉宾有顺德区人民政府的区长,他比我们清楚,当地有很多农民是很富的。顺德也在珠三角一带。我去过顺德,农民在当地工业发展了以后,有了物业方面的收入,厂房出租,房屋出租,有宅基地,可以盖房子,还可以再出租,农民还可以多生一个孩子,这后一个条件往后也可能不是太优越了,因为中国二胎政策也慢慢放开了,但是前几个还是比较优惠的。所以,人们愿意以城镇户口换农村户口。中国的体制就是这样,城市人流到农村不容易,农村人流到城市也不容易。所以,改革要能够让人口将来在城乡之间自由流动,这就要求中国统一户籍登记制度。

那么,未来的办法是什么呢?大家知道人往高处走,水往低处流,人们为什么要到北京、上海?肯定是因为北京、上海的条件比外地要好。只要永远保持这个差距,人们就永远会往这些城市里面涌。所以改变这种局面的办法只有缩小这个差距。因此,未来中央,包括各个地方,应该加强对于落后的中小城镇的建设,增加对它们的投入,逐步缩小这个差距。在户籍改革上,城市里面应该逐步把那些福利的增量、地方公共产品的增量向那些非户籍的常住人口倾斜。在存量部分,因为它已经成为户籍人口的既得利益,所以要想改会比较困难。增量部分应该惠及那些非户籍的常住人口,这是第一个方面。

第二个方面是土地制度改革。大家知道,我们国家长期实行城乡土地分治,土地按照所有权分为两块,一块归国家所有,一块归土地集体所有。集体土地是不能在市场上交易的,也就是我们通常说的同地不同权。只有把土地变成国家所有以后,进行招拍挂,然后在市场上才能交易。所以,农村的土地在中国许多地方如果不改变性质,不通过招拍挂,就不能进入市场交易,而且在银行里抵押贷款也不可以。这是不合理的。把农民的土地征用了以后土地马上就升值了,城市的居民、开发商和政府得到了好处,农民什么都得不到,或者得到很少的一点补偿。这种做法是在扩大城乡之间的差距。为什么不通过土地增值增加农民的收入呢?所以,十八届三中全会里面谈到要建立城乡统一的建设用地市场。刚刚我们说我们国家长期以来是按土地的所有权来管理的,以后应该按照用途管理。用途就是分农用地与建设用地。农地包括农、林、牧三个方面,牧场、林地、农耕地这些方面都属于农地。另一个方面就是建设用地。建设用地的市场城乡统一,这个决定也是相当重要的。现在很多地方传言,将来实行城乡统一建设用地以后,小产权房可能就能在市场上交易了。所以,在这个决定出来时有些地方的小产权房也在涨价。我们觉得中央的这个决定出来以后,小产权房将来会成为历史,以后就不再有小产权房了。

城乡建设用地统一以后,就要严格实行规划。要确保我们国家的粮食安全,要保护耕地,前提是要做好规划,哪些做农耕地,哪些做建设用地,要有一个规划。如果作为建设用地,城市建设也好,农村建设也好，都要纳入规划。农民盖房子也要纳入规划，应该报批，报批以后再给产权，发产权证，有了产权证，就可以交易了。现在农村很多是在乱盖房子，没有一个统一的规划，即使规划也不是区域性的规划，可能是在村里面规划，或者顶多是在乡镇里面规划。未来政府应该把城乡纳入统一的土地规划，既然城乡统一土地市场，就应该统一规划，按照统一的规划来盖，不能想怎么盖就怎么盖，盖好了就应该得到合法的产权，有了产权就可以交易，这要统一。我们现在是从住宅这个方面讲，其他建设用地也是一样，要有规划，盖好了，取得产权就可以进入市场交易了。现在这种状况是不利于吸引城市里面的资本到农村去的。很多到农村投资的，在农村的集体土地上盖了厂房却不能到银行抵押贷款，还得拿城市里面的一些财产到银行抵押贷款，这不利于城市资本进入到农村支持农业发展。所以，我们以后应该实行严格的用途管理，而不是所有权管理。

  土地改革另外的一个方面就是土地确权，目标模式是将来应该把土地承包权永久给予农民，也可以叫给农民土地永佃权。为什么？事实上现行土地制度下土地即使在某种程度上可以交易，交易成本也很高。比如我们现在鼓励农村的规模化经营，就是土地可以流转，实现规模化经营。但是，流转的成本很高。因为土地是集体的。但这个集体不明确，包括谁不清楚，很多农村都是这样，一本糊涂账。承包后如果转给他人经营又产生了经营权，经营以后还有收益权，这些都被分割了。所以，即使鼓励土地流转，但是交易成本很高。你承包的集体土地转包给别人经营，如果这个集体过两年换了领导了，则这个交易可能就不算数了。你怎么能有一个长期的期望？所以，这样下去中国的粮食安全也会受到威胁。实际上我们到外地调研，看到农村现在已经出现很多抛荒的现象。农民进城打工,土地不种也无所谓,家里边的几亩地,就算一亩地收一千斤粮食,一斤小麦大概一块钱多一点点,按一块钱算,十亩地也就一万块钱,二十亩地也就两万块钱,二十亩地在很多农村经营规模算是比较大的,但你进城干什么不能挣两万块钱?况且这两万块钱再去掉种子、化肥、农药等成本后所剩无几。因为小规模经营不可能增加农民的收入,所以他就不种了。由于交易成本很高,他也不愿意流转,干脆抛荒,进城打工,而且现在他也不愿意把土地转让出去,因为土地还是他未来的保障。

第三,我们谈谈社会保障制度改革。社会保障制度在我们国家很不统一,国家有国家的保障,城市提供城市的保障,而且各个地区不一样。总的来说,是根据居民户籍所在地获得保障,户籍所在地不一样,获得的保障也不一样。华西村给农民盖的房是小楼,家里面有小汽车,不少城市里面可能都还达不到这样的条件。但是它是封闭的,只有它的户籍人口才能享受,外地人享受不到,外地人打工,挣一点钱,最终还得回到户籍所在地。这是区域性的福利产品的提供,跟户籍有关。国家提供的也是这样,我们国家即使都是有工作的人保障也不一样,像干部的保障水平和公务员、事业单位的人就有差别,事业单位和企业又不一样。所以,为什么现在很多人找工作愿意当公务员?公务员的工资可能不高,但是其他方面的福利要远远高于在其他性质的企业或者事业单位工作的人,老了之后的保障水平很高。更不要谈农村和城市居民之间的差别了。

所以,未来要统一社会保障制度,当然有工作的和没有工作的还是不一样,有工作的人其单位应该和他个人一起缴社会保障这方面的费,养老保障也好,医疗保障也好,都要缴费。而且将来我觉得叫社会保障税可能更好一些。我们国家再加税大家可能接受不了,但是从未来发展来说,可能把社会保障费改成社会保障税更好一些,更有强制性一些。像所得这方面的税,国家是将其作为提供公共产品的一个主要税种,将来养老、低收入等应该采取一个基本统一的标准,而地方是补充不足的部分。

中央将来应该采取一个政策,强制性地要求地方政府必须让那些非户籍的常住人口未来逐步享受和地方户籍人口同样的公共产品服务。就是只要你是向当地户籍人口提供的,你也要向那些非户籍的常住人口提供。2020年户口制度城乡之间不是按照其常住、合法的居所和稳定的职业来登记吗?他既然在里面有常住、合法的居所,有合法的稳定职业,享受的公共产品就应该和当地一样。到2020年必须实现这样的目标,否则地方公共产品只提供给自己当地的那些户籍人口是不行的。想一下北京,去年的统计数据是不到2 100万人口,其中有1 200多万是户籍人口,700多万是常住人口、非户籍人口,这些非常住人口跟北京户籍人口的差距还是很大的,我们前面已经说了很多了。北京就必须在2020年确定一个目标,地方性的公共产品必须囊括所有这些非户籍的常住人口,其他地方也是一样。所谓城乡一体化就是做好规划,中央和地方将来要逐步统一社会保障制度。财政支出方面,中央采取增量向落后地方倾斜的政策,缩小大城市和中小城市的区别,这样才能在各个地区之间提供人口自由流动这样一个条件。否则,如果北京、上海的福利老是那么高,大家还是要往这些大城市流动。

第四是财税体制改革。改革主要是按事权来划分财权,就是你做什么事,要给什么样的财权。我们现在不是,现在地方基本上没有什么财权,即便有,也很少。财权是中央转移支付的模式。中央把税收上来,跟地方分,以后应该适当给地方一些税收的权利。打个比方说，我前面说了，像所得税，中央和地方可以分税，而且税率可以不一样，中央收入中央的，地方收入地方的。现在我们也是实行中央和地方分税，企业所得税，大概中央拿走60%，地方拿40%；个人所得税，中央和地方也是60%对40%。那么，未来呢？地方可以有不同的税，这样地方可以通过不同的税、不同的公共产品来调节人口的流入和流出。税很高，提供的公共产品却很差，那我就可以选择不到你这儿来。其中的税种，关于房地产税，媒体讨论得很多，将来肯定要收。中国人总体的税负已经很高了，在世界上属于比较高的国家。我们必须在总体税负减少的情况下再开征财产税，否则你不开，地方就是靠卖地。财产税是一个地方税种，为什么要收财产税？因为地方要通过这些税收提供地方公共产品，比方说治安、教育、环境，等等，这都是地方的。所以，每个地方如果把这些搞好了，房产可以升值，税收也可以增加，之后再展开地区之间的竞争。

最后，谈一下城乡管理体制改革。主要是两个方面的改革，一个是改革现行的多层次行政管理体制。我们现在的管理层次太多，五级政府，中央、省、市、县再到乡镇，有的地方层次可能还要多一点。我们未来的改革应该减少层次，应该实行三级政府，中央、省、县；特大的城市中央管，大的城市省直接管，县管小的市、镇，这样就可以协调地区的发展。过去城市的快速发展，是剥夺农村发展城市。未来应该县管市，以便于城乡统筹、协调发展。

另外一个是农村体制改革，改革的目标是将农村的村民委员会改革为类似于城市的居民委员会。现行的农村村级组织名义上是农村基层自治组织，实际上是经济组织、社会组织和政府组织的混合体。它不仅承担土地发包权等经济职能，还承担计划生育、村级公共产品提供的政府职能。这种体制限制了生产要素在城乡之间的自由流动。农村土地确权,农户获得土地永佃权后,村委会没有必要保留经济职能,以法人资格出现的农村经济组织将取代村委会的经济职能,农村村委会将会和城市的居委会一样变成一种社会组织,农村的村也将变为类似于城市的居民区,是居民生活的场所,居民可以在城乡间自由流动。这才是真正意义上的城乡一体化。

我的发言完了,谢谢大家!

主题演讲二
四个角度谈城镇化

迟福林

迟福林,中国(海南)改革发展研究院院长研究员,博士生导师,第十一届、十二届全国政协委员。兼任中国经济体制改革研究会副会长、中国行政体制改革研究会副会长。海南省政府咨询顾问。曾获得全国"五个一工程奖""孙冶方经济科学论文奖""中国发展研究奖"等研究奖项。享受国务院特殊津贴专家,2002年被中组部、中宣部、国家人事部和国家科学技术部联合授予"全国杰出专业技术人才"荣誉称号,2009年入选"影响新中国60年经济建设的100位经济学家"。

关于城镇化再破题,我想和大家做四个方面的讨论。第一,为什么现在再次提出城镇化,而且把城镇化作为国家的重要战略?第二,现在城镇化转型的关键何在?第三,大中城市现在发展不均衡,问题的症结何在？第四,以城镇化带动城乡一体化的关键点在哪里？关于这些问题有不同的争论。我就当前的一些信息和大家做一点交流。

第一,为什么现在这么着力强调城镇化？现在正好是中国改革开放35周年,35年前的12月18号到22号,十一届三中全会召开。我们知道,我们国家过去的发展很大程度上是在城乡二元结构下依靠劳动力的红利抓住了全球化的机遇,取得了巨大的发展。那么,为什么现在要强调城镇化？我就说两句话,第一句话,我们在座的可能有来自农村的,当80后、90后成为农民工主体的时候,我们传统上以农民工为主体的劳动红利还能维持下去吗？如果往后十年,再不解决这个问题,它就不仅仅是一个经济问题,更是一个严重的社会问题,甚至是政治问题了。所以,我四年前提出来,让农民工成为历史,有的领导问我,农民工能成为历史吗？我反问一句,农民工不成为历史行吗？

另外,具体来说是什么变化呢？这35年我们的发展阶段变化了,过去在生存阶段的时候,农民能到城里赚一点现钱,像东莞,十年里,600块钱的工资都没有提高。这样行吗？那个时候是为了赚到现钱,现在的变化在哪里呢？大家的需求结构变了,发展阶段变了。原来我们叫改革开放,20世纪80年代、90年代是生存阶段;现在是发展阶段,无论是城市还是农村都发生了三个大的变化:第一,生存性需求明显减少,吃饭穿衣的问题基本减少、总体解决,而孩子们读书的这种愿望全面提升。第二,跟这个相关联,一般的物质性需求减少,而服务性的需求增多。第三,公共产品短缺成为越来越突出的矛盾。所以,在此背景下,还想用压低劳动力价格、维持农民工这样一个特殊群体来支撑我们的发展,有可能吗？没有可能。从消费需求变化、消费结构变化来看,经历了 2008 年的金融危机,欧美的市场萎缩是一个中长期趋势,我们开始研讨中国的内需在哪里。我们北大的教授讲,我们的内需还是 20 年的高投资,我不赞成,我听说内需正处在一个消费结构升级、消费释放的关键阶段,为什么?很清楚。

先举个例子,过去大家哪有钱到协和、301 看病,现在去那儿看一下,比菜市场还热闹,都是为了治病。我 2000 年到甘肃农村调研,有个人生病了,但花到两万块钱的时候他就回来不治了,我问为什么,他说这两万块钱,使三四家亲属都变穷了,所以不能再治了。现在,短短这几年发生了多大的变化?大家想尽办法来适应自己的需求结构变化,比如说到美国留学,原来都是像张总这样富人家的孩子去的,现在中产阶级的孩子,送到美国读高中、读大学的比比皆是。现在最大的特点就是这种需求结构的变化,需求全面释放是个大趋势,这个趋势是什么样的呢?现在算一下,13 亿人的消费总规模将近 20 万亿元,估计到三年以后,2016 年能达到 30 万亿到 35 万亿元,到 2020 年,整个需求总规模能达到 45 万亿到 50 万亿元,然后这种需求总规模能带动像张总这样的服务业的投资,大概是 1∶1 的比例,就是到 2020 年有将近 100 万亿元的内需,每年可以达到 7.2%—7.3% 的增长。一下子就能看出城镇化的作用不仅是公平。在社会发展阶段,而且在整个外部市场变化的时候,中国最大的潜力在哪里?在城镇化。上面高度重视,下面有迫切的需求,所以达成了。现在要破题城镇化,城镇化是一个大战略,是公平、可持续发展的大战略,这是第一。

第二,我们现在要搞城镇化,是不是和过去 30 年的城镇化相同呢?过去 30 年搞的是一个什么样的城镇化?城镇化率从不到

20%,提高到 2012 年的 52.6%,提高得很快,规模城镇化的速度很快,问题在哪里?人口城镇化率很低,目前人口城镇化率只有 35%,而全世界平均的城镇化率为 52%,我们和全世界平均的城镇化率差了将近 20 个百分点。所以,我们提出要扩大内需,怎么扩大内需?规模城镇化向人口城镇化的转型过程中,关键在人口城镇化。

人口城镇化我提得比较早,两三年前就提出来了。有人说中央领导讲的是人的城镇化,我的观点是,人口城镇化都解决不了,连农民工的户籍制度都解决不了,哪有人的城镇化?一切按人的需求搞城镇化,有可能吗?连入户都解决不了,不承认是本城市的人,而是非法居住,这种情况能解决人的城镇化吗?所以关键的问题是人口城镇化,就是先把农民工市民化,这完全能做到。现在城市里有 1.6 亿农民工,在未来的七到八年,会再有将近 2 亿的农民工进到城里来。如果解决了这种人口城镇化,就为人的城镇化奠定了一个比较坚实的基础,我们才有可能探讨在人口城镇化基础上实现城乡、居民的公共服务均等化的问题,如果不解决这个,怎么探讨城乡公共服务统一的一体化呢?

只有在这个基础上,内需规模,尤其是 13 亿人消费的需求才能得到满足。刚刚朱院长讲,现在城市和农村实际收入差距是 1∶3.1,比三年前缩小了 0.2 个百分点。但是,城市和农村实际的消费差距也是 3 倍左右。农民工转为市民,农民转为市民,需要把这个消费释放出来,这是其一。其二,在人口城镇化以后,我们才有可能去关注中国有没有可能在未来十年左右,中产阶层或者中等收入群体的比重有所提高,甚至实现倍增。我们搞了 35 年改革开放,到现在我们的中产阶层只有 25%,这还是高估的,保守算法只有 19%。如果和人口城镇化相联系,估计到 2020 年,中产阶层或者中等收入群体能达到40%。40%是什么概念呢？大概6亿人成为中等收入群体,这样一来,无论是对中国的消费,还是橄榄型社会、橄榄型分配的形成,都是一个重大的利好。

第三,人口城镇化实现起来很难。问题在哪里呢？中小城镇的发展。为什么大家不愿意到中小城镇？除了就业的机会少之外,我认为一个最重要的问题是公共资源配置严重失衡。为什么德国的小城镇发展得好？德国两三万人的小城镇可以有大公司在,十万人以上的城镇,和大城市的公共资源配置大部分一样。在挪威,两万人的城市有大学,为什么？在公共资源配置上,它的教育、医疗、文化,大体同城市接近。我们中关村这一带,为什么房价10万元一平方米,就是因为最好的公共资源都在这里,所以刚才朱院长讲买的不是房子,而是公共资源。这种严重的公共资源配置失衡是造成中小城镇难以吸纳农民工的一个重要因素。县和县级市同北京市的公共资源配置,就医疗资源来说差10倍以上,公平吗？为什么北京市的公共资源配置,包括医疗资源配置就要比县域和县级市高10倍以上呢？这样不仅难以形成城镇化的合理格局,而且是发展的严重不公平,正是这种不均衡的配置导致的不均衡。

第四,城镇化最重要的是城乡一体化。城镇化有两个很实质性的问题,实际上是统一的,就是农村土地。对于农村土地现在有争论,首先,农村的土地资源市场能不能决定？有人说农村的土地资源有特殊性,市场不能决定,我不认同。土地既然是一种重要的资源,既然城镇化、城乡一体化最重要的是统一城市和土地的农民市场,那么,如果不能由市场配置,又怎样统一城市和农村的两种市场呢？还是以行政手段把农民的土地拿过来,再以多少倍的价格拍卖？谁来决定它的价格？其次,我们农村,包括农村土地市场这些年出现了很多问题,问题到底出现在哪里?是市场造成的,还是土地造成的?很多都是政府的规划缺乏刚性约束和土地财政的深层次因素的背景下出现的问题。所以,只要政府以法律约束土地的规划,即实行刚性约束,只要政府对土地的用途严格管制,为什么农村土地不能由市场决定呢?谈判的主体是农民,价格由市场来决定,为什么政府还要来插手呢?最后,农村土地在两个作用的前提下坚定推进这项改革,才能统一城市和农村的土地市场。和这个相关联的问题是承不承认土地的物权性质。1998年十五届三中全会提了两个建议,赋予农民长期而有保障的土地所有权,变了一个字,我觉得变得没有什么意思,后来《土地法》和《物权法》立法的时候有一个争论,就是对农民来说,它是一个债权还是一个物权。如果是债权当然不能抵押,作为财产权,如果是物权,他就有它的支配权利,它就是他的财产的一部分,这就在中国的特殊情况下找到了农民对土地的一种特殊的产权安排。所以,为这件事情我呼吁了十几年,我现在还是全国政协委员,前不久的《农村土地法》修改,说要充分考虑我的意见。这次十八届三中全会的《决定》在一定程度上承认了农民对土地的所有权是一种物权,可以抵押,可以一定程度地资本化。农民的财产权在哪里?如果不解决农民土地的物权化哪有农民更多的财产权?农民工的财产哪能带到城里来,靠什么买房子?

所以,这就是我们今天在城镇化背景下,在农村的两个实质性问题。其实核心在土地。承认土地的物权化才能破题城乡一体化的关键问题,承认土地的物权化才能破题农民财产权的问题。承认土地的物权化是赋予农民更多财产权的一个根本性的问题。我还有 10 分钟的时间,大家如果愿意可以一起讨论两三个问题。

现场提问:刚刚提到农民工的城镇化问题,农民工进城,你是指进入到他们所就业的城市落户发展,还是说回到他们的家乡,买房子,变成他们家乡的城里人?我想这两种城里人是不同的。此外,东西部经济发展非常不均衡,对于东部沿海的很多小城镇,它们都伴随在大城市的周边,有很多的外力,比如资本,所以有内需和外力两种作用促使这些城镇快速发展。两种作用叠加,能够提供很多就业机会。这些农民工如果最后由于东部沿海城市的高房价,而回到家乡置业,变成家乡的城里人,就没有土地了,当他们年纪比较大了之后,他们的家乡是否能够提供足够的就业机会给他们,谢谢!

迟福林:农民工就业所在地和农民工的居住地有所不同,为什么?现在很多人愿意从农村到城市里,全国县一级的地方的平均房价不超过3 000块,这个成本对很多农民工而言是能够承受的,再加上居住比较方便,能改变生存条件。所以,既有联系,又有区别,关键是他要变为这个市的市民,需要寻找长期居住地,并进行成本核算。另外,公共资源配置以后,城市发展了,提供了很多的就业机会。但是,与此同时,居住的稳定性和工作的流动性又有不一致性,所以跟你的第二个问题就相关了。大城市的资本很多,当然就业机会也很多,而且很多年轻人还有梦想,可能还能成为明星,但在县城就没有这种机会。

现场提问:您提到的规模城镇化是指它的土地城镇化吗?如果是土地城镇化,就我的了解,中小城市因为土地财政的问题,城市扩张比较严重,所以中小城市的土地城镇化率比较高。但是,人口城镇化更多出现在大中城市,比如说北上广,您如何看待土地城镇化和人口城镇化不匹配的现象?

迟福林:首先,这个规模城镇化是以土地面积、城市土地为主要特征的规模城镇化,这是毫无疑问的。其次,人口城镇化。北京居住了这么多人,很多人也没有北京户口。户籍制度正在改革,公安部宣布到2020年,中国实行以居住证为主的新的户籍管理模式,会改变现在这种状态。现在规模城镇化率为52.6%,而中央强调不再扩张城市土地面积,主要提高城市的土地利用效率。我们城市的土地利用效率跟国外比差距不是一倍两倍,而是数倍。那么,在这样一种情况下,现在规模城镇化的52.6%和35.2%的人口是不相适应的。所以,现在土地规模支撑的城镇化给人口城镇化留下的空间仍然是巨大的,不需要再扩张新的土地就可以解决很多人的城镇化。谢谢!

主题演讲三
从海底捞看以人为本的城镇化

张 勇

张勇，四川海底捞餐饮股份有限公司董事长

1994年创建以经营川味火锅为主的餐饮企业海底捞，2012年有分店80家，全年营业额达31亿元人民币。2012年获《中外管理》杂志"管理中国"总评选最佳领导力奖。

我本来认为城镇化跟海底捞的关系没有那么密切，但是后来听老师们讲完之后，才发现是想让我从企业的角度和我有两万名农村来的同事这个角度谈一谈城镇化再破题这个话题。我的这两万名同事绝大多数来自农村，他们大多数是比较善良的人。但是，他们也有自己的一些问题，比如一些生活习惯上的问题，包括语言沟通的问题，甚至还有一些职业素养方面的问题。所以，农民工还是有问题的，不过我觉得都是小问题，通过管理、培训、教育，自然慢慢就能解决。

我觉得其他方面的一些问题我就没办法完全解决了,比如子女教育的问题。大概两年前的一天,我看到有媒体报道说海底捞招用童工,还配了一张图片,是一个小姑娘端着盘子。结果是怎么回事?其实是因为我们有些员工的子女留在农村,很可能成为留守儿童。我不是教育方面的专家,但是我感觉这样会出现很大的问题。所以我们出台了一个政策,到寒假、暑假允许父母把孩子接到自己工作的地方,陪他们过一段时间。这样挺好,员工和子女沟通了感情,也不耽误工作。报道中的那个小姑娘,是因为懂事,看她妈妈工作辛苦,主动帮忙,结果被媒体误传为是我们海底捞招用童工。

除了子女教育问题,还有夫妻分居的问题。由于劳动强度偏大,我们的员工都非常年轻,所以夫妻住在一起我觉得是有必要的。但是,从管理上来讲问题有点大,两口子住在一起,批评了一个,就得罪另外一个了。怎么解决管理问题?就是让员工买房。我们算了一笔账,以西安这个城市为例,房价是一万多块一平方米,就是位置稍微偏一点,次一点。如果我的员工能够拿到 5 000 块钱一个月,他们夫妻俩在我这儿干,一年存 10 万块钱没有问题,因为我包吃包住,他们没有其他开销,小孩子的教育问题我也提供补贴,他们不需要书房,甚至不需要客厅,这样的话四五十平方米足够了。60 平方米的房子就算一万块钱每平方米也就 60 万块,首付的话他们存两年就够了。但是我把我所有的员工的工资拉到 5 000 块钱很艰难。我们今年做到 1/3 的员工可以达到 4 000—5 000 块钱,但是我想我们永远没有办法让每一个员工都能买上房。

我去年在新加坡开了店,我发现二者之间还是有差异的。我们去的时候当地的工资是 1 500 块新币,我出到 1 700 块,招了一些。

很多同行说我给的工资太高了。我说我初来乍到,怕招不到人。后来发现生意特别好,而且大部分是新加坡本地人。根据我在国内对待员工的理念,生意这么好,当然就涨工资了,很快涨到 2 300 块。后来接到政府部门的一个电话,"听说你给员工的工资涨到 2 300 块了",我一想坏了,没有缴税。他们却说"给员工涨工资不是企业的责任,是我们政府的责任,我们应该给你补贴"。后来又接到一个电话,他们说"听说你用了 iPad 点菜",我说:"又怎么了,难道违反了互联网的监管政策?""没有",他们说,"我们注意到你点菜用的 iPad 不是一个简单的点菜器,而是有一个系统在那儿",我说:"什么意思?"他说"这叫信息化",我说"你到底想说什么",他说"中小企业的信息化我们政府有直接的责任,所以我们还要给你补贴"。

至于户籍制度,土地制度,社会保障制度,城乡二元化结构,我想我们应该扪心自问,这些制度里面的人性化的东西,或者非人性化的东西到底各占多少比重,或者这些当中有没有它邪恶的地方?这些制度是怎么产生的,为什么实行了这么久?我想我这样一个开火锅店的老板不可能把这些居庙堂的人的想法都说完了,我的想法就是多开几家海底捞。

最后聊聊我对可持续发展的理解,我对此的理解就是我少吃两口,让我的员工多吃一点,有力气活到明年,这样到明年我就可以多吃两口,我想这就是我们所说的可持续发展。谢谢!

现场提问:我同学里面也有在海底捞工作的,我很感兴趣的是海底捞的高管团队为什么这么稳定?谢谢!

张勇:我们海底捞的核心价值观叫"双手改变命运",就是你用自己的手来改变一些东西。这就注定了我们的人力资源体系是一个内部提拔的体系,无论你有多么高的水平,都不可能直接做店长,更不可能直接做高管,一定是从服务员这样一步一步做上来的。这样我想时间长了,员工可能就会对企业有感情。因为来的时候就是普通的服务员,一个月挣几百块钱,现在做到高管,一年可能挣几十万,待遇各方面都比较好,自然就会比较稳定。我想这是很重要的一个原因。

圆桌论坛

张文豪：各位老师、各位同学，大家好！我们在座的有几位嘉宾刚才没有进行单独的演讲，所以，我们有这样一个安排，刚才没有演讲过的嘉宾还有一个单独的表述机会，大的题目就是城镇化再破题，在这个大题目之下，就自己最有感触的一些话题简单地再讲一讲。首先有请陈玉宇教授。

陈玉宇：刚才听了张勇的发言之后，我对于中国的城市化有这样几个观点，第一个观点，是对十八届三中全会、中央经济工作会议中提及的城镇化的理解，感觉基本上跟我从学理上对城镇化的认识相吻合。但是，我从中央经济工作会议感觉出，我们的城市化不够接地气，不够生动，不如张勇讲的，张勇做的很多事情其实回答了很多人的疑问。比如有人说我们城镇化之后，地卖了之后，这些员工老的时候怎么办？这其实是用一种计划经济的、被培养起来的依赖于政府的惯性思维在思考一个庞大的、复杂的、演进中的社会体系，无论是官方还是普通老百姓都有这样一种错误的观念。

其实你自问一下，当你只带着五美元在20世纪80年代、90年代到美国时，没有人会担心你30岁之后怎么办，50岁之后怎么办，在餐馆打完工之后怎么办,等等。如果你把这些问题向政府提出来,他的确就会想,我需要为多少人盖房子,需要为多少人提供医疗保险,需要为多少人提供退休保险。这样坐下来,静态地算账,我们的城市化永远都搞不下去。中国今天最大的问题就是城市化是滞后的,这种滞后最主要的原因是政府部门没有为已经展开了20年和未来将要展开的这样一张巨大的城市化蓝图做好心理准备,也不知道该怎么做。

举个例子来讲,在我们今天从上到下都这么关心城市化的情况下,在西方已经有了200年长足发展的城市化的情况下,中国都没有一个比较科学的测量城市化的指标。我们是按照行政区定义,叫城区。但是,这项工作在任何一个西方国家都已经非常成熟,比方说得定义连续一片面积里边居住了多少人,居住的人口密度是多少,居住区里边的建筑物的密度是多少。中国还没有一个部门试图建立这样的指标,那你能说我们的决策部门真的做好城市化了吗?

我接下来还有一个观点就是中国的城市化事实上比你想象中的要深入多了。中国的城市化表面看起来是在破题,才刚刚开始,但事实上已经完成2/3了。什么意思?就是从劳动力从事非农产业的角度来看,中国已经完成了100个劳动力当中有65个在从事非农产业,即达到65%的城市化率,从产业的角度来讲,就是非农产业化率达到65%。可是这65%当中的这二点几亿农民工只是他单身一人作为劳动力实现了工厂化,但这不是城市化。我们政府从来就没有认真地对待这个问题,从来也没有意识到要对待这个问题,也许东莞地区的地方政府还希望说有一天这500万的劳动大军还回到他们的家乡去,实际上是不会回去的。中国在过去的十年片面地实现了工厂化,而没有实现市民化。我觉得现在破题的关键是政府职能要跟上，政府要根据市场驱动下的人口的重新分布和集聚为他们提供一切便利，不是要政府给钱来养活我们，只是说政府需要提供便利，提供支持，从制度上去除僵化、去除障碍。可能现在城市化只是一个补课的过程，我们的工厂化已经完成了。

未来的城市化是什么样子的？在市场力量的驱动下，1990年出生的2 400万人，95%都会选择他们喜欢的城市。所以，今天开始的城市化就是使从1990年开始到现在，以及在未来二三十年里出生的人在大城市里面能够找到工作，不断提高生产率，安居在城市里面。这就是未来不可避免的城市化，政府只不过在这样汹涌的力量之前做一些配合性的决策。

前30年中国实现简单的工业化的过程中，地方政府发挥了非常了不起的作用，无论怎么赞美它们都是不过分的。但是，这种在前30年的成功不能保证我们后面的城市化的成功。我们后面的城市化不是你规划一个工业园，招来一些工厂就能够完成的，未来的城市化依赖于有活力的、人口集聚的城市，在这个城市里，你得依赖千百万像张勇这样的企业家分散化的努力，大家找到自己适合的工作，在这个城市里成长，在这个城市里安居。而这样的一种城市化是一定要发生的。

张文豪：谢谢陈玉宇老师，这也是颇为生动、轻松的演讲，给我们展示了城市化的另外一个视角。劳动力的65%是非农劳动力，65%的农民工把他十年或者八年在城里的时间全部都给了非农产业。2008年，金融危机爆发，中国的很多产业都出现了衰落的情况，但是中国没有相应出现很高的失业率，为什么？有一种说法，就是说很多的农民工在暂时没有工作的情况下，从城市里面安静地回到了农村。所以，我们就没有那么高的失业率。下面有请张志学教授。

张志学：我在这个论坛上发表讲话，或许各位会感到非常奇怪，因为我不是研究城镇化的。但是，在 EMBA 中心筹划这个论坛的过程中，我们在思考，难道城镇化仅仅只能谈划地盖房子吗？城镇化就能忽略"人"的因素吗？这就回到我的专业了。我是搞心理学的，根据前面嘉宾讲的一些东西，我又酝酿了一下，今天，我想谈谈自己的一点体会，谈谈城镇化的人文精神。

某天我下班离开光华楼，一路走向中关园：天空中飘着柳絮，映入眼帘的是盗版书、肉夹馍、菠萝、哈根达斯冰激凌……走出围墙，街上的交通已经堵塞：大巴从站里横着开出来（大巴上没有几个人，但是数量照样很多；而开往燕郊的大巴非常拥挤，数量却并没有增加），最里面车道上一辆贴着"新车司机，请多关照"牌子的汽车，慢悠悠地挡住了后面车上着急的驾驶员，刺耳的鸣笛声不断响起。沿人行道走向十字路口，行人、骑自行车的人在等待过马路，折回去从地铁西北口下去，但发现通不到东南口。上到地面过马路，走到成府路上，一个孩子从远处向我走来，边走边弯腰在地上贴"办证发票"的小广告，旁若无人。走到我跟前时我告诉他，不许在地上贴广告，他骂了一句"关你屁事"。我心想，当然关我的事，因为我每天走路看到不舒服。但进一步想，他说得也对，城管和负责城市市容的多个办公室都不干预，我干吗那么"二"呀。

进入小区门口，一片祥和：人们在小广场上健身、打乒乓球，老人带着孩子在玩，中老年女性在歌声中跳舞，歌舞升平、婀娜多姿，她们朝气蓬勃、心神气爽的状态，让工作一天的我相形见绌。

路过小区西边的小路，看到路右边的停车位停满了车。没有画线的停车位给予居民很大的自由，早回来的人往往一头将车扎在两棵树的中间,本来可以停两辆甚至三辆车的空间,往往被先回来的人独占了。派出所和居委会的公告栏也与车辆争夺,占了小区至少四个车位。

进入单元,门洞大开。几年前发生入室偷盗后,各个门栋统一安装了铁门和门口的对讲机,但后来一楼的住户嫌人们按门铃打扰他们,便决定拆掉对讲机,进而有人连铁门也拆了。每一层的住户都安装了精美而安全的防盗门,大门永远紧闭,大部分人家的门口都放着垃圾,等待第二天早晨上班时顺便带下去。楼道的墙上涂满了各种各样的广告电话,"疏通下水道""快速办证",等等。将家中的垃圾拿出来,门口的垃圾箱没有分类;恰逢穿制服、骑自行车过来的小区保安,问他为什么垃圾不分类,他来了一句,"凑合吧,大家都这样"。"王五,饭好了,来吃饭",头探出窗外的是社区中心里的大妈。

这是一幅典型的城市人的生活场景图。城镇化与城市化的共性在于:第一,人口集中,大量的人居住在有限的空间里,人口密度比乡村要大得多。第二,陌生关系成为常态。在乡村,人与人彼此相识,而在城市多数人与自己的邻居互不相识。城市中的陌生关系使得人的社会行为不像乡村那样有外在的人际规范约束,这种感觉到不被他人认识的匿名性导致人们很容易按照自己的意愿和利益行为,进而破坏他人的利益和社会秩序。匿名性提高了人们做出消极行为的概率,经过大众媒体的宣传,这些消极行为传播开来,传染给别人。为此,城市社会需要公共秩序,个人需要具有社会公民行为。

而在中国人们行动的自由度非常大。富人可以通过钱得到任何想得到的东西。我的朋友是纽约的著名教授,先生是投资银行的合伙人,在纽约下城看中了房子,与买主也谈好了价格。可是能不能买房子,需要由这栋大楼的业主委员会面试之后决定。不管你是什么身份,如果已有业主判断你来了以后与周围的人不相融,就会拒绝让你购买房子。在中国,穷人可以干任何可以换来钱的事情。他们离开家乡来到北京,再也没有表叔、二大爷的监督,可以为所欲为。我当年从罗湖桥过香港,坐上开往九龙的火车,火车上写着如果吃东西或者坐在地上,最高罚款可以达到 5 000 港币。当时对于我来说这是很大一笔钱,顿时对于这个社会的秩序有了敬畏之心。

今天在中国,自认为是精英的人可以高谈阔论,自认为是老百姓的人则牢骚满腹。两类人从不在一起对话,各自在自己的轨道上滑行,不愿意或不能体会另一个轨道上的生活,进而失去了换位思考和推己及人的意愿及能力。由此,我们的社会充满了隔阂,人与人之间有了戒备,单位与单位之间拉起防护墙,本来很拥挤的城市被无处不在的围墙分割得更为拥堵,邻里之间互不往来,即便在路上或电梯里相遇也懒得搭话。

城镇化不是简单地划地造城、搬迁安置。因为,人类不仅需要林立的高楼和繁杂的小区,更需要让人感到温暖和舒适的社区。我们不仅需要堆砌了钢筋水泥的城市,更需要让人充满热情和希望的家园。

要造就高品质的城镇化,需要从事城镇化工作的人具有专业和品位。对那些负责城镇化宏观蓝图设计的人,您了解国内外城镇化的先进经验吗?如果去国外考察过,能够明确中国的环境和所考察的国外环境的差别吗?中国与外国人衣食住行方式的不同,如何反映在城镇化的规划上?如果觉得已有的衣食住行在当代城市生活中值得借城镇化的机会改一改,您有什么样的思路?如果进入新城的居民不习惯新的规划和做法,您又打算怎么影响他们呢?

对于从事城镇化的地产开发商,您能够在自己获得的土地上建设一个让人赏心悦目的小区吗?您能够让大多数支付了不菲的购房费用的人都满意吗?入住之后您打算营造一种良好的社区氛围吗?您通过什么方案让小区的居民形成一种"社区公民"感呢?对于那些在小区乱停车阻碍别人通行的居民,对于那些以保安不帮助自己推购物车到门口而拒交物业费的居民,对于那些因房屋漏水不断与您讨价还价的居民,对于那些不带门禁卡被保安盘查自己却下车扇保安耳光的居民,对于那些在小区边散步边嗑瓜子并沿路吐瓜子皮的居民,您有一套行之有效的应对策略吗?

对于小区的居民而言,当进入人生地不熟的新小区后,您是否会有我行我素的冲动?您是否考虑过自己的行为给小区周围的人造成的影响?您是否会参与或配合小区居委会建章立制的行动?当小区内出现了明显妨碍他人的居民行为时,您会怎么做?您能够在日常的行动中想到周围的人吗?

城镇化需要有识之士、需要专业人士。中华民族是伟大的,既有推动社会进步的领军人物,也有实现国家发展的勤劳朴实的人民群众。我们有心怀使命感的企业家在八十多年前就使员工训练有素,有民营企业担负了抗战时期的大部分物资运输,有伟大的科学家能够发展中国的两弹一星、神舟系列、登月的嫦娥,有志向高远的企业家能够确保互不见面的卖家和买家进行诚信交易,有大量的熟练劳动力制造了世界上规模最大的汽车、手机和家用电器,有不辞劳苦的农民工建造出世界上最大规模的城市建筑群,有在海底捞踏实工作的高品质火锅店服务员。中华民族的创造力和活力是人类发展的不朽动力。但我们也要承认,由于我们在历史上大部分时间处于农业社会和农业文化,我们在城镇化道路上积累的经验是有限的。这更需要我们在熟悉发达社会的城市化经验的基础上,结合中国社会的特点,造就中国独具特色的城市。如果有一天,北京因能够解决城市交通拥堵、设计出让全世界人感叹的城市的自行车道时,我们的城市化就会达到更高的水平。这种理念和努力也会让中国的城镇化独具特色。我希望,中国的城镇化能够让居民感到舒心自豪,能够使居民将遵守社会和社区公民行为准则变为一种习惯,为中国社会的持续发展和进步积累能量。

为此,城镇化不是划地造城,而是需要高度的专业精神、科学精神和人文精神。让城镇化成为承载即将成为城市居民的美好希望的精神家园。

张文豪:谢谢张志学老师满含激情的演讲,他令我们看到了需要改进的东西,如果这些东西是我们在城市聚集之后的行为准则,那么城市不是一个人生活的乐园,而是一片丛林。一个按丛林法则交往的人,比丛林里边的那些人更可怕。下面有请徐能力校友从开发商的角度来谈一谈。

徐能力:我先解释一下张志学老师提出的问题,搞房地产的不敢来这个论坛,我确实犹豫了两三天才来,因为社会舆论关于房地产的导向很多是负面的,认为房地产商是高房价的推手,血管里都是不道德的血液……但是,为什么最近一年多不这样提了呢?因为事情越讲越明,到头来发现根本不是开发商的问题。为什么开发商要承担那么多责任呢?连乱停车也要管吗?吐口痰也要管吗?开发商不是政府商,就是一个正常的企业,生产一个产品,提供一种服务。从市场的角度来讲,一定是以最低的成本获取最高的利润,这个逻辑本身是没有错的。

城镇化可以给房地产带来巨大的机会,但是这个机会是不是意味着房地产业能够抓得非常好,能够迎来像过去10年、15年那样的增长?我觉得不一定。很多事情是看到了机会,但未必抓得住,而且这么庞大的一个行业,这么具体细分的一个市场,我相信没有任何一个人有这个把握。我相信包括我们地产界的一些大佬,也没有人敢做这个保证。所以,这就是差别,我们有意识,但是能不能抓得住,还有很多具体的事情要做。

回到房地产这个行业,简而化之,就是两点,土地的取得和市场的变化。为什么说土地的取得?城镇化究竟能给土地的取得带来哪些变化?这对我们企业来讲是至关重要的一点。现在市场就是招拍挂,招拍挂的特点就是高价,作为私营企业,我们根本竞争不过国有企业,怎么竞争?贷款优先,还有保障,如果我们走这条新型城镇化道路,这方面会不会发生变化?包括最近提到的土地流转的问题,我最近参加了很多论坛,还没有听到一个特别能够说得清楚的。土地到底是怎么回事,怎么就同价同权了?我觉得这是一个过程,但是对于我们来讲,土地是最基本的,如果这一点都没有变化,对我们来讲就是没有意义的。

此外,市场的变化,从土地的取得到我们的产品能够进入市场,很多开发企业做得非常出色,10个月就可以进入市场,但是大多数企业是两到三年,还有各种情况,资金的问题,土地的问题,五年、六年、七年出不来,我们怎么面对?这对于我们来讲,尤其是对于开发者来讲,是真正要考虑的问题。所以,土地的取得能不能发生变化?实际上对于我来讲是一个问号,我没有答案,也没有可以给大家参考的,只是把问题提出来。世界的变化对于任何一个企业来讲都是存在的。但是,这次三中全会好的信号在哪儿?我看完以后,第一个反应是觉得土地供应可能会增加,尽量少地出现市场运营,更多地出现市场调控。我们并不怕竞争,而是希望有竞争,不希望是一纸空文。这是我的简单的看法,谢谢!

张文豪:谢谢徐总,徐总他们做的项目我见过,在海南,是非常漂亮的一个项目,张志学老师刚才说的现象现在应该比较少了,而且最担心的是交通工具,就是汽车乱停的问题,这个问题在他那儿就更少了,因为他那里主要的交通工具是游艇,只能停水里。刚刚陈玉宇老师也在讲,实际上我们应该有一些更新的角度来构造城镇化,陈玉宇老师我想再问一个问题,以往城镇化里面有哪些做法是积极的、不错的,需要保留?有哪些可能是一些不好的做法,需要改善?

陈玉宇:我感觉我们中国到现在为止已经取得了非常大的成就,在前30年我们走过的路差不多是美国人100多年走过的路,30年时间完成了我称之为工厂化,或者工业化的过程。城市化文明没有那么好,但是这已经是了不起的成就了。只不过我们的成就30年来一个接一个,我们自己有一点太着急了。我最近在看美国的历史,1880年的时候,美国纽约地区的生活水平估计跟中国今天差不多,纽约城市里边有三万多家小制造业,就是缝纫这样的小制造业,有点像东莞。其中有一家发生了一件大事,一个七层楼高的缝纫厂发生大火,烧死大约500人。最后发现是因为人无法逃生,原因在于,美国的农民工不守纪律,管理者就把楼封闭了起来,发生大火时就等于把逃生的门锁上了。其实中国做得比欧美同时期要好,这一点必须要肯定。

但是,我认为未来对中国城市来说有三个不可克服的困难,第一个就是大城市没有积极性发展,有优势的城市没有积极性发展,小城市拼命地想得到扩张,这是错误的。我经常说的话就是中国30多个省会城市、300多个县级市、19 000个建制镇都在那儿同比例地扩大,那几个高端的、有前景的城市还不愿意扩大,因为扩大就会带来很大的负担。

我认为中国未来城镇化的一个基本结构是10%的人口应该住在超大城市。中国应该有8个1 500万人口的城市,差不多1.4亿人口居住在北上广深。中国应该让30%的人口,即4亿人居住在150个非常有活力的、我们称之为大城市或者中等城市的地方,大城市人口平均500万到1 000万,中等城市100万到300万之间。平均来看,150个城市,大约200多万人口,大一点的五六百万、七八百万,小一点的一两百万,40%的人口居住在这样的城市,这是前200年发达国家已经经历的。18 000个镇没有什么可扩展的,它没有必要实现现代化,一个镇1万人,加起来2亿人口到头了,2 800个县城,一个县城也就现在的规模,不可能再扩展了,也就是一个县城平均8万人口,加起来1.6亿人。我所说的核心的城市化,就是40%的人口在100万人口以上的城市居住,剩下来大约2亿人在小一点的城市,就是600个县级市、地级市层次的小城市居住。县城和镇是没有前途的,它只是伴随着中国的富裕和发展,即使有现代化的设施,也不可能创造出工作岗位,没有人群的集聚,不可能有分工的需要,没有分工的需要,就不可能有服务业的发展。中国在前面可以在政府主导下划分工业园区,政府招商引资很有效,但是到这个阶段就没有效果了。接下来的发展阶段,制造业需要发展,但是更需要的是城市集聚基础上形成的行业分工,需要新的企业家、新的政府的商业环境以及新的法制、财政方面的规则,现在还看不出短时间内能够产生重大改变的迹象。

第二，中国下一阶段发展的难点就是你得创造服务业的工作岗位。中国服务业不发展有两个原因：制度不健全，城市化不够。这是鸡生蛋，蛋生鸡的问题。而服务业如何利用好90后这2 000万的人力资源，吸引他们就业，发挥好他们的能力，是关键。现在我们习惯于前30年的制造业发展体制的政府还需要学习。

最后一个完全是我自己臆想的。我为什么要看历史，就是想看看西方在发生巨大的人口在地理空间上的重新配置这样一个过程当中发生了什么。美国在长达50年的过程当中，每年发生的事跟我们现在正在发生的事有类似之处。美国发生的事有些在中国还没有发生，但也快发生了。张勇提到一点，就是未来的劳资关系，未来的中低收入城市的工人跟他们的雇主在劳资关系上的冲突和矛盾，新城市化的市民跟老城市化的市民及贵族之间的冲突和矛盾，一定会演化成星火燎原的暴力。中国也没有对此做好准备，由于中国的体制上的弹性，能够意识到有这样的威胁，但是还不能创造出一种行政体制上的弹性来容纳。所以，我们最后会采取的很多政策就是往前探索探索，因为体制的僵化又往回收一收。城市化有巨大的收益，还伴有巨大的风险和挑战。

张文豪：我插问张总一个问题，刚才迟福林院长讲的时候，他也讲到未来农民工和农村人口进城以后，城市化的主要解决方案是中小城市。您比较关心员工，跟他们的沟通也比较多，您有将近两万名来自农村的员工，中国现在城镇化的一种思路叫超大城市，也有主张走中小城市道路的，根据您对他们感性的了解，您觉得哪个路径更好？谢谢！

张勇：他们怎么想我真代表不了，但是我的想法是，我的员工在北京上班，让他们住到远的地方可能不太合适，我希望他们住得近一点，不过太近了可能买不起房，所以在近的基础上稍微远一点就可以了。我在欧洲、美国看到农村、城乡是一体化的，我觉得无论超大城市还是中小城市，最后可能还是要往那条路上走。

张文豪：您觉得他们在海底捞这儿赚了很多钱，或者升了职后，会不会回乡？

张勇：不会，因为我们的员工当中有些是小孩子在这里念书，还有一些员工年收入超过七八十万，甚至连北京、上海都不会去，而是把小孩送到国外去。

张文豪：我觉得这可能跟海底捞的海外扩张有关。

张文豪：张总的回答实际上是给迟院长提了一个问题，迟院长说主要的解决方法是回乡去住，但是从海底捞员工的去向来看，他们在北京干的时间长了，不想到别的地方去，还是要留在北京，所以这是一个矛盾。有机会我们把这个问题提给迟院长，看怎么解决。我想请问张志学老师，我们面临的现实就是这样，很多农民工进城，即便在春节可能拿不到工资的情况下，还是选择留在这个城市。但是，我们也不能说你把劳动力留在这个城市，然后把其他问题扔给你的家乡，另外我们也不能说我们把你们集中起来，然后把你们培训得跟我们一样，解决你们在城市居住的问题。所以，可能人的城市化、城市的城市化和土地的城市化都是结合在一起推进的。所以，请问张志学老师，在这几个城镇化一起推进的时候，怎么能有一些比较好的办法，或者比较好的方向结合起来发展？谢谢！

张志学：我一直觉得中国改革的红利其实还很大，比如前几年有一个搞经济学的人算了一笔账，他说现在很多企业从上海转移到西部,或者从中国内地转移到越南,其实在经济上并不合算。上海整个的经营环境以及劳动力的素质,使得综合的劳动生产率是西部的2.6倍。这样算一下,到西部虽然人员的工资便宜了,原料就地取材,使得运输费也便宜了,但是劳动生产率低了,最终双方持平。我讲这个数据背后的意思是什么?就是说明今天我们讲的劳动力素质的确是非常重要的。从这个意义上讲,我们现在在各种层级的劳动力的素质上也都有很大的改进空间。这个改进空间我觉得无非有两个,第一个,比如说我们国家大胆一点,让北大的毕业生,包括我们光华的毕业生毕业之后都不去银行,不去投行,而是到中小学去,其他什么都不变,20年以后的中国将会变成另外一个样子。也就是把高水平的人,派到落后地区去教书。我自己当年在硕士研究生毕业的时候辅导了四个孩子,后来四个孩子在不同区级考试中都得了第一名,其实我肯定在北大不能算是很好的老师,但我从此觉得,如果把中国名校的高素质的人派到中国各个地方去,20年以后肯定会有很大的变化,当然前提条件是他到中小学教书的工资和在银行是一样的。

第二个,将中国各个城市的医院办得好一点,各个城市的好医院想办法提高好的医学院毕业生的待遇。这样的话教育资源和医院的资源相对均等地分配,人们就不会都挤到大城市去。我们必须要承认,所有人都喜欢热闹的地方、舒服的地方、生机勃勃的地方。所以,美国范德堡大学的一个教授也希望到哥伦比亚大学去,因为那边更热闹。教育资源和医疗资源的公平分配让人们不一定都挤在大城市。

还有一点,刚才张勇所讲的这件事非常重要,海底捞在新加坡将员工工资由1 700块提到2 300块,政府知道以后还给补贴。另外，政府认为推动中小企业的信息化是自己应负的责任。

陈玉宇：中国的政府投资搞信息化还收企业的钱。

张志学：对，这完全不一样，一定要变成企业以创造利润的机构为核心来发展城镇化。企业的教育将人变成体制人，大学的教育将人变成专业人，另外法制化将人变得推己及人，遵循社会的法则。这几点加在一起，就慢慢地将人口的红利释放了。假如政府按照这个规律办事，很多问题就解决了。

张文豪：就像刚刚张志学老师讲的，很多好的学校，其实不必在大城市，前一段时间我们听到一个新闻，新华社发了一篇稿子，说有些政府机关没必要都挤在北京，比如南水北调办公室为什么要设北京，北京这么缺水。后来我认识的一个朋友在微博上发了一条消息说，这个提议很好，说建议《人民日报》和新华社去革命圣地延安。当时我们还有一个朋友也接了一句话，说建议北京一个特别有名的大学去苏北小镇。我最后想问张总一个问题，因为张志学老师说了企业很重要，刚刚他描述了城市生活里面存在的很多不愉快的事情，这些事情大家都有责任。但是，我觉得好像海底捞的员工状态都很好，因为我们去吃饭的时候，总觉得他们非常快乐，给我们上菜之类的都非常高兴。所以，我在想如何解决张志学老师提到的这个问题，您的企业内部如何使员工达到这么好的一个心理状态，因为如果达到这么好的心理状态，从某种程度上也就解决了张志学老师说的那个问题。

张勇：非常快乐地生活，非常快乐地工作，对员工好是一种企业行为，与搞慈善的行为是不一样的。我看外国人搞慈善的时候是不计回报的，而当企业对自己员工好的时候，其实员工与企业就变成了一种战友关系。就是说,他欠你的没有办法还你,只好加倍努力工作回报你,这样企业会赚得更多,比其他一般的火锅店的老板多得多,谢谢!

张文豪:张总说得很关键,很多员工可能不这么想,只是觉得老板欠他的。总结起来,其实无论是一个国家的治理,还是一个企业的运营,真正解决好人的问题才是最根本的问题。举个例子,还是大学的事情,大家都看过哈佛公开课的视频:《公正,该如何是好》,这个教授在第五集的时候举了一个例子,说给美国人做了一个调查,给了三个选择,一个选择是割掉你的小手指,第二个选择是吃掉一整条蚯蚓,第三个选择是让你连续在堪萨斯城住十年,你会选择哪一个?结论我就不说了,其实把一个城市做好是非常重要的,人一生的理想可能就是在一个好的城市,跟自己喜欢的人在一起,做自己喜欢做的工作,谢谢各位嘉宾!

嘉宾介绍

陈玉宇　北京大学光华管理学院应用经济学系教授

北京大学经济政策研究所所长。2002年获澳大利亚国立大学经济学博士学位。在此之前,任职于国家经济体制改革委员会宏观经济司。研究领域为经济发展和生产率、人力资本和增长、健康和污染、行为经济学与劳动市场、收入分配、地区差异等。曾获得教育部高校社会科学优秀成果二等奖、三等奖,以及光华管理学院的"厉以宁研究奖"。

张志学 北京大学光华管理学院副院长、EMBA 中心主任

北京大学光华管理学院组织管理系教授。香港大学社会心理学博士,国家杰出青年科学基金获得者,曾任北京师范大学心理系讲师、香港理工大学研究员、美国西北大学凯洛格管理学院访问学者和美国伊利诺伊大学 Freeman 访问学者,*Management and Organization Review* 资深编辑。三度获得北京大学优秀教学奖,获得光华管理学院的"厉以宁教学奖"。

徐能力 北京大学光华管理学院 EMBA 86 班校友

半山半岛集团董事副总裁,拥有超过 15 年的中国房地产行业经验。主持过包括住宅、商业、别墅等各种类型的房地产项目,拥有丰富的实践经验和独特的地产营销理论,屡创业界传奇佳绩。入主三亚半山半岛后,致力于中国旅游地产新模式的探索,引领了三亚乃至海南的高端滨海地产营销模式,将半山半岛推上了世界一流度假目的地的行列。

张文豪 财讯传媒集团《地产》《地产 NEW HOUSE》杂志主编

毕业于东北财经大学,曾任《财经时报》新闻中心副主任及《财经》杂志高级记者。北京大学光华管理学院校友。

刘珊 中央电视台综合频道导演

先后获聘于湖南长沙电视台女性频道、凤凰卫视、中国教育电视台、中央电视台担任主持、导演工作。曾主持APEC青年经济领袖峰会、投资北京论坛等活动。参编节目获中国电视金鹰奖电视纪录片三等奖、中央电视台年度优秀节目奖、中国广播电视协会二等创优电视节目奖、中国电视艺术委员会《中国电视》杂志社颁发的"2011电视民生类年度创新节目"奖等奖项。北京大学光华管理学院校友。

分论坛四总结

作为第十五届北大光华新年论坛分论坛之一，本次论坛邀请北京大学光华管理学院学术委员会主任、应用经济学系朱善利教授，中国（海南）改革发展研究院迟福林院长，四川海底捞餐饮股份有限公司董事长张勇先生等各界嘉宾，从不同角度发表主题演讲，共同探索通过推动城镇化进程促进城市和城镇的协调发展，实现中国经济与社会的可持续发展之路。

北京大学光华管理学院应用经济学系朱善利教授在论坛上做主题演讲，朱善利教授根据中央重要文件的指示，从宏观着眼，指出城镇化问题是解决三农问题、促进整体社会稳定发展的关键所在，而城镇化的主要障碍是城乡二元结构。接下来，他从户籍制度、土地制度、社会保障制度、财税体制、城乡管理体制的改革和发展的角度，立足中国国情，为城镇化发展模式指明了方向。

随后，中国（海南）改革发展研究院迟福林院长对城镇化问题发表了独到的见解。迟院长先分析了中国为什么将城镇化作为国家重要的发展战略，指出在改革开放的关键期，城镇化不仅是一个经济问题，更是一个社会问题。他深入浅出地阐述了城镇化转型、大中城市城镇化发展平衡，以及城镇化如何带动城乡一体化等问题。

最后,他呼吁,承认土地的物权化、给予农民更多财产权才是破题城镇化的关键所在。

四川海底捞餐饮股份有限公司董事长张勇先生从亲身经历出发,以小见大,阐述城镇化进程中的社会问题,从企业的角度谈论如何在城镇化过程中抓住机会迎难而上,以及如何让农民工真正地融入城市,对城镇化起到推动作用。最后,张勇先生提出,可持续发展的目的和归宿是来自城乡的员工的长远发展,以自己的方式诠释了可持续发展的内涵。张勇先生侃侃而谈,妙语连珠,引来现场的阵阵掌声与欢笑。

随后的圆桌讨论继续围绕"城镇化再破题"主题进行。担任圆桌主持的是财讯传媒集团《地产》杂志主编张文豪,参与圆桌讨论的嘉宾有:北京大学光华管理学院应用经济学系陈玉宇教授,北京大学光华管理学院副院长、EMBA中心主任张志学教授,四川海底捞餐饮股份有限公司董事长张勇先生,半山半岛集团董事副总裁徐能力校友。对话嘉宾们分别从城镇化的可持续发展、城镇化的人文精神等各个角度发表了精彩观点。

陈玉宇教授指出,目前城镇化破题的关键是政府职能要跟上,政府要根据市场驱动下的人口的重新分布和集聚为其提供一切便利条件,在制度上去除僵化和障碍。张志学教授则从人文精神的角度解读城镇化建设,他指出城镇化绝不是划地造城、搬迁安置,而是需要高度的专业精神、科学精神和人文精神。张勇先生结合自身企业对进城务工农民工的管理经验,对城镇化走中小城市道路还是超大城市道路提出了建议。徐能力校友从房地产行业的视角,分析了城镇化对土地取得和市场变化的影响。主持人和对话嘉宾还就过去30年城镇化有哪些可供借鉴的积极经验、城镇化进程中城市发展动向和方向以及土地城镇化、劳动力城镇化、城市的城镇化如何结合发展展开了热烈讨论,跨界交流在北京大学这所学术殿堂激荡出思想的火花。

自 2011 年率先进行教学改革以来,北京大学光华管理学院 EMBA 一直坚持教育的本质,秉承格物致知的严谨治学理念、融汇格古通今的深厚文化底蕴、肩负格高意远的崇高社会使命。此次 EMBA 中心承办的"城镇化再破题"分论坛,不仅在制度改革和政策制定方面解读了城镇化的未来发展,更是探讨了城镇化在人文和精神层面的深层意义,开启了现场听众乃至整个社会对于城镇化的新思考。